rüffer & rub biografie

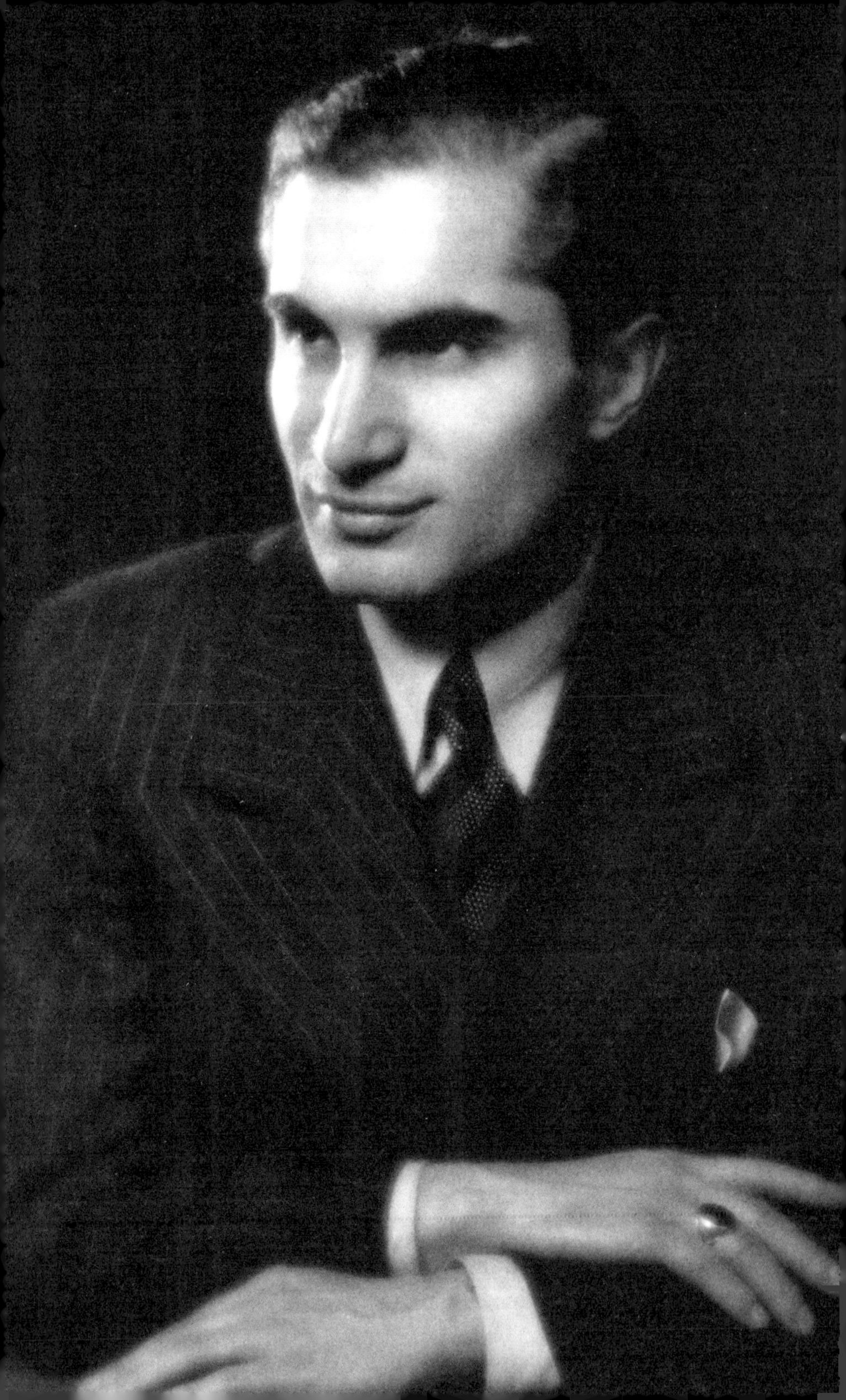

Alfred A. Fassbind

Joseph Schmidt – Sein Lied ging um die Welt

Der rüffer & rub Sachbuchverlag wird vom Bundesamt
für Kultur mit einem Strukturbeitrag für die Jahre
2021–2024 unterstützt.

Die Originalausgabe erschien erstmals 1992 unter dem Titel
»Joseph Schmidt. Ein Lied geht um die Welt – Spuren einer Legende.
Eine Biografie«, Schweizer Verlagshaus in Zürich.

Eine erste überarbeitete Auflage des Buches erschien im
Herbst 2012 im Römerhof Verlag, Zürich

Zweite überarbeitete Auflage Herbst 2021

info@ruefferundrub.ch | www.ruefferundrub.ch

Schrift: Arnhem, AkkuratStd
Druck und Bindung: Livonia Print Ltd., Riga
Papier: Munken print white, 80 g/m², 1.8

Alle Abbildungen: Joseph-Schmidt-Archiv, Oberdürnten
Cover: Privatfoto; S. 2: Foto Fayer Wien

ISBN 978-3-906304-88-5

ANHANG

Für Mutsch

»Wer kein Herz hat, kann auch keine seelenvolle Stimme haben«
Joseph Schmidt

1 Herkunft und Jugend (1904–1924)

Seit 1849 gehörte die Bukowina als selbständige Provinz zum Staatenbund der Donau-Monarchie. Deutschsprachige bäuerliche und städtische Siedler trugen in der Folge wesentlich zur wirtschaftlichen und kulturellen Entwicklung dieser gut 10 000 Quadratkilometer umfassenden Region bei. Bereits im Jahr 1875 wurde in Czernowitz, dem hauptstädtischen Zentrum der Bukowina und Mittelpunkt des buchenländischen Deutschtums, die östlichste deutschsprachige Universität gegründet. Um die Wende zum 20. Jahrhundert lebten in diesem bunten Landstrich gegen 800 000 Menschen: darunter 300 000 Ruthenen, 270 000 Rumänen und 170 000 Deutsche, hinzu kamen etwa 35 000 Magyaren und gegen 10 000 Polen. Großenteils war die Region von jüdischer Tradition geprägt.

Unmittelbar südwestlich von Czernowitz liegt ein Gebiet von besonderer landschaftlicher Schönheit, der Bezirk Storozynetz. Zu ihm gehört das kleine Dorf Davideny am Ufer des noch jungen Flusses Sereth. Hier wurde am 4. März 1904 Joseph Schmidt geboren – das dritte Kind des Ehepaares Wolf und Sara Schmidt, geborene Engel. Vater Wolf Schmidt, 1866 geboren, galt in seinem Heimatort als ein eher schwer zugänglicher, gegen außen hin verschlossen wirkender, aber im Grunde seines Wesens gutmütiger Mann. Mit Umsicht widmete er sich der Bewirtschaftung seines Pachthofes, daneben oblag ihm die Führung des kleinen Bethauses von Davideny. Als strenggläubiger Sadagurer Chassid, einer betont orthodoxen Glaubensrichtung folgend, verwandte Vater Schmidt jedoch den größten Teil seiner Zeit für das Studium der Heiligen Bücher, zurückgezogen, beinahe in sich selbst versunken und fern allem geselligen Treiben. Entsprechend groß war der Kontrast zu Mutter Sara, geboren 1876: eine lebensfrohe Frau von einnehmender Menschlichkeit, deren offene und liebenswürdige Ausstrahlung sie im ganzen Dorf beliebt machte.

Der kleine Joseph wurde von den Eltern, wie von seinen beiden älteren Schwestern – Regina (1900) und Betty (1902) – stets »Jossale«, jiddisch für Joseph, gerufen, ansonsten sprach man zu Hause deutsch. Die Familie sollte sich bald noch weiter vergrößern: 1906 kam Sohn Schlomo, drei Jahre später die Tochter Mariem zur Welt. Von seinen Geschwistern, wie den Nachbarskindern im Dorf, soll sich Jossale schon in frühesten Jahren in auffallender Weise unterschieden haben: Er zog es vor, seinen Stimmungen singend Ausdruck zu verleihen. Lachen und Weinen, vor sich hin Plappern oder Schreien – was immer Kleinkindern am nächsten liegt – das hatte für den Knaben wenig Bedeutung; statt sich Wort um Wort langsam die Sprache zu eigen zu machen, kommunizierte er lieber singenderweise. Der Vater, dem Gesang und der Musik wenig zugetan, maß diesem kindlichen Verhalten kaum Beachtung bei, wogegen die Mutter darin eine besondere Sensibilität ihres Jungen wahrzunehmen glaubte. Waren von irgendwoher Klänge zu hören, beispielsweise von Zigeunerkapellen, die in der Nachbarschaft aufspielten, so trieb es Jossale hinaus zur Musik. Oft musste sich die halbe Familie auf die Suche nach dem kleinen Ausreißer machen; meistens fanden sie ihn am nahegelegenen Waldrand, wo die vorbeiziehenden Zigeuner zu lagern pflegten. Einmal jedoch blieb diese

Suche erfolglos; Mutter Schmidt hat später oft erzählt, sie habe voller Verzweiflung überall nach ihrem Jungen gefragt, auch im benachbarten Gasthaus. Und siehe, genau hier habe der Kleine gestanden – vor einem plärrenden Grammophon ... »Da, da stecken sie alle drin!«, habe er voller Begeisterung zu seiner besorgten Mutter gesagt und aufgeregt auf die Musikmaschine gezeigt.

Klar, dass der Dreikäsehoch den Beginn der Schulzeit vor allem als eine unliebsame Einschränkung seiner Freiheit empfand. Vorbei war es mit den abenteuerlichen Entdeckungsreisen in der dörflichen Nachbarschaft und in den nahegelegenen Wäldern. Entsprechend wenig behagte dem jungen ABC-Schützen das stundenlange Stillsitzen in der Schulstube; geradezu verhasst war ihm der mühselig trockene Rechenunterricht, und so vertrieb er sich diese öden Stunden, indem er heimlich Katzen, seine Lieblingstiere, oder Rosen malte. Einzig die Fächer Geografie und Geschichte vermochten sein Interesse zu wecken – und selbstverständlich die Singstunde. Ähnliche Verhältnisse herrschten auch im Religionsunterricht; hier wurde mit einer Strenge unterrichtet, an die sich der Tagträumer nur schwer gewöhnen konnte. Anfänglich war der Klassenlehrer über die Zerstreutheit des Knaben alles andere als begeistert; doch bald einmal bemerkte er, dass in diesem Kind eine ungewöhnlich reiche musikalische Begabung schlummerte. Er machte den Vater darauf aufmerksam, doch Wolf Schmidt hatte für derlei Extrava-

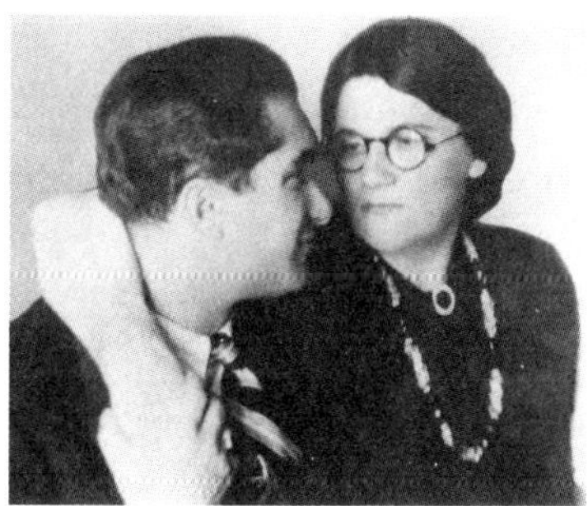

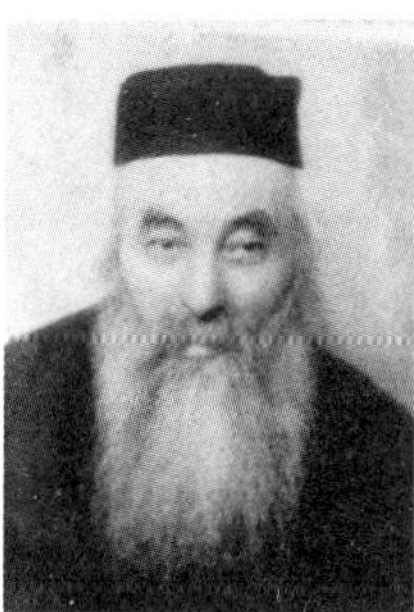

Links: Joseph Schmidt mit Mutter Sara, Czernowitz 1934

Rechts: Vater Wolf Schmidt, Czernowitz 1934

ganzen kein Gehör; die Jungen sollten es einmal besser haben als er, so lautete seine Devise – was im Klartext hieß, sein Sohn solle einen redlichen Beruf erlernen. Die Mutter aber war dankbar für den Hinweis des Lehrers; sie sah darin eine Bestätigung ihrer eigenen Überzeugung: dass der Bub das Zeug zum Musiker, vielleicht gar zum Sänger habe.

Im Alter von knapp zehn Jahren hatte Joseph bereits so etwas wie regionale Popularität erlangt: den singenden Joschi nannte man ihn, und als Wunderkind von Davideny wurde er von den umliegenden Nachbargemeinden eingeladen, um an Familienfesten und geselligen Anlässen aufzutreten. Bald durfte er auch in der Dorfsynagoge singen, zusammen mit dem Religionslehrer, der ihm das Notenlesen beibrachte. Der Musik dienen heißt, auch Gott und seinen Menschen zu dienen – diese Grundeinstellung stand früh schon über der Kunst des jungen Sängerknaben, und sie sollte auch in den reifen Berufsjahren, ihre Bedeutung beibehalten.

Dank seines Talents sicherte Joseph manches Zubrot für die Familienkasse, obwohl er selbst keine Beziehung zum Materiellen besaß oder je besitzen sollte: Als er von Nachbarn für seinen Gesang einige Kronen erhielt, bestand seine größte Freude darin, damit nach Hause zu eilen und der Mutter schon von weitem zuzurufen: »Schau Mama, ich habe für dich Geld verdient« ... Später, während seines Geigenstudiums bei Professor

Joseph Schmidt mit seinen Geschwistern, Czernowitz 1934: vordere Reihe: Regina, Joseph, Mutter Sara (v.l.n.r.). Hintere Reihe: unbekannter Freund, Mariem mit Ehemann, Schlomo, Betty (v.l.n.r.)

Kleines Foto: Joseph Schmidt, ca. 19-jährig

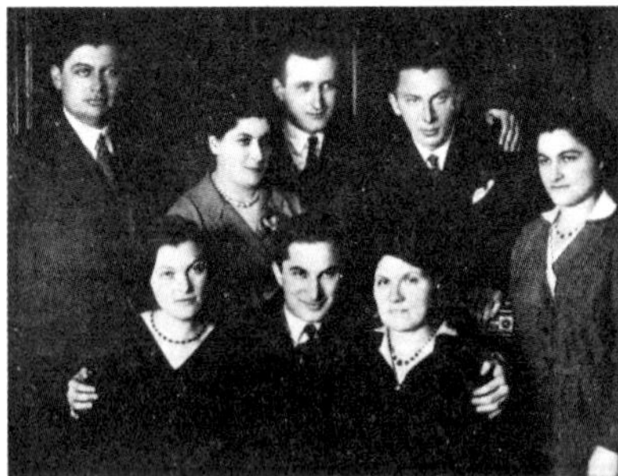

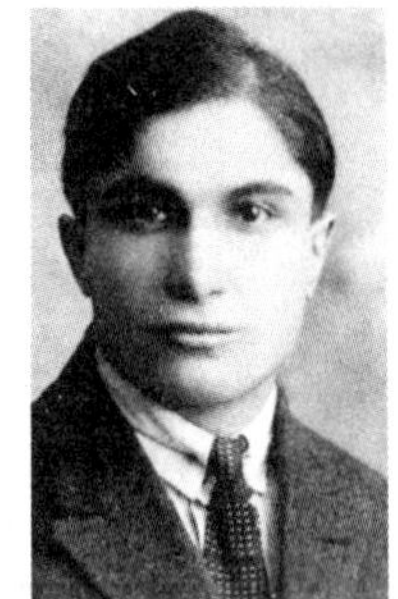

Krämer in Davideny, holte er einmal seinen Geigenbogen aus der Reparaturwerkstatt. Den Preis kommentierte er lakonisch: »Was, nur so viel? – Man hat mir mehr Geld mitgegeben.«

*

Am 28. Juli 1914 erklärte Österreich-Ungarn Serbien den Krieg. Vorangegangen war am 28. Juni in Sarajewo die Ermordung des österreichischen Thronfolgers Erzherzog Franz Ferdinand sowie seiner Gemahlin – eine Eskalation im seit Jahren schwelenden Zwist zwischen Österreich-Ungarn, das an seiner übernationalen Kaiseridee festzuhalten versuchte, und Serbien, das auf Loslösung von der Doppelmonarchie und hin zu einem eigenen Nationalstaat drängte. Um der drohenden Gefahr zu entkommen, siedelte Wolf Schmidt mit seiner Familie noch im selben Jahr nach Czernowitz über, auf einer etwa sechzig Meter hohen Terrasse über dem Pruthtal gelegen, dominiert vom erzbischöflichen Palast und der orthodoxen Kathedrale. Dort hoffte Vater Wolf, weiterhin ein Auskommen für seine Familie zu finden. Geld war zwar knapp; dennoch war er bereit, seinem begabten Sohn Klavier- und Violinunterricht geben zu lassen.

Zwei Jahre nach Ausbruch des Ersten Weltkrieges trat auch Rumänien im Feld an: Nachdem das Land einen Vertrag mit den Alliierten geschlossen und sich dadurch eine Garantie für das Banat, Siebenbürgen und die Bukowina eingehandelt hatte, erklärte es Österreich-Ungarn am 27. August 1916 den Krieg. In den folgenden Monaten wurde Czernowitz verschiedentlich besetzt; Anfang November 1918 marschierten die Ukrainer in der Stadt ein, bei Kriegsende fiel die Bukowina – außer vier Gemeinden, die an Polen gingen – erwartungsgemäß an Rumänien.

Die Familie Schmidt wohnte zu dieser Zeit in der Waaggasse am Schillerpark; der mittlerweile 14-jährige Joseph war in den Chor des Tempels aufgenommen worden. Josef Towstein, Komponist und Leiter dieses Chores, blieb besonders eine Begebenheit im Gedächtnis: Einmal kam er einige Minuten verspätet zur Chorprobe und blieb überrascht vor der Tür stehen, weil er drinnen den Chor bereits sauber und tüchtig singen hörte, jede Stimme bekam präzise ihren Einsatz. Als Josef Towstein schließlich zur Tür hereintrat, sah er den kleinen Schmidt, wie er dirigierend vor den Chorsängern stand und selber jeweils dort einstimmte, wo es nötig war. Ob er ihn, den Lehrer, wohl brotlos machen wolle mit seiner improvisierten Dirigierkunst, fragte Towstein den Lausbuben, ohne seine Bewunderung für so viel frühreifes Können zu verhehlen.

Nicht alle Lehrkräfte wussten mit Joseph Schmidts überdurchschnittlicher musikalischer Begabung derart selbstverständlich umzugehen. Aus lauter kindlichem Übermut störte er immer wieder die Gesangsstunde mit witzigen Improvisationen. Da Ermahnungen keine Wirkung zeigten, verpasste ihm die Leiterin der Gesangsstunde einen, aus späterer Sicht geradezu belustigenden Denkzettel: Die Bewertung für seine Leistungen in Gesang lautete in seinem Zeugnis ... »genügend« ...!

Markus Breitner, ein Freund Schmidts aus der Czernowitzer Ausbildungszeit, erzählte 1967 in einem Fernsehinterview:

> Er war ein so lieber Kerl. Wir haben oft sogar Fußball gespielt in der freien Zeit. Ich kann mich sehr gut erinnern, er hatte ja immer zu wenig Geld oder fast gar kein Geld gehabt. Er wollte immer ins Kino gehen. Und am Versöhnungstag – das ist doch der Fasttag bei uns Juden, da darf nicht gegessen werden. Aber wir Knaben, wir Tempelsänger, hatten Erlaubnis, in den Pausen etwas zu essen. Da wurden uns von der jüdischen Gemeinde zwei Salamisemmeln gegeben. Jossale hat immer eine gegessen – und die andere hat er für zehn Heller an einen Kollegen verkauft. Das war gerade der Preis für eine Kinokarte für die Kindervorstellung [...] Zu Rosch-Haschana, das heißt zum jüdischen Neujahrsfest, haben die Kinder – die Tempelsänger – von der Gemeinde Schuhe bekommen. Damals haben wir Stiefeletten getragen, das war so gang und gäbe. Wer aber Schnürschuhe wollte, der mußte zwei Kronen zuzahlen. Jossale sagte uns, seine Mama gäbe ihm keine zwei Kronen. Infolgedessen hat er eben Stiefeletten getragen.

Wen wundert es, dass Joseph Schmidt – wie er später erzählte – ursprünglich den Wunsch gehabt hatte, Schauspieler zu werden. Und es sollte nicht beim Wunsch bleiben. In den Jahren nach dem Ersten Weltkrieg gehörte Joseph der zionistischen Jugendorganisation an, gleichzeitig trat er im von Elieser Steinberg geführten Czernowitzer Kindertheater auf, einem damals durchaus bedeutenden städtischen Kulturinstitut. Meistens agierte er als Hauptdarsteller, und als bereits stadtbekannter junger Sänger profilierte er sich zudem mit musikalischen Einlagen, oft speziell für ihn komponiert.

Am 8. April 1922 wurde im Czernowitzer Nationaltheater Elieser Steinbergs Stück »Der Verkauf Josephs« aufgeführt. Schmidt trat gleich in zwei Rollen auf: als Bruder Levi und als Pharao von Ägypten. In der lokalen Presse attestierte man ihm, vor allem für die Pharaonen-Rolle, eine »ausgezeichnete Leistung, sowohl in der Konzeption als in der Ausführung«. Dennoch missfiel es dem Rezensenten, dass Schmidt das »Nachtlied« Levis nicht auswendig vorgetragen hatte, und er schloss seinen kritischen Bericht mit der vielleicht gar nicht so abwegigen Vermutung, dass »der Träumer von einer großen künstlerischen Karriere, dessen Gedächtnis voll von Arien der italienischen Opernliteratur war, nicht die Geduld hatte, Lieder eines jiddischen Stückes auswendig zu lernen«.

Träumer einer großen künstlerischen Karriere? Der Anfang einer erfolgreichen Laufbahn auf jenen Brettern, die bekanntlich die Welt bedeuten können, war gemacht – so schien es zumindest. Doch bald wurde Joseph Schmidt jenes Handicap zum Verhängnis, das seine ganze weitere künstlerische Laufbahn begleiten und überschatten sollte: seine auffallend kleine Körpergröße. Als Einziger der Familie war er kleinwüchsig. Verständlich, dass er mit dem Schicksal haderte, aber in den Jahren der Pubertät musste er sich damit trösten, dass ihn die Vorsehung statt mit einem imposanten Äußeren mit einer unvergleichlich schönen Stimme bedacht hatte. Mit zunehmendem Erwachsenwerden verstand er es, sich mit umso größerer Intensität einzig auf das Gesangliche zu konzentrieren. Durch die Vermittlung seines Lehrers Josef Towsteins konnte Schmidt bereits als 18-Jähriger in die Gesangsklasse von Felicitas Lerchenfeld-Hrimaly eintreten, der damals bedeutendsten Stimmpädagogin in Czernowitz. Mit großer Ernsthaftigkeit und mit Elan stürzte er sich in die Ausbildung, nicht nur seine eigenen Gesangsstunden absolvierte er mit eisernem Pflichtbewusstsein, er interessierte sich auch für die Unterrichtsstunden seiner Mitschüler. Rein stimmliche Probleme schien es kaum zu geben; Skalen bis zum hohen C – und sogar darüber hinaus – bereiteten ihm nicht die geringste Mühe. Zudem hatte Schmidt den meisten seiner Kollegen etwas Wesentliches voraus: eine gleichsam urtümliche Musikalität sowie eine rasche Auffassungsgabe, selbst das Singen schwieriger Werke vom Blatt bereitete ihm kaum Schwierigkeiten. Innerhalb kürzester Zeit zeigte er ein erstaunlich sicheres Stilempfinden, was jedoch bei seinen Zuhörern bald zu Kontroversen führte: nämlich welchem Fach Schmidts Stimme, die scheinbar alles mühelos bewältigte, zuzuordnen sei, ob er sich eher zum Kantor, zum Tempelsänger oder zum Opernstar eignen würde.

In einem Punkt aber war man sich in Czernowitz einig: dass Joseph Schmidt aufgrund seiner unverwechselbaren Stimme und seines einmaligen Timbres eine große Karriere bevor-

Links: Joseph Schmidt mit Komponist und Chorleiter Josef Towstein

Rechts: Joseph Schmidt mit Bruder Schlomo

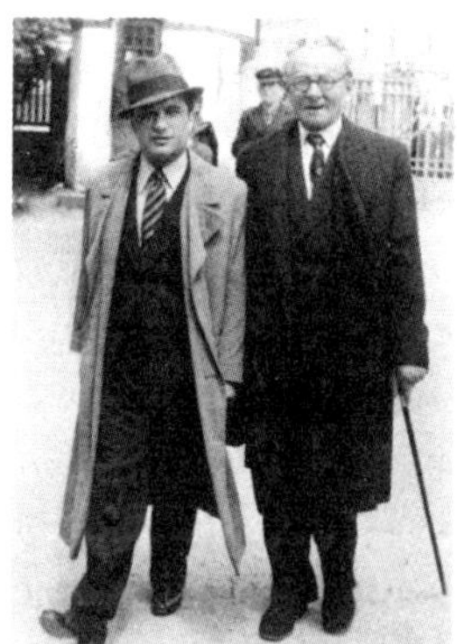

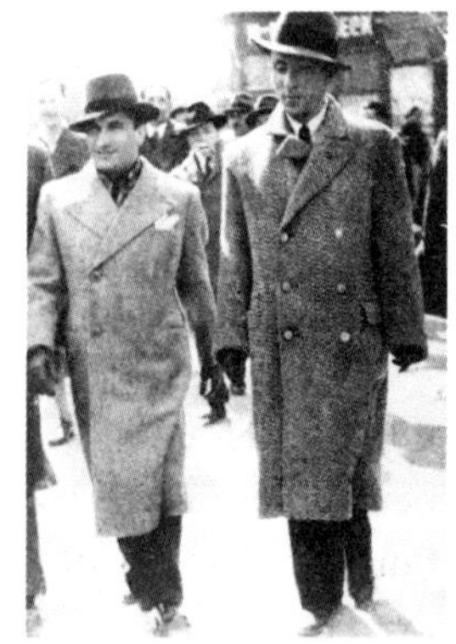

stehe. In den Synagogen der Stadt avancierte er zu einem der am meisten bewunderten Sänger; wo immer Gesang gefragt war, bemühte man sich um seine Mitwirkung – was ihn in doppelter Hinsicht freute: Sein Können wurde geschätzt, zudem konnte er mit dem unverhofften Verdienst seiner Familie eine Stütze sein. Eine mehr oder weniger regelmäßige Einnahme ergab sich durch die damals üblichen Vorprogramme des noch stummen Filmes. Auftritte solcher Art waren künstlerisch sicher wenig befriedigend, aber immerhin eine Möglichkeit, auf sich aufmerksam zu machen. Vermehrt fand sich sein Name im *Czernowitzer Morgenblatt*, so etwa am 20. Mai 1924 im Hinweis auf ein Konzert der Chorvereinigung »Hasamir« am folgenden Tag: »Unter der Leitung von Igo Guttmann sang Schmidt das Tenorsolo in der ›Freiheitshymne‹ von Rosenstech, dazu die Gebetsszene aus der Oper ›Die Jüdin‹ von Jacques Halévy.«

Der Erfolg dieses Abends gab Schmidt den Mut, an offizieller Stelle auf seine prekäre finanzielle Lage aufmerksam zu machen. Das erhaltene Gesuch an die »Löbliche Kultusgemeine Cernauti« trägt den Wortlaut:

> Ich stehe seit dem Jahre 1921 als Tenor im Dienste des Tempels. Seit dieser Zeit beziehe ich mein Gehalt im Nachhinein. Ich bitte daher, mit Rücksicht darauf, daß die übrigen Herren ihr Gehalt im Vorhinein ausbezahlt bekommen, auch mir mein Gehalt im Vorhinein auszahlen zu wollen.
>
> Josef Schmidt.

Seinem Ersuchen wird stattgegeben, schon eine Woche später lässt man ihn wissen, dass ihm ab 1. Juni 1924 jeweils zum 1. und 16. des Monats je 600 Lei überwiesen werden. Mit unterzeichnet ist das Antwortschreiben von Dr. Benno Straucher, der in dieser frühen Zeit in Schmidts Karriere noch eine äußerst interessante Rolle spielen sollte.

Den besonderen Stellenwert, den der 20-jährige Schmidt in seiner Heimatstadt bereits erreicht hatte, lässt sich auch an einer Besprechung vom 10. Juli 1924 des Schlusskonzerts der Musikschule im *Czernowitzer Morgenblatt* ablesen:

> Die am letzten Sonntag stattgefundene 3. Schlußproduktion gestaltete sich zu einem höchst feierlichen Akt. Ein dichtbesetztes Haus, das nicht nur die junge musikliebende Welt aufwies, sondern auch zahlreiche Mitglieder der Czernowitzer angesehenen Kreise, lauschte andächtig und immer gespannter auf die in rascher Folge einander ablösenden Vorträge der fortgeschrittenen Eleven unserer Musikschule. [...] Hervorragende Leistungen boten der Sänger Joseph Schmidt und Fräulein Olga Popovíci, beide aus der Klasse der Frau Lerchenfeld-Hrimaly, die erst in Soloverträgen und dann in einem Duett den Beweis erbrachten, daß ihre Lehrerin eine vorzügliche Führerin der Kunst ist.

Am Schluss der Produktion wurden einzelne, besonders hervorragende Schüler mit schönen Prämien belohnt, selbstverständlich auch Joseph Schmidt.

An hohen Festtagen versammelten sich zunehmend ebenso viele Gläubige wie auch Musikfreunde im Tempel; die magische Anziehungskraft von Schmidts Gesang ließ aus jedem seiner

Polizeilicher Registereintrag Czernowitz, 20. Juni 1924

Certific primirea pasportului No. 3541
precum şi a anexelor.

Cernăuţi, 20 / 6 1924

Josef Schmidt

dosar

Cernăuţi, / 192

Auftritte als Kantor ein Belcanto-Fest werden. »Die Wirkung des unvergleichlichen Timbres von Schmidt wurde durch die Akustik der großen Synagoge zu einem unvergesslichen Erlebnis«, erzählte Markus Breitner, Wegbegleiter aus Schmidts Jugendtagen und späterer Leiter des Winterthurer Sommertheaters sowie des Stadttheaters in Chur: »Wenn der äußerlich sonst so Unscheinbare seine Stimme zum Lobe des Schöpfers erhob, schwang Unerklärliches durch den Raum. In fast atemlosem Schweigen verharrten die Menschen, und die Inbrunst seines Vortrags erweckte in mir ein Gefühl, als ob der Allmächtige selbst sich unbemerkt unter die Menge gemischt hätte, um seinem Kinde zuzuhören. Nie habe ich wieder eine menschliche Stimme von derart berührender, ja suggestiver Eindringlichkeit erlebt.«

*

Dass einem aufstrebenden Künstler mit wachsendem Erfolg nicht in gleichem Maße Freunde zufallen, sollte auch der junge Schmidt erfahren. Als er sich beispielsweise um die Stelle des ersten Kantors an der großen Synagoge bemühte, was zu jenem Zeitpunkt die absolute Erfüllung seiner Zukunftsträume bedeutete hätte, erhielt er einen abschlägigen Bescheid. Der Kultusvorsteher der Gemeinde, besagter Dr. Straucher, begründete seine Ablehnung damit, dass es ihm missfalle, wenn dieser kleingewachsene Schmidt nun plötzlich ganz vorne stehen sollte. Der Grund war politischer Natur, Schmidt selbst nur das Streitobjekt zweier sich gegenüberstehenden Parlamentarier: Dr. Mayer Ebner, der in kulturellen Angelegenheiten der Stadt ein gewichtiges Wort mitzureden hatte, und Dr. Straucher als dessen Kontrahent. Von diesen unliebsamen Zwistigkeiten erfuhr auch der angesehene Kantor Mosche Steinberg. Umgehend setzte er sich für Schmidt ein und erreichte, dass dieser – den anfänglichen Widerständen zum Trotz – zum ersten Kantor des Tempels ernannt wurde. Das erweckte den Eindruck, als würde sich Schmidt ausschließlich der geistlichen, der religiösen Musik zuwenden. Diese ruhige Phase war aber nur von kurzer Dauer, immer wieder gab seine weltoffene Haltung Anlass zu Diskussionen: Im Anschluss an einen Auftritt Schmidts im Tempel von Arad – unter den Zuhörern befanden sich außer dem Erzbischof von Czernowitz auch hohe geistliche und politische Würdenträger der Stadt – wurden Stimmen laut, die bedauerten, dass sich der Sänger »leider« auch der weltlichen Musikliteratur annehme. Schmidt soll den Vorfall mit der Bemerkung quittiert haben: »Nun, meine Herren, dann eben nicht. Aber eines kann ich Ihnen versprechen: Sie hören noch von mir!«

Früh schon wurde Schmidt klar, dass er seine Vaterstadt verlassen musste, um sich einen Platz von überregionaler Bedeutung zu erobern. In weiser Voraussicht hatte er bereits im Juni des Jahres 1924 einen Reisepass nach Deutschland beantragt.

Doch abgesehen von den fehlenden Zentimetern, die ihm eine Bühnenkarriere sehr erschweren sollten, lauerte in seiner Natur ein zweiter, weit unberechenbarerer Feind: Heiserkeit! In einem seiner frühesten erhaltenen handschriftlichen Zeugnisse lässt sich seine Verzweiflung nachlesen:

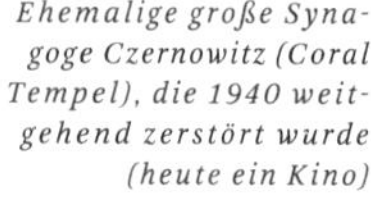

Ehemalige große Synagoge Czernowitz (Coral Tempel), die 1940 weitgehend zerstört wurde (heute ein Kino)

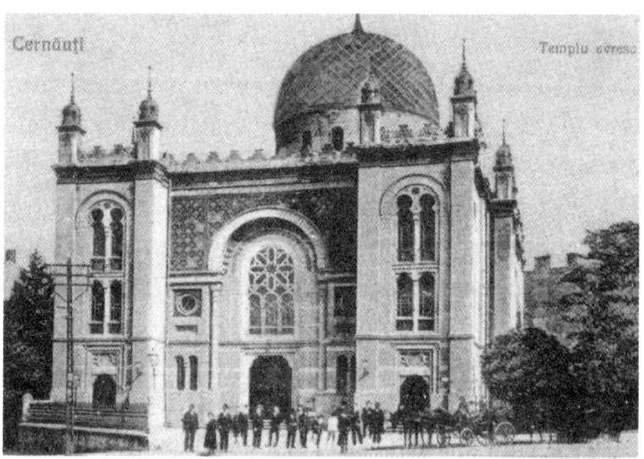

An die löbliche, israelitische Kultusgemeinde Cernauti

Ich, Endgefertigter, Tenor im hiesigen israelitischen Tempel, leide nach Angabe hiesiger Ärzte an einem chronischen Rachenkatarrh. Da ein solcher nicht nur der Körpergesundheit unzuträglich ist, sondern auch meinen Beruf als Sänger gefährden könnte, was für mich eine Katastrophe bedeuten würde, habe ich nach Angabe der Ärzte zur Linderung des Katarrhs dringend eine Erholung in einem Luftkurort nötig. Ich ersuche daher höflich die löbliche Kultusgemeinde, mir sowohl einen mehrwöchigen Urlaub als auch eine diesem Zwecke und der heutigen Teuerung entsprechende Unterstützung gütigst gewähren zu wollen, umso mehr, als ich von meinen mittellosen Eltern mit keiner rechnen kann. In Anbetracht des Umstandes, daß ich stets meinen Posten als Tenor zur vollen Zufriedenheit meiner Vorgesetzten ausgefüllt habe, ersuche ich höflich die löbliche Kultusgemeinde, mein Gesuch entsprechend berücksichtigen zu wollen.

Hochachtungsvoll Schmidt Josef, Tenor
Cernauti, 27. 7. 1924

Schmidt kam nicht umhin, zur zusätzlichen Unterstützung seines Begehrens auch seinen Arzt Dr. Straucher um ein Attest zu bitten. Im Ambulatorium des jüdischen Spitales in Cernauti, (Vermerk: Unentgeltliche Ordination für unbemittelte Kranke) stellt ihm dieser am 5. August 1924 das benötigte Papier aus:

Herr Josef Schmidt leidet an einer chronischen Laryngitis und benötigt dringend eine Erholung in einem Luftkurort.

Dr. Straucher

Rückseitig vermerkt: *Mehrwöchiger Urlaub bewilligt und ebenso eine Wundenaushilfe von 400 Lei der Kasse zur Kenntnisnahme*

*

Mittlerweile war die Familie in eine etwas hellere Gegend, an die Karolinengasse 6, gezogen. Nach wie vor drückten finanzielle Sorgen; dennoch war es vor allem für Sara Schmidt eine glückliche Zeit, zumal ihr als Mutter des stets berühmter werdenden Sängers vermehrt Achtung und Liebe entgegengebracht wurden. Auch Vater Wolf freute sich über die Erfolge seines Joschi: Zweifellos sei es besser, einen glücklichen Sänger im Haus zu haben, als etwa einen unzufriedenen Apotheker. Sänger als Beruf? Kürzlich erst hatte dem jungen Schmidt ein Arzt, als er auf dessen Frage nach seinen beruflichen Plänen wahrheitsgemäß »Sänger« geantwortet hatte, zu verstehen gegeben: »Sänger? Sie eignen sich zum Sänger etwa so, wie ich mich zum Tanzlehrer …« Ob diese Äußerung dem knurrigen Dr. Straucher entschlüpfte, ist nicht erwiesen, sie darf womöglich gar nicht bezogen auf Schmidts Talent gedeutet werden. Vielleicht formulierte der Mediziner damit auch nur seine Bedenken betreffend der chronischen Halsprobleme seines Patienten.

Dass ihm nichts geschenkt werden würde, war Schmidt klar, und er stellte sich auf einen langen Kampf ein. Jakob Biner, ein anerkannter lokaler Musikkritiker, riet ihm, seine Ausbildung in einer der europäischen Musikmetropolen fortzusetzen – eine Meinung, der sich auch Schmidts Gesangslehrerin Felicitas Lerchenfeld-Hrimaly anschloss, aber nun seine weitere Entwicklung in die richtige Laufbahn zu lenken erwies sich für sie als schwierig. Üblicherweise schickte sie ihre besten Schüler zum Vorsingen an ein kleines Theater – irgendwo würden sie schon unterkommen. Doch an eine Bühnen-, eine Opernkarriere war für den zu klein gewachsenen Schmidt nicht zu denken. Andererseits bezweifelte niemand Schmidts Begabung. Eine eindrückliche Probe seines Talents gab er Anfang November 1924: Im großen Saal des Musikvereins stellte er sich erstmals in einem abendfüllenden Programm dem Publikum vor.

»Konzert Joseph Schmidt« titelte das *Czernowitzer Morgenblatt* am Neunten des Monats:

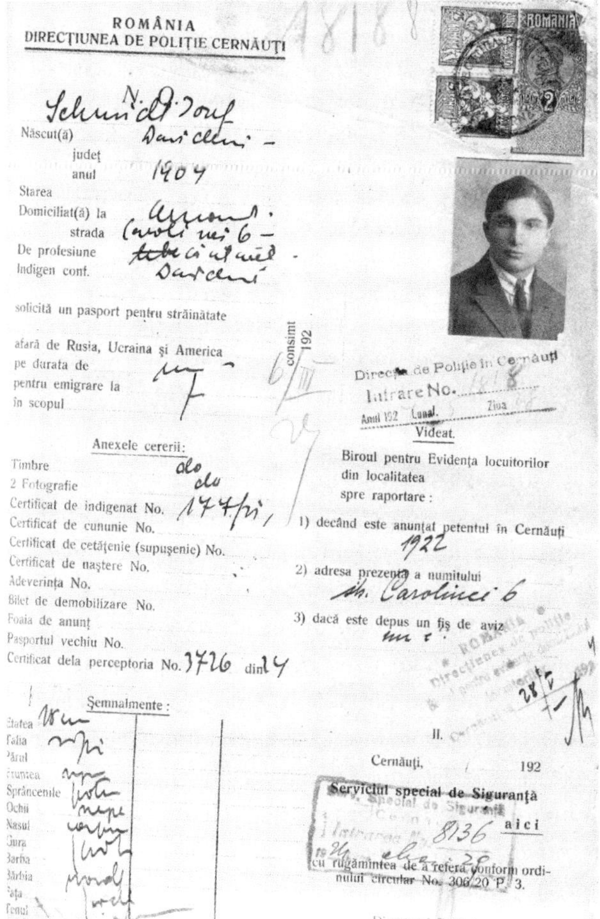

ROMÂNIA
DIRECŢIUNEA DE POLIŢIE CERNĂUŢI

Născut(ă)
judeţ
anul 1904
Starea
Domiciliat(ă) la
strada
De profesiune
Indigen conf.

solicită un pasport pentru străinătate

afară de Rusia, Ucraina şi America
pe durata de
pentru emigrare la
în scopul

Anexele cererii:

Timbre
2 Fotografie
Certificat de indigenat No. 177/21
Certificat de cununie No.
Certificat de cetăţenie (supuşenie) No.
Certificat de naştere No.
Adeverinţa No.
Bilet de demobilizare No.
Foaia de anunţ
Pasportul vechiu No.
Certificat dela perceptoria No. 3726 din 24

Semnalmente:

Etatea
Talia
Părul
Fruntea
Sprâncenile
Ochii
Nasul
Gura
Barba
Mustaţa
Faţa
Tenul
Semne particulare

consimt 192

Direcţia de Poliţie în Cernăuţi
Intrare No. 1818
Anul 192 Luna. Ziua

Videat.

Biroul pentru Evidenţa locuitorilor din localitatea spre raportare:

1) decând este anunţat petentul în Cernăuţi
1922

2) adresa prezentă a numitului

3) dacă este depus un fiş de aviz

ROMÂNIA Direcţiunea de poliţie

28/V

II.

Cernăuţi, 192

Serviciul special de Siguranţă
Intrarea No. 8136
aici

cu rugămintea de a referă conform ordinului circular No. 306/20 P. 3.

Directorul Poliţiei

Antrag Joseph Schmidts an die Stadtbehörde Czernowitz für einen Reisepass zwecks Studium in Berlin, Juni 1924

> Ein junger heimischer Künstler, der sich bei seinem ersten öffentlichen Auftreten als hervorragendes Talent zeigte und durch seine reine klangvolle Stimme die Herzen der Zuhörer eroberte. Herr Schmidt verfügt über ein ganz gewaltiges Stimmaterial und wird auf seinem Werdegang dasselbe noch wunderbar verwerten. Wir müssen hervorheben, daß Herr Schmidt noch ein ganz junger Mensch ist und bei seinen kolossalen Stimmitteln gar bald die Stufen der Leiter emporsteigen wird, die ihm den Weg zum Olymp bahnen soll. Herr Schmidt brachte Opernarien und kleine Lieder, alles mit gleicher Meisterhaftigkeit. Was der Dichter erlebte, was der Komponist mit seiner Seele vertonte, faßt der Künstler zusammen, belebt es mit seinem eigenartigen Temperament und bringt den Zuhörern die Offenbarung. Seine Stimme ist in allen Lagen tonkräftig, hell und von eindringlichem Timbre. Auch die Höhe ist sehr effektvoll [...] Das Publikum toste [...] und forderte den Künstler mehrmals vor die Rampe.

»Schmidt auf dem Weg zum Olymp.« Was hätte ein Rezensent einem debütierenden Sänger Schöneres wünschen können? Allein, es blieb die Frage, wer ihm diesen Weg bahnen, wer die entscheidende Richtung weisen würde. Josef Towstein und Felicitas Lerchenfeld-Hrimaly, vor allem aber Dr. Mayer Ebner, einflussreicher Politiker in Czernowitz und begeisterter Förderer Schmidts, waren einmütig der Überzeugung, dass Berlin der richtige Ort sei; dort würden sich Mittel und Wege finden. Der Gedanke an eine Trennung von der Familie war dem Sohn wie der Mutter anfänglich zwar unerträglich, der Vernunft folgend aber war sich die Familie einig – lebten doch zwei Brüder von Mutter Sara in Berlin, nämlich Hermann und Leo Engel, die gemeinsam eine kleine Handlung für Jutesäcke in der Woldenberger Straße 7 führten. Joseph sollte bei Leo in der Goldaper Straße 1 wohnen.

2
Studium in Berlin, Militärzeit, erste Erfolge (1924–1929)

Berlin, November 1924 – Metropole der Musik, Hochburg der Künste, Stadt der Lichter und der Laster: »Diese Stadt fraß Talente und menschliche Energien mit beispiellosem Heißhunger, um sie ebenso rasch zu verdauen, kleinzumahlen und wieder auszuspucken«, erinnerte sich Carl Zuckmayer in seiner dichterischen Retrospektive »Als wär's ein Stück von mir«. »Was immer in Deutschland nach oben strebte, saugte sie mit Tornado-Kräften in sich hinein, die Echten wie die Falschen, die Nullen wie die Treffer [...] Wir nannten sie arrogant, versnobt, parvenuhaft, kulturlos, ordinär. Insgeheim aber sah sie jeder als das Ziel seiner Wünsche [...] Wer Berlin hatte, dem gehörte die Welt.« Auf Joseph Schmidt, den Zugereisten, stürzte eine Überfülle von neuen Eindrücken ein: Mit über hundert Tageszeitungen und vierzig Theatern, mit zwanzig Konzertsälen und drei großen, renommierten Opernhäusern präsentierte sich die Stadt ebenso gebildet wie ihre Bewohner.

Alles, was Schmidt aus Czernowitz mitbrachte, war ein Empfehlungsschreiben von Dr. Mayer Ebner, mit dem er sich bei Frau Dr. Jaffe, einer stadtbekannten Förderin der schönen Künste, vorstellen sollte. Der Brief wusste in wohlgewählten Worten auf die bisherigen Erfolge des Sängers hinzuweisen und verschwieg auch seine materiellen Nöte nicht.

Dr. Jaffe betrachtete halb amüsiert, halb mitleidig die kleine Statur ihres jungen Besuchers, der sich an den Flügel setzte und zu singen begann. Staunend und hingerissen hörte sie dem Vortrag zu und vermittelte daraufhin unverzüglich einen Termin zum Vorsingen an der Staatlichen Akademischen Hochschule für Musik und Gesang. Professor Hermann Weissenborn hörte sich den jungen Sänger an und erklärte sich auf der Stelle bereit, ihm einen Platz in seiner Gesangsklasse einzuräumen. Mitten im laufenden Semester könne Schmidt eintreten – ja, mehr noch: Aufgrund seiner prekären finanziellen Verhältnisse bot ihm Weissenborn gar einen Freiplatz an.

Eine Hürde war überwunden; doch noch immer plagte ihn die nicht ausgeheilte Laryngitis. Die stets wiederkehrenden, unberechenbaren Phasen von Heiserkeit verunsicherten Schmidt zunehmend. Seine ganze Hoffnung ruhte darauf, in der Großstadt endlich eine nachhaltige Behandlung zu bekommen.

Da seine Onkel Hermann und Leo beide der Adass-Jisroel-Gemeinde in der Artillerie Straße angehörten, ergab sich relativ rasch die Möglichkeit, dort als Sänger auf sich aufmerksam zu machen. Die oft erwähnte Behauptung, Schmidt hätte auf Anhieb eine feste Stellung angeboten bekommen, ist jedoch nicht haltbar. Allein aus gesundheitlichen Gründen wäre der damit verbundene Druck wohl zu groß gewesen. So durfte Schmidt Vorbeterdienste nur in Ausnahmefällen übernehmen. Die wenigen Dokumente, die den Krieg überdauert haben, verzeichnen die Namen der Kantoren Lemky, Löwenthal, Olitzki und Spitz; der Name Joseph Schmidt findet sich hier nicht.

Dass es dem 20-Jährigen dennoch gelang, seinen Fuß in diese Richtung zu lenken, beweist ein Brief in der an die »löbliche Kultusgemeinde Cernauti«. Dort war man offenbar der

Meinung, dass Schmidt innert weniger Wochen wieder in seine Heimatstadt zurückkehren würde:

> Ich, Endgefertigter, Tenor im ho. Israelit. Tempel, bitte um Verlängerung des Urlaubes zwecks Heilung meines Kehlkopfs. Ich stehe in Behandlung bei einem Berliner Spezialisten und kann mir diese Behandlung eben nur in Berlin zuteil werden lassen, wenn sie von Erfolg sein soll. Obzwar ich, wie nach beigelegtem Kranken-Zeugnis meines Professors zu ersehen ist, noch 6 Monate bis zu meiner vollständigen Heilung benötige, hoffe ich dennoch meinen Aufenthalt auf 2 bis höchstens 3 Monate beschränken zu können, da ich bereits in diesen 3 Wochen meines Hierseins eine kolossale Besserung infolge der richtigen Behandlung verspüre.
>
> Ich bitte daher ergebenst die löbliche Kultusgemeinde in Anbetracht des Umstandes, daß ich nur durch Heilung des Kehlkopfkatarrhs meinen Beruf als Sänger, also meine Existenz und Zukunft sichern kann, mir gütigst einen weiteren Urlaub von 2 bis höchstens 3 Monaten gewähren zu wollen.
>
> Hochachtungsvoll
> Berlin, 17. Dezember 1924
> Schmidt Josef, Tenor

In seiner freien Zeit sah sich Schmidt in der turbulenten, hektisch-betriebsamen Stadt um. Was für herrliche Stimmen gab es doch in Berlin zu hören! Allen voran der große Richard Tauber, dessen Popularität jedes herkömmliche Maß sprengte. Und Lauritz Melchior, der mächtige König im Wagner-Fach. Bewundert und umschwärmt – vor allem vom weiblichen Publikum – wurde Tino Pattiera, aber auch Fachkollegen Schmidts wie Bjørn Talén, Robert Hutt, Gustav Rödin oder Gerhard Witting.

Zur Hauptsache aber konzentrierte sich Schmidt ab Frühjahr 1925 auf sein Gesangsstudium; Fortschritte waren bald zu erkennen und brachten ihm nicht nur lobende Worte seines Lehrers ein, sondern auch Anerkennung von Seiten Professor Georg Schünemanns, Direktor des Hauses am Steinplatz. Schmidt scheint das, was ein Sänger sich gewöhnlich in mühsamer Kleinarbeit Schritt für Schritt aneignet – nämlich den richtigen Sitz der Stimme –, von der Natur geschenkt bekommen haben. Spitzentöne, selbst von Caruso in jahrelanger harter Arbeit erkämpft, bereiteten ihm zu keiner Zeit Schwierigkeiten. Die Aufmerksamkeit Hermann Weissenborns dürfte demnach vor allem darin bestanden haben, dem Verlust an Resonanz in den unteren Lagen entgegenzuwirken.

Ein Jahr lang dauerte dieser Unterricht, dann hieß es, die militärischen Pflichten auf sich zu nehmen. Im Frühjahr 1926 verabschiedete sich Joseph Schmidt von seinem Lehrer, der ihn wissen ließ, dass man ihm bei einer Rückkehr in die Spreemetropole wohlwollende Unterstützung werde zukommen lassen. Und auf der langen, endlos erscheinenden Bahnfahrt von Berlin zurück nach Czernowitz ging Schmidt immer wieder ein Wort Georg Schünemanns durch den Kopf: Er werde ihm, da Chancen für ein Bühnenengagement ja wohl nicht bestünden, vielleicht anderweitig helfen können. Anderweitig – ob man dieses Hoffnung versprechende Wort mit der Tatsache verbinden durfte, dass Schünemann nicht nur Direktor der Staatli-

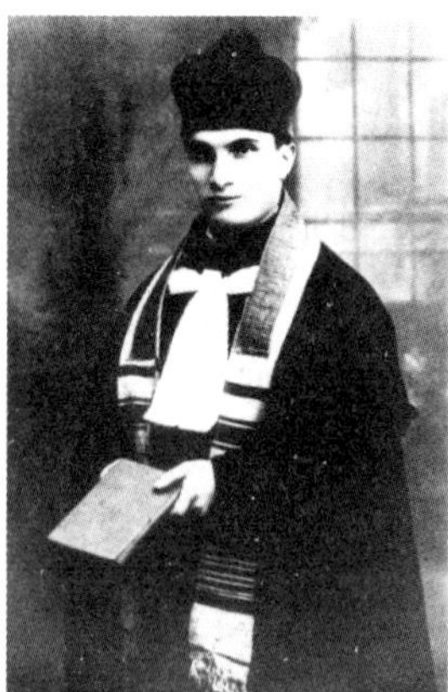

Joseph Schmidt als Kantor in Czernowitz (Foto: Jacob Brüll, ca. 1924)

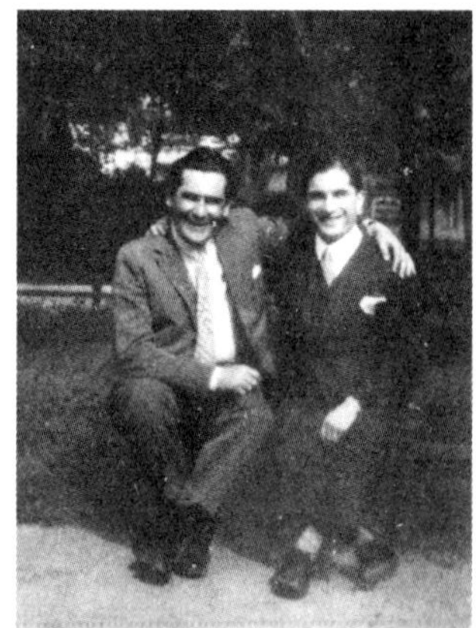

Joseph Schmidt mit unbekanntem Studienkollege in Berlin, ca. 1925

chen Akademischen Hochschule war, sondern auch als Leiter der Berliner Rundfunkversuchsstelle amtierte?

*

Was ihm nun bevorstand, entsprach so gar nicht der Vorstellung eines Träumers von einer gloriosen Zukunft: Eineinhalb Jahre Militärdienst erwarteten Schmidt. Auflehnung war seine Sache nie gewesen, und so dachte er sich der Pflicht gehorsam zu unterziehen. Gleichwohl bestand eine berechtigte Hoffnung, dass er aufgrund seiner kleinen Statur ausgemustert werden könnte ... Schriftliche Gesuche belegen, dass die Kultusgemeinde mehrere Versuche unternahm, »ihrem Sänger« dieses unsinnige Kapitel zu ersparen. Es findet sich sogar Dr. Strauchers Unterschrift unter den Namen der Bittsteller. Am meisten aber dürfte Joseph Schmidt gefreut haben dass selbst der Vater, der keinerlei Zugang zur Musik hatte, als Erster die Kultusgemeinde um Vermittlung bittet. Wie seine Zeilen verraten, anfänglich sogar mit einer gewissen Aussicht auf Erfolg.

> Ich, gefertigter Wolf Schmidt, Karolinengasse 6, wandte mich vor mehreren Wochen an die löbliche Kultusgemeinde mit der Bitte, diese möge Schritte einleiten, damit mein Sohn Josef Schmidt, der im h.o. Sänger war, vom Dienste enthoben werde. Meiner Bitte wurde in der Tat Folge geleistet. Nun aber ist das Gesuch verloren gegangen. Ich stelle daher die ergebene Bitte, das Gesuch neuerlich an die kompetente Militärbehörde in Radauti überreichen zu wollen.
> Ich zeichne hochachtungsvoll
>
> Wolf Schmidt

Doch das Vaterland ließ nicht mit sich reden: Schmidt wurde zum 11. Gebirgsjägerbataillon nach Radautz in der Bukowina abkommandiert. Dennoch sollte sich die Situation bald wesentlich zu seinen Gunsten verbessern. Wie schon zwanzig

Jahre vor ihm, hatte auch sein Tenorkollege Giovanni Martinelli während seiner Zeit im italienischen Militär bei jeder sich bietenden Gelegenheit gesungen. Wie einst vom stimmgewaltigen Italiener ließen sich die diensthabenden Vorgesetzten auch von Joseph Schmidts Gesang begeistern und schlugen ihm schließlich vor, den Rest seines Soldatendienstes in der Musikkapelle zu absolvieren.

Seitens der Kultusgemeinde gab es immer wieder Versuche, Schmidt wenigstens für die hohen Feiertage frei zu bekommen.

> Herr Kommandant,
>
> In der unter Ihrer Leitung stehenden Kompanie dient der Soldat Josef Schmidt, Kontingent 1926. Vor seinem Eintreten in die Armee war der oben genannte mehrere Jahre im Dienste unserer Gemeinde als Chor- und Solosänger (Tenor) im Tempel. Da wir Herrn Schmidt dringend zur Unterstützung des Tempelchores benötigen, haben wir die Ehre, Sie zu bitten, uns mitzuteilen, ob – und im Falle einer Genehmigung, unter welchen Bedingungen – Sie bereit sind, den Soldaten Josef Schmidt aus seiner noch verbleibenden Zeit im Dienste der Armee zu entlassen, damit wir den Chor unseres Tempels vervollständigen können.
>
> Die Direktion,
> Cernauti, 19. Oktober 1926

Ein noch eindringlicheres Schreiben, datiert vom 9. Mai 1927, erreicht sogar den Kriegsminister; die Gemeinde bot 3000 Lei monatlich für die Entlassung des Vielgefragten. Der Stellenwert seiner Mitwirkung spiegelt sich wohl darin am deutlichsten, dass Gemeinderat Salomon Doregger zwei Drittel der Summe aus eigener Tasche zu zahlen bereit war. Alles Drängen war vergeblich, die Militärleitung blieb hart und teilt der Gemeinde am 15. Juni 1927 unmissverständlich mit:

Die Entlassung des Gefreiten Josef Schmidt wird abgelehnt, da das Kontingent 1926, dem der Soldat angehört, in Reserve treten wird.

Lt. Kolonel Dumitrescu

Schmidt hatte somit seinen Beitrag für sein Heimatland vollumfänglich geleistet – am 30. September 1927 wurde er planmäßig entlassen. Nachträglich scheint er sogar etwas stolz darauf gewesen zu sein, diese Zeit durchgestanden zu haben. Als er längst zu den Topstars unter den Tenören gehörte, erzählte er im November 1934 dem Reporter einer Amsterdamer Zeitung: »Nach der Ausbildung in Berlin ging ich nach Rumänien zurück, um dort meine Dienstpflicht zu erfüllen.« Darauf die unvermeidliche Journalistenfrage: Ob der Herr Schmidt denn dafür nicht zu klein gewesen sei? »Nein, mein Herr, ich war ganz und gar nicht zu klein. Ich kam zur militärischen Musikkapelle und habe dort Geige und Klavier gespielt. Auch gab es dort eine Jazzband, wo ich als Schlagzeuger mitwirkte. Ich war ein echter Soldat, ein strammer Soldat sogar!«

*

Zurück in Czernowitz erwartete ihn eine erfreuliche Nachricht: Die jüdische Gemeinde bat ihn, beim kommenden Lichterfest im Dezember die Aufgabe des Vorsängers zu übernehmen, wofür man ihm ein Honorar von 60 000 Lei anbot, eine für damalige Verhältnisse geradezu astronomische Summe. Schon zu Pessach und an Jom Kippur hatte Schmidt im großen Coral Tempel, 1873–1877 im maurischen Stil erbaut, gesungen. Im prächtigsten Gotteshaus der Stadt seine Stimme zu erheben war ebenso Ehre wie Verpflichtung. So wurde denn – das ließ sich an dem in Aussicht gestellten fürstlichen Honorar ablesen – eine besondere Leistung von ihm erwartet.

Das Jahr 1928 begann mit einem erfreulichen Auftakt: mit einem »großen Konzert des jugendlichen Tenors Joseph Schmidt«, so verkündete das Plakat vom 10. Januar. Dazu 65 Jahre später Thea Rosenwald, seine damalige Begleiterin am Klavier: »Unser einziges gemeinsames Konzert, es fand in Dorna Vatra (heute Vatra Dorneì) statt. Ich mag mich noch entsinnen, daß dieser Konzertabend von David Schmidt, einem Halbbruder väterlicherseits, organisiert worden war.«

Als Folge seiner Mitwirkung an den Festtagen im Coral Tempel ließ man Schmidt wissen, dass er mit seinem Gesang auch die Gäste aus Belgien überzeugt hatte und von Vertretern der dortigen Cultusgemeinde zu Konzerten in die Niederlande eingeladen worden sei. So stand Schmidt anfangs Februar 1929 auf dem Podium des großen »Bondsgebouw« in Antwerpen: sein erster Auftritt im Ausland. Dieses Konzert fand überdurchschnittliche Beachtung, so dass umgehend eine Wiederholung angesetzt wurde. Die *Yiddische Presse Antwerpen* meldete: »Dienstag, 12. Februar 1929 – Zweites und letztes Konzert Joseph Schmidts«, versehen mit einem Foto, das den Sänger als Kantor zeigte. Ein erster Schritt in Richtung Karriere war gelungen.

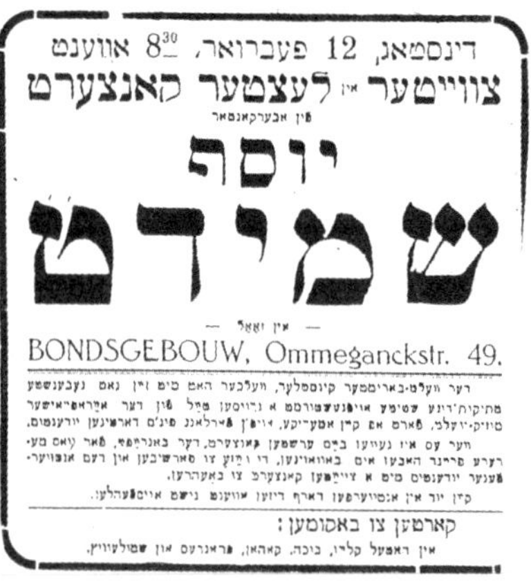

Zeitungsinserat zu Joseph Schmidts erstem Auslandskonzert, Antwerpen, 12. Februar 1929

3
Berlin: Ein neuer Stern unter den Tenören (1929)

Die Geschichte des Rundfunks, der Schmidts Ruhm begründen sollte, begann bereits am 29. Oktober 1923. Auf Welle 400 ging zum ersten Mal der Ruf »Achtung, Achtung, hier Sendestelle Berlin« an die wenigen Zuhörer. Der Erfolg des neuen Mediums breitete sich mit rasender Geschwindigkeit aus: Bereits am 18. Januar 1924 glückte es den Rundfunkpionieren, aus einem der Berliner Theater eine Aufführung von Franz Lehárs »Frasquita« zu übertragen. Und am 8. Oktober 1924 konnte man zu Hause via Kopfhörer Mozarts »Zauberflöte« aus der Staatsoper Unter den Linden mitverfolgen. Opernübertragungen rangierten hoch oben in der Gunst der Rundfunkhörer. Die folgerichtige Überlegung: sendereigene Opernproduktionen lancieren. Gedacht, getan: Am 1. November 1924 hob Erich Kleiber für den Sender zu Mozarts »Hochzeit des Figaro« den Taktstock.

Die Partie des Grafen sang der Bariton Cornelis Bronsgeest. Einst Schüler des legendären Julius Stockhausen, kam Bronsgeest 1900 nach Magdeburg und, nach einem Abstecher nach Hamburg, 1906 nach Berlin an die damalige Hofoper. Eine weltweite Gastspieltätigkeit führte ihn in den folgenden Jahren unter anderem nach London, wo er 1914 unter Thomas Beecham sang, und in den Jahren 1919/20 nach Nordamerika. Bronsgeest stand mit Frieda Hempel auf der Bühne, mit Geraldine Farrar, Claire Dux und Maria Ivogün, sang mit Hermann Jadlowker, Richard Tauber und mit dem großen Enrico Caruso. Im Jahr 1924 gelang es Hans Bredow, dem Begründer des Deutschen Rundfunks, Bronsgeest als Leiter der musikalischen Abteilung des Berliner Senders zu gewinnen. Eine vortreffliche Wahl, denn im auf Sachkenntnis und auf eigener Berufserfahrung basierenden Umgang mit der Materie lag ein großer Teil von Bronsgeests Verdiensten um das Funkhaus an der Potsdamer Straße 4. Stets war er auf der Suche nach neuen geeigneten und rollendeckenden Sängerinnen und Sängern, regelmäßig hielt er Vorsingen ab. Am schwierigsten war es naturgemäß, einen in allen Fachrichtungen versierten Tenor zu finden, darüber hatte er kürzlich mit Professor Georg Schünemann, dem Direktor der Musikhochschule, gesprochen. Nichts lag also näher, als dass Schünemann seinen jungen, für die Bühne ungeeigneten Schützling dem einflussreichen Kollegen vom Rundfunk empfahl.

Die erste Begegnung zwischen Joseph Schmidt und Bronsgeest in den ersten Februartagen des Jahres 1929 muss man, auch wenn das Wort noch so abgedroschen klingt, als »schicksalhaft« bezeichnen. Bronsgeest hat die Umstände dieser Begegnung unter dem Titel »Der kleinste Tenor« für sich privat festgehalten:

> Die dringende Bitte meiner Mithelfer der Opernabteilung, einen Tenor anzuhören, der sich zum Probesingen gemeldet hatte, machte mich neugierig. Ich riß mich von den Büroarbeiten nur allzugerne los und eilte in das an meine Büroräume angrenzende Probezimmer; dasselbe wurde durch das Tagelicht nur durch ein Eckfenster vom Hof her beleuchtet [...] Der Flügel war mit der Klaviatur dem Fenster zugekehrt, die Zimmerecken blieben dunkel. In einer solchen Ecke saß

auf einem Stuhl eine kleine, unscheinbare Gestalt. Meine Getreuen umstanden den Flügel, heftig diskutierend mit Ben Geysel, der leise phantasierend einige flüchtig angedeutete Akkorde in die Unterhaltung mischte.
»Wo ist er?« fragte ich in die Versammlung hinein. Man schaute sich suchend um, und aller Blicke hafteten auf dem Kleinen da im Stuhl. »Sollte die Rasselbande mich vielleicht zum besten halten« – so huschte es mir durch den Kopf; so wie sie es manchmal tat, wenn man eine kurze Ablenkung von meiner damals übermäßigen Arbeitswut für nötig erachtete. Die kleine Gestalt stand auf, die Anwesenden schauten auf ihn. Noch immer begriff ich nicht, was vorging, bis Arthur Grosse mit zynischem Lächeln und vorstellender Handbewegung sagte: »Herr Schmidt möchte Ihnen etwas vorsingen.« Dieser machte zu mir eine – wie mir schien – pathetische Verbeugung, so daß ich nachdenklich lächelnd die Pointe dieses offenbar von Witzbold Grosse ausgedachten Scherzes erwartete. Ich sah die verschmitzt lächelnden Gemüter um mich herum und sagte ermutigend und gutgelaunt: »Dann mal zu«, und setzte mich in gesicherter Entfernung. »Was wollen Sie singen?« fragte Ben Geysel, zum Kleinen gewandt. »Was Sie wollen«, gab dieser zurück. Dann intonierte Geysel plötzlich die Stretta aus Verdis »Troubadour«. »In Original-C-Dur!« kreischte seine blecherne Stimme, während er die Akkorde hämmerte. »Lodern zum Himmel, seh' ich die Flammen«, sang da jemand. Ich erschrak, schaute zu dem Kleinen. Wahrhaftig, der sang, ich traute meinen Ohren kaum. Seine Lippen bewegten sich unmerklich. Ich wurde mißtrauisch: Sollte Grosse irgendwo durch einen Apparat mir eine der schönsten Caruso-Platten vorführen? Ich schaute zu den Wänden auf ... Da, wieder die Caruso-Töne; ich hatte sie noch im Ohr von damals, als ich mit ihm zusammen auftrat, mit diesem göttlichsten aller Tenöre [...] Und nun dieses hohe C – herrlich. Ich stürzte an den Flügel, faßte den kleinen Kerl bei den Schultern, neigte meinen Kopf hinunter [...] es stimmte, die Töne kamen von ihm, aus seiner Kehle, aus diesem kleinen Menschen, dessen Kopf kaum bis zu meiner Brusthöhe reichte. Stumm standen wir alle da – ängstlich schaute der Kleine auf mich [...] dann gab ich mir einen Ruck und sprach etwas. Am liebsten hätte ich geschwiegen, weiter zugehört, ihn nur

> angestarrt, diesen Wunderbengel [...] Doch ich mußte etwas sagen, von mir erwartete man nun, daß ich sprechen würde. Da war's wie ein Gedankenblitz, da mir einfiel, daß ich in der Opernreihe »Die geschichtliche Entwicklung der Oper« Mozarts »Idomeneo« geben wollte. Doch Hermann Jadlowker, damals der einzige, der die schwierige Koloraturpartie beherrschte, war für uns zu teuer geworden [...] sollte vielleicht dieser kleine Mann hier??? Aber wie sollte das möglich sein? Ich fragte ihn, ob er die Arie »Fern vom Meer« singen könne. »Ich habe sie nie studiert«, gab er mit einer etwas belegten, samtweichen Sprechstimme zurück ... »Ich will sie vom Blatt singen.« Die »Idomeneo«-Arie vom Blatt singen? Hat das jemals irgendein Sänger gewagt? Ich glaube nicht. Aber der kleine Joseph Schmidt, dieser niedliche kleine Mann, der da so bescheiden neben dem Flügel stand mit seinem ausdrucksvollen Kopf – der mit dem vollen Haarschopf so wohlproportioniert zu der kleinen Figur paßte, dieser sympathische Kleinmensch, der vollbrachte das Unglaubliche [...] Er sang die gefährlich schwere Arie vom Blatt mit perlenden Koloraturen fast fehlerfrei. Bevor ich ihn aber für diese Rolle einsetzen konnte, sang er schon andere Partien ...

*

Joseph Schmidts offizielles Debüt beim Berliner Rundfunk wurde auf den 18. April 1929 festgelegt. Was für ein Vertrauen muss Bronsgeest in den Neuling gehabt haben, dass er ihm als Feuerprobe die eminent schwierige Partie des Vasco da Gama in Giacomo Meyerbeers »Afrikanerin« überließ. Und das vor einem Millionenpublikum – LIVE!

Die Eindrücke von Schmidts erstem Auftritt vor dem Mikrofon in den Erinnerungen von Bronsgeest:

> Meyerbeers »Afrikanerin« war die 126. Oper, die ich seit 1924, also seit der Gründung der Funkstunde, ohne Wiederholungen aus dem Senderaum ausstrahlte. Die schwere Arie »Land,

> so wunderbar« wurde ein Höhepunkt meiner Opernsendungen im Rundfunk. Die allgemeine Begeisterung war unbeschreiblich. Ich hatte jetzt einen Tenor, brauchte nicht mehr auf die Zufälle oder Unfälle Rücksicht zu nehmen, die stets eine planvolle Mitwirkung der Tenöre der Opernhäuser bedrohten. Nun hatte ich ihn, den Rundfunktenor, der alle Eigenschaften besaß, die mir als Ideal vorgeschwebt hatten. Die herrliche, Caruso-ähnliche Stimme, die eminente Musikalität, die die Melodiephrasen zu einem ausdrucksvollen Ganzen zusammenzufügen vermochte, die weiche Lyrik und den durchschlagenden dramatischen Ausdruck – kurz, die Voraussetzungen, die die Erfüllung all meiner Vorhaben bringen würde. Hinzu kam noch seine winzig kleine Figur, die mir dafür bürgte, daß die Opernbühne ihn mir nicht so bald abspenstig machen würde. Und noch eine Eigenschaft, die mir fast wertvoller schien als alle anderen, hatte ich bei ihm entdeckt: eine von Dankbarkeit diktierte Anhänglichkeit und rührende Treue zu mir und meinem Schaffen.

Auch die Presse zeigte sich von Schmidts Leistung beeindruckt. Unter dem Titel »Ein neuer Tenor am Rundfunk« schrieb am 20. April die *Vossische Zeitung*, Berlins tonangebendes Organ: »Die Popularität des Rundfunks hat gestern einen Sieg davongetragen. Den Radiohörern war es vorbehalten, das Debüt eines Tenors zu erleben, dessen ungewöhnlicher Stimmglanz, dessen besonderes Timbre sofort aufhorchen ließ. Joseph Schmidt, der den Vasco da Gama in der »Afrikanerin« sang, die als Sendeoper unter Meyrowitz aufgeführt wurde, ist ein Sänger, dessen Name sich den Hörern eingeprägt hat. Auf Wiederhören!«

*

Um im Berlin der 1920er-Jahre, diesem brodelnden Hexenkessel, aufzufallen, bedurfte es entweder einer völlig neuen Masche wie Josephine Bakers Tanz im Bananenkostüm, oder einer ganz außergewöhnlichen künstlerischen Leistung. Denn die Konkurrenz war groß, und die 40 Berliner Theater überboten sich gegenseitig mit ausgefallenen Attraktionen, lockten mit Topstars jeglicher Kunstrichtung. Im Metropol-Theater sorgten vorerst Gitta Alpar und Richard Tauber mit Lehár-Operetten für volle Zuschauerränge; dann bezauberte Tino Pattiera in Carl Millöckers »Bettelstudent« und schließlich wurden Leo Slezak und Käthe Dorsch im »Blaubart« von Jacques Offenbach als Ereignis der Saison gefeiert. Im Theater des Westens sorgte Carl Jöken als Goethe in der Lehár-Operette »Friederike« für volle Kassen. Im Juni 1929 gastierte der berühmte italienische Tenor Giacomo Lauri-Volpi in der traditionsreichen Philharmonie; kurze Zeit später kehrte er, nun begleitet vom gesamten Ensemble der Mailänder Scala unter der Leitung Arturo Toscaninis, für einige Opernvorstellungen nach Berlin zurück. Das Große Schauspielhaus brach mit Erik Charells Produktionen sämtliche Besucherrekorde, während die langbeinigen Girls in den Haller-Revuen die Männerwelt in Atem hielten. Weltbewegendes ereignete sich am Theater am Schiffbauerdamm: Seit der Uraufführung am 31. August 1928 lief dort ununterbrochen die von Bertolt Brecht und Kurt Weill erarbeitete »Dreigroschenoper« – mit Stars wie Harald Paulsen, Erich Ponto, Rosa Valetti, Lotte Lenya und Ernst Busch.

*

Noch während der Übertragung an jenem denkwürdigen 18. April 1929 wurde nach einer Möglichkeit gesucht, den neu entdeckten Stern am Himmel möglichst bald wieder einzusetzen. Nur zwölf Tage später, am 9. Mai, konnte den vielfach geäußerten Wünschen der Zuhörerschaft entsprochen werden, und Joseph Schmidt war in der Sendung »Chorabend mit Solisten« zu hören. Für diesen »Solo-Auftritt« wählte er eine Arie, die man aufgrund ihrer extremen Spitzentöne nur selten hört: das Lied des Chapelou aus Adolphe Adams »Postillon von Lonjumeau«. Mit solchen Eskapaden – hier gipfelnd in einem strahlenden hohen D – bewies Schmidt, dass er zum Sprung angesetzt hatte, sich einen Platz in der ersten Reihe prominenter deutscher Tenöre zu erobern.

Für das laufende Jahr unterzeichnete Schmidt einen Vertrag, der ihm weitere sechs Opernproduktionen sowie die Mitwirkung in mehreren Konzerten garantierte. Seine ungewöhnliche Wandlungsfähigkeit begeisterte, zumal er deutsche Spielopern wie etwa den Lyonel in Flotows »Martha« mit dem gleichen stilistischen Einfühlungsvermögen zu singen verstand wie das französische Repertoire. Bis Ende 1929 gab man ihm noch mehrmals Gelegenheit, sein Können zu beweisen. Abgesehen von einem einzigen zeitgenössischen Werk – Gustave Charpentiers »Louise« –, erarbeitete Schmidt sich Werke aus der Epoche der »Grand Opéra«: den Arnold in Gioacchino Rossinis »Wilhelm Tell« – ein halsbrecherischer Stafettenlauf um hohe und höchste Töne, den Masaniello in Daniel Aubers »Stumme von Portici« und eine weitere Partie mit unzähligen Spitzentönen, die jeden Tenor nur schon beim Durchblättern der Partitur an die Grenzen des Möglichen bringt – den Titelhelden in »Robert, der Teufel«. Zumutbar nur einem wahren Gipfelstürmer; nicht weniger als fünf hohe C und sogar ein D verlangt Meyerbeer hier von seinem Interpreten.

Bronsgeest mochte sich also getrost zurücklehnen, hatte er in dem kleinen Schmidt doch endlich DEN Tenor gefunden, dem

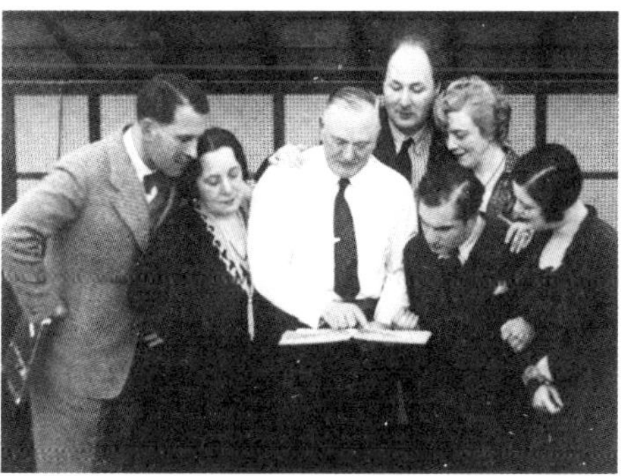

Probebesprechung zu »Mephistopheles« (A. Boito), Sender Berlin, 12. Februar 1932: Friedrich Schröder (Wagner), Ottilie Metzger-Lattermann (Marthe), Cornelis Bronsgeest (Sendeleitung), Fritz Krenn (Mephistopheles), Tini Debüser (Helena), vor ihr Joseph Schmidt (Faust), ganz rechts Margherita Perras (Margarete), (v.l.n.r.)

er die Werke seiner kühnsten Träume anvertrauen konnte. Und Schmidt wiederum verstand bald, dass ihm mit diesem »Bühnenersatz« das große Los zugefallen war. Kein Theater der Welt hätte einem Künstler in so kurzer Zeit die Möglichkeit bieten können, ein Spektrum von solcher Breite unter Beweis zu stellen. Die ganz Großen seines Faches hatten sich ihren Weg an die Spitze mühsam mit Auftritten von Provinz zu Provinz erkämpfen müssen – Schmidt war das beinahe »über Nacht« gelungen.

Nicht verwunderlich, dass Joseph Schmidt aufgrund seiner Dauerpräsenz schnell zum Rundfunkstar Nummer eins wurde. Dabei darf nicht vergessen werden, welche immense Bedeutung damals der Rundfunk hatte: Unangefochten lag darin das Informationsmedium der Zeit. Noch hatte sich der Tonfilm nicht durchgesetzt, und auch die Schallplattenindustrie hielt sich mit der Veröffentlichung von größeren Werken – Opern, Sinfonien oder Oratorien – aus Kostengründen merklich zurück. Zwar entstanden bereits 1907 erste Opern-Gesamteinspielungen: so etwa die vom Komponisten Ruggiero Leoncavallo noch persönlich überwachte Aufnahme des »Bajazzo« mit dem Ensemble der Mailänder Scala unter der Leitung von Carlo Sabajno. In Deutschland war es vor allem Bruno Seidler-Winkler, der mit der »Fledermaus« (1907) und »Carmen« (1908) wertvolle Pionierarbeit für die Schellackscheiben leistete. Kaufen konnten sich solchen Luxus jedoch nur wenige begüterte Musikliebhaber, also sprangen die Rundfunkanstalten in die Bresche und begannen sukzessive, die großen Werke der Musikliteratur mit großem Engagement und unternehmerischem Flair in Eigenproduktionen auszustrahlen. Bedeutende Sängerinnen und Sänger wurden engagiert und fanden hier Aufgaben, die ihnen kein Opernhaus bieten konnte. Wenn auch keine dieser Karrieren derart nachhaltig, ja fast ausschließlich mit dem Rundfunkmikrofon verbunden bleiben sollte wie diejenige von Joseph Schmidt, so sind doch einige Namen von bedeutenden Tenorkollegen in Erinnerung geblieben, die vor allem durch ihr Wirken in diesem neuen Medium bekannt wurden: dazu gehören der rumänische Tenor Leonardo Aramesco (Rundfunk Köln), der Grieche Costa Milona (Berliner Rundfunk), Herbert Ernst Groh, ein Schweizer Tenor (Radio Hamburg), Max Lichtegg, aus Polen stammend (Radio Basel, Bern und Zürich).

*

Mit dem Rundfunkvertrag in der Tasche konnte Joseph Schmidt guten Gewissens in eine gesicherte Zukunft blicken. Kaum eine Woche verstrich, ohne dass seine Stimme landesweit zu hören war. Seine Kunst vollzog sich im Schutze des Aufnahmestudios, die Öffentlichkeit hatte daran kaum Anteil, und diese Anonymität kam Schmidt, der sein eigenes künstlerisches Selbstverständnis erst allmählich aufbaute, zweifellos entgegen; der Gedanke an die Öffentlichkeit, an ein persönliches Auftreten vor einem großen Publikum, flößte ihm – obwohl es auch einem großen Wunsch entsprach– vorerst noch Angst ein. Zwar veröffentlichte die *Funkstunde*, das offizielle Presseorgan des Berliner Senders, wiederholt Fotos von ihrem neuen Star, dennoch trieben die Fantasien rund um den »Unbekannten« wildeste Blüten: Hinter einer derart strahlenden Stimme, so wollten es vor allem seine Verehrerinnen wissen, müsse doch auch ein entsprechend strahlender Held stehen. Und wenn sich dieser nicht in der Öffentlichkeit zeige, so werde das wohl triftige Gründe haben ... An Gerüchten mangelte es jedenfalls nicht: Schmidt sei von Narben entstellt, so wurde hinter vorgehaltener Hand getuschelt. Oder gar, er sei verkrüppelt. Ungewollt wurde er sogar in den Adelsstand erhoben; gewisse Kreise glaubten zu wissen, der Name Schmidt sei bloß ein schützendes Pseudonym – der Sänger stamme nämlich aus königlichem Haus!

Was auch immer erzählt wurde, lange vermochten sich solche Spekulationen nicht zu halten. Spätestens ab Ende August 1929 konnte sich das Publikum ein wahrheitsgetreues Bild von Schmidts Persönlichkeit machen: als er zum ersten Mal im Großen Schauspielhaus in der Revue »Die drei Musketiere« von Ralph Benatzky auftrat, und zwar in der Partie des Laredo. Joseph Schmidt nun doch ein Bühnenkünstler, trotz der jahrelang geäußerten pessimistischen Prognosen? Einzig Erik Charells Überredungskunst war es zu verdanken, dass Schmidt den Sprung auf die Bühne wagte. Als ein »Spiel aus romantischer Zeit« waren »Die drei Musketiere« konzipiert, basierend auf einer Idee von Rudolph Schanzer und Ernst Welisch; die Musik hatte Benatzky nach Motiven verschiedener anderer Meister arrangiert. Erik Charells Inszenierung wurde bald zum Berliner Stadtgespräch, hauptsächlich ihrer schillernden Besetzung wegen. Am Pult stand kein Geringerer als Ernst Haucke; auf der Bühne lieferten sich Trude Hesterberg, Alfred Jerger, Max Hansen, Siegfried Arno und Paul Morgan die animierendsten Gefechte. Ein weiterer Star des Abends: Göta Ljungberg, die bedeutende schwedische Wagner-Sängerin, seit 1926 Mitglied der Berliner Staatsoper und eine ebenso berühmte Isolde wie Elektra und Salome. Und dazu großangelegte Balletteinlagen: Diese gipfelten im Auftritt von La Jana, der damals unbestrittenen Königin des Unterhaltungstanzes.

Nun wurde zusätzlich noch Joseph Schmidt angekündigt, was sofort großes Interesse auslöste, die *Funkstunde* widmete ihm sogar die Titelseite. In drei der insgesamt aus acht Bildern bestehenden Revue wusste Charell den Bühnenneuling gezielt

Joseph Schmidt in Kostüm und Maske für die Revue »Die drei Musketiere« (R. Benatzky), großes Schauspielhaus Berlin, November 1929

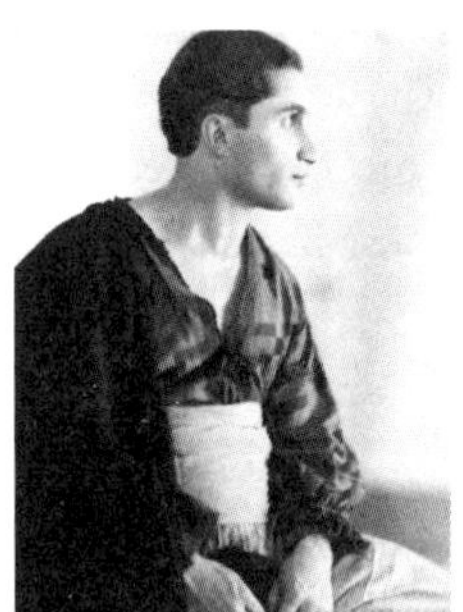

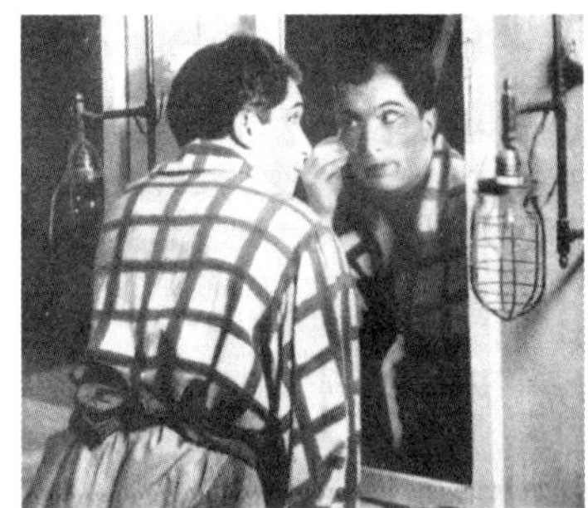

PHILHARMONIE

FREITAG, 7. MÄRZ 1930, ABENDS 8 UHR

*

GROSSES ÖFFENTLICHES VOLKSTÜMLICHES

ORCHESTERKONZERT

VERANSTALTET VON DER FUNK-STUNDE A.-G.

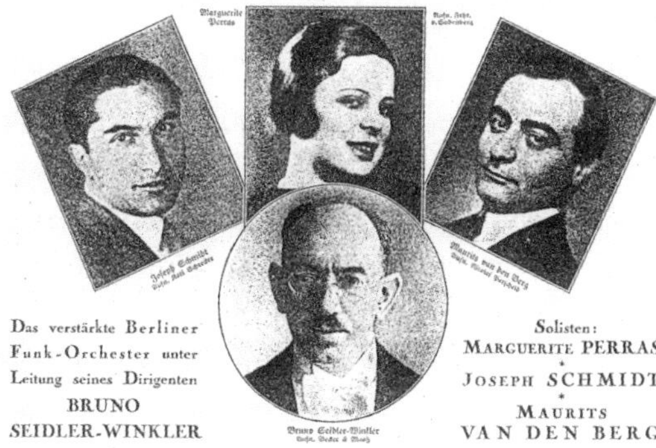

Das verstärkte Berliner Funk-Orchester unter Leitung seines Dirigenten

BRUNO SEIDLER-WINKLER

Solisten:

MARGUERITE PERRAS

*

JOSEPH SCHMIDT

*

MAURITS VAN DEN BERG

PROGRAMM

1. Ouvertüre zu der Oper „Oberon" .... Weber
2. Exultate jubilate-Motette (K.-V. 165) .... Mozart
   Marguerite Perras (Sopran)
3. Tänze aus „Nusch-Nuschi" .... Hindemith
4. a) „Wie eiskalt ist dies Händchen", aus der Oper „La Bohème" .... Puccini
   b) „Sieh, schon die Morgenröte", aus der Oper „Der Barbier von Sevilla" .... Rossini
   Joseph Schmidt (Tenor)
5. Ouvertüre zu der Oper „Schwanda, der Dudelsackpfeifer" .... Weinberger
6. „Eines Tages sehen wir", aus der Oper „Butterfly" .... Puccini
   Marguerite Perras
7. Fantasia appassionata, op. 35 .... Vieuxtemps
   Konzertmeister Maurits van den Berg (Violine)
8. „Sie wurde mir entrissen", aus der Oper „Rigoletto" .... Verdi
   Joseph Schmidt
9. Vardar, bulgarische Rhapsodie, op. 16 .... Wladigeroff

EINTRITTSPREISE: 1.50, 3.-, 4.- UND 6.- MARK

FÜR RUNDFUNKHÖRER HALBE PREISE (75 PFENNIG BIS 3.- MARK)

Karten zu halben Preisen nur im Vorverkauf gegen Vorzeigung der Rundfunkquittung im Funkhaus, Potsdamer Str. 4, werktäglich ununterbrochen von 9-6 Uhr

Erster Konzertauftritt von Joseph Schmidt in Berlin, Philharmonie, 7. März 1930

einzusetzen. Gesanglicher Höhepunkt war zweifellos das Lied »Wenn du treulos bist«, mit dem Schmidt allabendlich im eigens für ihn eingerichteten Zwischenspiel »Bei den Zigeunern« seinen Akzent setzte. Dank Ernst Stern, dem Chef der Bühnenausstattung, wurde aus dem allzu klein gewachsenen Protagonisten eine glaubhafte Bühnenerscheinung: Er stellte eine Art von Laufsteg quer über die Bühne, auf der sich Joseph Schmidt, umringt vom Chor und gleichsam über diesen erhöht, frei bewegen konnte. Dieser scheint seine Chancen effektvoll genutzt zu haben – er erntete großen Beifall, die Vorstellungen waren während Wochen ausverkauft (zwei speziell eingerichtete Vorstellungen wurden im November vom Rundfunk übertragen), und auch die lokale Presse sparte nicht mit Lob: »Eine der prunkvollsten Massenaufführungen, die Berlin je sah«, bilanzierte »Der Deutsche«.

In jenen Wochen wurde für Schmidts künftigen Ruhm ein weiterer Grundstein gelegt: Die neugegründete Firma Ultraphon brachte die ersten Schallplatten mit seiner Stimme heraus. Damit begann jene Ära, die Schmidt in kürzester Zeit zu einem der meistgehörten Sänger deutscher Zunge machte. Sein Name wurde zum Begriff – jenseits aller Grenzen und Ozeane. Selmar Meyrowitz, der Dirigent von Schmidts Rundfunkdebüt, dirigierte das Orchester der Berliner Städtischen Oper, während der heißen Augusttage des Jahres 1929 wurden vorerst einige Opernarien und Canzoni aufgenommen. Am 10. Oktober stand die Uraufführung von Franz Lehárs »Land des Lächelns« im Metropol-Theater auf dem Programm und wurde dank Richard Tauber zu einem unvergleichlichen Erfolg. Nur zwei Wochen später war auch die Ultraphon zur Stelle, um die Hauptnummern des Werkes mit Joseph Schmidt auf den Markt zu bringen. Aufnahmen, von denen man sich großen Absatz versprach, gleichzeitig aber auch als Herausforderung an die Konkurrenzfirma Odeon gedacht, deren unbestrittener Tenorstar seit zehn Jahren Tauber war.

Beinahe gleichzeitig wurde Schmidt von der Lindström AG für eine Reihe religiöser Aufnahmen verpflichtet. Eingespielt wurde die gesamte musikalische Liturgie der jüdischen Reformgemeinde. Dabei wirkte – auf insgesamt über 100 Schallplatten – der Chor der Berliner Jüdischen Reformgemeinde mit. Für die jeweiligen Soli wurden die Sopranistinnen Gertrud Baumann, Elisabeth Kühnlein und Eva Ortmann eingesetzt, die Altistin Paula Lindberg; Kantor Schlomo Hartenberg als weiterer Tenor neben Schmidt; dazu die Baritonisten Fritz Lechner, Fritz Loehner sowie der Bassist und bedeutende Bach-Interpret Hermann Schey.

Dr. Hermann Schildberger, Dirigent der Aufnahmen, notierte in den 1950er-Jahren:

> Diese Idee, kleineren und kleinsten Cultusgemeinden die Möglichkeit zu geben, durch das Medium der Schallplatte Gottesdienste mit erstklassigen musikalischen Darbietungen durchzuführen, die sonst ohne Kantor und Chor abgehalten werden mußten; dieser Plan wurde, nachdem diese Platten 1930 auf dem internationalen Kongreß der liberalen Juden in London mit größtem Erfolg innerhalb eines Freitag-Gottesdienstes vorgeführt wurden, in die Praxis umgesetzt. Die Aufnahmen durften nicht veröffentlicht werden und blieben im Besitz der Reformgemeinde zu Berlin. Joseph Schmidt hat eine ganze Reihe dieser Schallplatten besungen, teils solo, teils mit dem Chor, und seine Aufnahmen gehörten zu den schönsten der ganzen Sammlung. Das Hitler-Regime hat dann diese Entwicklung bald unterbrochen. Die gesamte Sammlung ist zerstört worden, und es sind wohl nur wenige Exemplare im Ausland erhalten geblieben, nachdem mir auf dem Transport bei der Auswanderung einige der besten absichtlich beschädigt wurden.

Ungeachtet der internationalen Bewunderung, mit der Schmidts Schallplatten aufgenommen wurden – seien dies Opernarien, Operettenlieder, bravouröse italienische Canzoni oder später jene Filmschlager, die ihn endgültig zum Megastar seiner Zeit machten –, es sind diese 14 religiösen Gesänge, die den wahren Höhepunkt seiner umfangreichen Discografie darstellen. Im Besonderen die in hebräischer und aramäischer Sprache gesungenen Titel erwecken ein gewisses Verständnis für jene Kritiker, die schon in Schmidts Czernowitzer Zeit bedauerten, dass er sich »leider« auch weltlicher Musik zuwende. Stimmfarbe und Nuancenreichtum sind von erregender Schönheit, sie zeigen den gerade mal 25-Jährigen auf dem absoluten Zenit seiner Ausdrucksmöglichkeiten. Ungeachtet allen tenoralen Glanzes, mit dem er sich noch in vielen Platten verewigen sollte – derart eindringlich wie in diesen Gebeten wurde sein Gesang nie wieder festgehalten. Unwillkürlich drängt sich die Erinnerung an Joseph Rosenblatt auf, den berühmtesten aller jüdischen Kantoren. Schmidts brillante Koloraturtechnik lässt den Vergleich auch mit dem phänomenalen Hermann Jadlowker zu, dem womöglich größten aller Tenor-Virtuosen.

Selbstverständlich blieb Joseph Schmidt auch jener Vergleich nicht erspart, der seit der Jahrhundertwende für jeden Tenor von Bedeutung unausweichlich zu sein scheint – der Vergleich mit dem legendären Enrico Caruso. Dieser Barde der Gesangsgeschichte vermochte mit seinen Leistungen derart hohe Maßstäbe zu setzen, dass seither jeder nachfolgende Stimmkollege an ihm gemessen wird. Ein unsinniges Unterfangen in den meisten Fällen, zumal jede Stimme ihren individuellen Charakter hat, ein ganz persönliches, unverwechselbares Timbre und deshalb nur begrenzt mit anderen vergleichbar ist. Zudem ist die Beurteilung einer Stimme – wie jede künstlerische Wertung – weitgehend auch eine Frage des persönlichen Geschmacks. Immerhin erstaunt, dass der Sänger und Rundfunkfachmann Cornelis Bronsgeest im Anschluss an Schmidts Vorsingen von Caruso-Tönen schwärmte. Für die Nachwelt aber sind offenkundige Parallelen kaum zu erkennen. Caruso war längst ein berühmter Mann, ehe er ein hohes C sein Eigen nennen konnte. Wenn Schmidt hingegen seine hohen Töne sozusagen in die Wiege gelegt bekam, ist das nicht sein Verdienst.

Darum darf diese Ausnahmebegabung keinesfalls als Pluspunkt in künstlerischer Hinsicht gewertet werden. Immerhin war Bronsgeest bei aller Begeisterung ehrlich genug, um auch Schwächen in Schmidts Stimme zu nennen: den Qualitätsverlust in der unteren Mittellage und die mangelnde Resonanz in der Tiefe. Beides waren zweifellos Komponenten, die Schmidt eine Bühnenlaufbahn zusätzlich erschwert hätten. In einem Punkt aber konnten sich alle einig sein: dass Schmidts Stimme für das Mikrofon wie geschaffen war. Hier konnte er alle seine stimmlichen Vorzüge ins Feld führen: eine einwandfreie, auf makelloser Atemführung basierende Linie, gepflegte Diktion, eine stets absolut saubere, treffsichere Intonation, Spitzentöne von seltener Schönheit, eine unübersehbar breite Palette an Klangfarben und -schattierungen sowie eine für Tenöre ungewöhnliche Leichtigkeit im Koloraturgesang.

Wie unsinnig der immer wieder angeführte Vergleich zu Caruso war, macht ein Brief von Schmidts Lehrer in Berlin, Dr. Hermann Weissenborn, deutlich. 1951 dazu befragt, antwortet er zwar in wohlgewählten Worten, doch ist sein inneres Kopfschütteln unüberhörbar. So meint der Maestro, der das Fundament für so manche Weltkarriere, wie etwa für Elisabeth

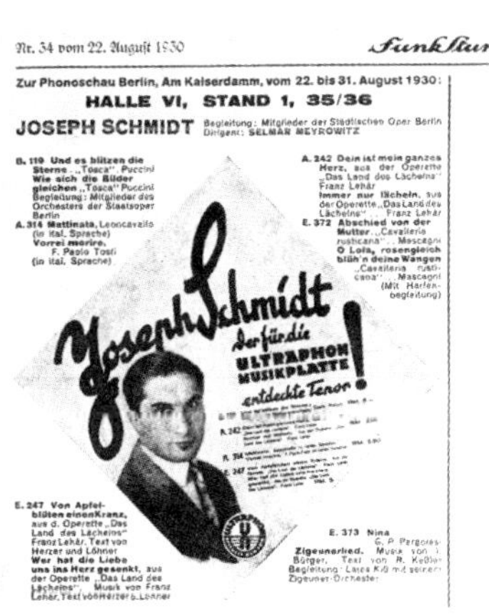

Plattenwerbung der Firma Ultraphon, Stand an der Berliner Phonoschau, Kaiserdamm, August 1930

Grümmer, Marga Höffgen, Petre Munteanu oder Dietrich Fischer-Dieskau, legte:

> Eine Parallele – einen Vergleich zweier in ihrer Stimmkapazität so grundverschiedener Gesangskünstler wie Caruso und Schmidt ziehen zu wollen, ist zum mindesten problematisch, ja abwegig. Die Struktur der Stimmlippen, der ganze Bau der Kehlkopfapparatur, dazu noch dieselbe Physis und Psyche bei vollkommen gleicher Ausbildung in der Schule desselben Lehrers, wären erst die notwendigen Voraussetzungen für einen Vergleich. Da es aber eine derartige Gleichartigkeit überhaupt nicht gibt, erübrigt sich schon logischerweise aus diesem Grunde der Gedanke, einen Vergleich anstellen zu wollen. Ich persönlich messe der absoluten Tonhöhe am wenigsten Bedeutung bei. Die höchste Künstlerschaft hängt Gott sei Dank nicht vom rein Stimmlichen ab, sondern von der Fähigkeit, dieses ideal durchgebildete Material geistig zu verwerten, es als Ausdrucksform zu vermitteln. Caruso war der Dramatiker in Stimmäußerung und Darstellung, während Schmidt der Lyriker war. Beide konnten dank ihrer hohen stimmlichen und künstlerischen Fähigkeiten das eine wie das andere bewältigen. Einen weiteren Vergleich auf der angedeuteten Basis muss ich leider ablehnen.

Ein Argument aber gibt es, das Schmidt tatsächlich in die Kategorie des mächtigen Italieners erhebt: Beide vermochten sie mit ihrem Gesang auf eine Art die Menschen zu berühren, die nicht zu »erlernen« ist. Das erstmals für Enrico Caruso geprägte Wort von der »Träne in der Stimme« trifft in höchstem Maß auch auf Joseph Schmidt zu. Gemeint ist damit nicht jenes vordergründig-theatralische Geschluchze, dessen sich beispielsweise Benjamino Gigli so oft über Gebühr bediente, sondern die Kunst des vokalen Ausdrucks, die den Zuhörer unmittelbar trifft. Immer ist es eine Art von verhaltener Wehmut, die in Schmidts Stimme mitklingt und die Zuhörer auf direktem Wege erreicht. Darin liegt wohl sein Geheimnis, und es mag der Grund seiner ungeheuren Wirkung als Schallplatten- und Rundfunksänger sein.

Dass Schmidt DIE ideale Mikrofonstimme hatte, ist zweifellos richtig. Genauso, wie es mehr oder weniger fotogene Menschen gibt, eignen sich nicht alle Opernstimmen optimal für das Mikrofon. Aufgrund seiner merkwürdig heiseren Sprechstimme erstaunt es nicht, dass gewisse Zweifler glaubten, bei den betörenden Rundfunk- und Plattenaufnahmen müssten irgendwelche technische Manipulationen mit im Spiel sein. Das Problem der dauernden Belegtheit von Schmidts Stimme fasste der Dirigent Otto Dobrindt so in Worte:

> Von Haus aus war er heiser. Ein kleiner Schleier war immer auf seinem Singen, aber gerade das gab auf der Schallplatte oder im Funk diese wundervolle Farbe. Als Sänger hatte er eine sehr ernste Berufsauffassung. Ich habe niemanden gekannt, der ihm da nahe gekommen wäre. Wenn die Aufnahmen vorbei waren, sagten die Orchestermusiker immer: Es ist, als wenn wir aus einem Tempel kommen.

Den übermittelten Erinnerungen Herbert Grenzebachs, dem damaligen Aufnahmeleiter bei Ultraphon, ist zu entnehmen, dass ihm beim ersten Vorsingen die Stimme von Joseph Schmidt nicht sonderlich gefallen habe. Doch als er aufnahm, da klang es schon ganz anders. Bei den Aufnahmen wurden die Höhen ein wenig beschnitten, und die Stimme war dann Gold, pures Gold. In der Biografie von Hansfried Sieben betont Grenzebach: »Joseph Schmidt war die bedeutendste Entdeckung für unser Unternehmen.«

Ähnliches Lob zollte damals auch die Fachpresse, so titelte etwa die *Phonographische Zeitschrift* »Joseph Schmidt bei Ultraphon« und führt aus:

> Wer kannte noch vor kurzem Joseph Schmidt? Kaum jemand. Jetzt ist er in aller Munde. Leichtfüßig erklomm er

> den Gipfel des Erfolges [...] Joseph Schmidt ist ein Sänger unserer Zeit. Man sieht ihn nicht auf der Bühne, kaum im Konzertsaal, dafür hört man ihn umso mehr im Rundfunk und auf Schallplatten. Er hat eine gottbegnadete Mikrophonstimme. Und da keinem Sänger der früheren Jahre ein solches Auditorium gegeben war, wie es jetzt Schmidt durch den Rundfunk hat, erfreut er sich deshalb einer besonderen Popularität. Ultraphon hat einen guten Griff getan, als sie sich diesen Tenor für die Platte sicherte. Die Stimme ist vorzüglich geschult, klingt weich und hat trotzdem eine seltene Kraft. In der Mittellage ist sie voll und abgerundet – strahlend in den Höhen. Die Atemtechnik ist vollkommen. Wenn man Schmidts Platten spielt, so hat man nicht nur das Bild eines stimmlich selten begabten Sängers vor sich, sondern auch eines Künstlers von Kultur. Besonders liegen ihm Werke der italienischen Schule, die auf dem südlichen Belcanto, der großen Kantilene, aufgebaut sind. Joseph Schmidt hält in diesen Werken jeden Vergleich mit den großen italienischen Sängern aus und wird nicht umsonst im Volksmunde »der Rundfunk-Caruso« genannt.

Die Ultraphon ihrerseits erfand bei der Vermarktung von Schmidt-Platten ständig neue Superlative. So prophezeite sie den Händlern in ihrer Werbung: »Mit Joseph-Schmidt-Platten werden Sie das große Geschäft machen, denn: Joseph-Schmidt-Platten verstauben nicht!«

Finanziell hatte Leo Engel mit Ultraphon einen guten Schnitt ausgehandelt, immerhin flossen zehn Prozent vom Engrospreis der Platten an den Interpreten, eine stattliche Summe bei vertraglich zugesicherten 16 Aufnahmen pro halbem Jahr. Geschäftliche, finanzielle Dinge interessierten Joseph Schmidt allerdings kaum, für ihn waren sie eher eine lästige Nebenerscheinung seines Berufes, die er nur allzu gerne seinem Onkel Leo überließ. Im Gegensatz zu Onkel Hermann aber, der im Wesen auffällig der Mutter Sara glich, zeigte Leo Engel einen schwierigen, vor allem auf seinen eigenen Vorteil bedachten

Charakter. Äußerlich wirkte er sehr weltmännisch; ein gutaussehender, auffallender Mann, der in den Salons auf sich aufmerksam zu machen verstand und stets auch von weiblicher Schönheit umgeben war.

Joseph fühlte sich in der Wohngemeinschaft mit Onkel Leo schon nach kurzer Zeit beengt und zog an die Nürnberger Straße 68, wo er in Untermiete ein Drei-Zimmer-Appartement bewohnte. Engel, der geschickte Manager, richtete sich seinerseits ein Büro in der zweiten Etage des Hauses an der Goldaper Straße 1 ein. Was das Geschäftliche betraf, zeigte er echtes Talent und verstand es, seinen Schützling mit gezielter Werbung ins entsprechende Licht zu setzen. So verkündete stolz ein Künstlerkatalog um 1930: »JOSEPH SCHMIDT – Tenor auf Europa-Tournee. Sprachen: Deutsch, Italienisch und Französisch. Impresario: Leo Engel, Berlin NO 55, Goldaper Straße 1, Fernsprecher: E3 Königsstadt 9837.« Seine Aufgabe als Manager nahm Engel sehr ernst, vielleicht zu ernst – jedenfalls war er stets hinter Joseph her, vor allem hinter dessen Geld. Grundsätzlich überließ ihm dieser ein Drittel seines Einkommens, denselben Betrag ließ er seinen immer noch in Czernowitz lebenden Eltern zukommen.

Die Zähigkeit, mit der Engel über finanzielle Angelegenheiten zu verhandeln pflegte, trug nicht eben zu dessen Beliebtheit bei. Unter Direktoren und Agenten machte denn bald auch das geflügelte Wort die Runde: »Wenn Joseph Schmidt singen soll, müssen sie nicht mit seinem ›Engel‹, sondern mit seinem ›Schatten‹ verhandeln.« Vielleicht aber hatte das wachsame Auge Leos auch seine Richtigkeit; zu bekannt war Schmidts Arglosigkeit gegenüber Unbekannten. Leo Engel deponierte seinen Ärger sogar in einem Brief an Schmidts Mutter: »In einem Punkt hat Joseph nichts, aber auch gar nichts dazugelernt. So wie als Kind verschenkt er auch jetzt noch alles, was er hat. Oft kommt es vor, dass er mit einem größeren Geldbetrag das Haus verlässt, um Einkäufe zu tätigen, jedoch unverrichteter Dinge zurückkehrt, weil er inzwischen alles verschenkt hat. Er könnte ein wohlhabender Mann sein, aber er lernt es wohl nie!« Diesen Wesenszug bestätigte auch Lisa Goltermann, eine Bekannte aus Berliner Tagen: »Ich habe selbst erlebt, wie Joseph auf offener Straße von Unbekannten angebettelt wurde und ohne zu fragen, Geld verschenkte.«

Die Entbehrungen seiner Jugend schien Joseph Schmidt nie vergessen zu haben, und so hielt er sich sein Leben lang an das Grundprinzip, den Menschen zu helfen, wo Hilfe nötig war, denn den Wohlstand, den er sich in so kurzer Zeit ersungen hatte, betrachtete er stets als ein Geschenk, als eine Leihgabe der Vorsehung.

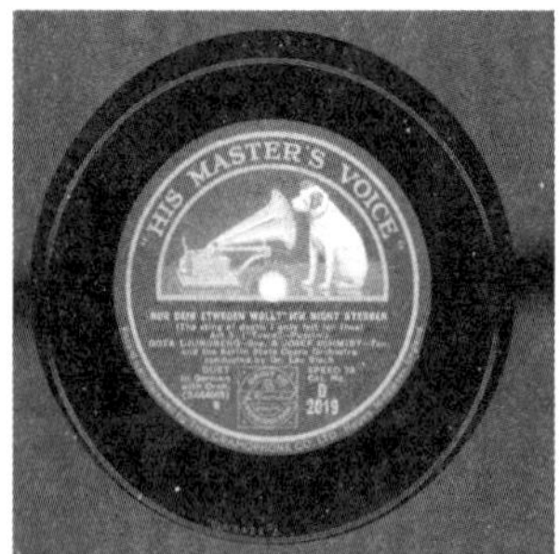

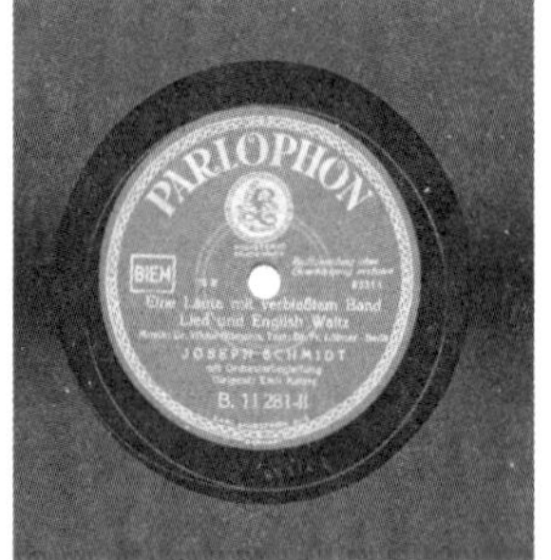

Links: Joseph Schmidts erste Plattenaufnahme: Duett aus dem 3. Akt »Tosca« – mit Gota Ljungberg (Tosca), His Masters Voice, Berlin, 28. Mai 1929

Rechts: Joseph Schmidts letzte Schallplatte: »Eine Laute mit verblasstem Band« (Lied von V. Altmann), Parlophon, Wien, 27. August 1937

4
»Liebling des deutschen Volkes« (1930–1933)

Ein langgehegter Wunsch von Sendeleiter Bronsgeest ging am 8. Januar 1930 in Erfüllung: Er konnte Mozarts »Idomeneo« ins Programm nehmen. Und das in Glanzbesetzung: mit Bruno Walter am Dirigentenpult, Joseph Schmidt in der Titelpartie sowie mit Berta Kiurina (Ilia) und Emmy Bettendorf (Elektra). Walter, bis vor kurzem noch Musikdirektor an der Berliner Städtischen Oper in Charlottenburg und nun, als Nachfolger Furtwänglers, Leiter der Leipziger Gewandhauskonzerte, äußerte sich von Schmidt begeistert: der beste Mozart-Tenor, den sich ein Dirigent wünschen könne.

Mozarts Musik – seit je als Gratwanderung gesangstechnischer Tücken ebenso geliebt wie gefürchtet – befähigt auch einen Tenor mit sattelfestem hohen C keineswegs, sich Rollen wie Tamino, Belmonte, Don Ottavio oder gar Idomeneo anzueignen. Umso erstaunlicher, dass Schmidt auch damit zu überzeugen vermochte. Mehr noch: Es gelang ihm, den Vergleich mit dem unbestrittenen König tenoraler Geläufigkeit herauszufordern – Hermann Jadlowker. Schmidt war ein großer Bewunderer dieses Sängers und soll ihn als sein eigentliches Vorbild bezeichnet haben. Zu Jadlowker finden sich denn auch weit mehr Parallelen als zu Caruso. Wie Schmidt, begann auch Jadlowker – 1877 in Riga geboren und 1953 in Tel Aviv gestorben – als Tempelsänger in seiner Vaterstadt. Auch er stammte aus streng religiösem Hause und musste sich, gegen den Willen der Eltern, seinen Beruf erkämpfen. Als der Stern Schmidts zu strahlen begann, war Jadlowker gerade dabei, seine Auftritte auf das Konzertpodium zu beschränken. In späteren Jahren betätigte er sich ausschließlich als Kantor und Leiter des Synagogenchores seiner Heimatstadt. Wird seine Stimme in unserer Zeit auch nicht mehr an jener von Enrico Caruso gemessen, haben doch viele seiner insgesamt 235 Plattenaufnahmen nichts von ihrer Bedeutung eingebüßt. Ein genaues Hinhören lässt selbst ein durchschnittlich geübtes Ohr erkennen, dass Jadlowker manchen Kollegen seiner Zeit auf die hinteren Ränge verweist. Die Verwandtschaft zwischen ihm und Schmidt zeigt sich am deutlichsten darin, dass beide – obgleich im Grunde lyrische Tenöre – keinem Fach eindeutig zuzuordnen sind: So wie es Jadlowker möglich war, neben Rossinis Almaviva auch den Lohengrin und sogar den Parsifal zu singen, vermochte Schmidt Donizettis Nemorino ebenso gerecht zu werden wie dem Arnold in Rossinis »Wilhelm Tell« oder dem Arturo in Bellinis »Puritanern«.

*

Die zunehmende Präsenz von Joseph Schmidt als Interpret der großen Tenorpartien wurde für die Zuhörerschaft mehr und mehr zur Selbstverständlichkeit. Zwar hatte jede bedeutende Radiostation damals so etwas wie einen »Haustenor«, meistens aber waren deren klingende Namen parallel mit einer Bühnenlaufbahn verbunden. Verständlich, dass eine »Radiostimme« auch das Interesse von Fachkollegen weckte. So saß bei der Übertragung eines Arienabends am 4. Februar 1930 ein besonders prominenter Zuhörer vor dem Apparat: Helge Rosvaenge, der 1. Tenor der Berliner Staatsoper. Der gebürtige Däne – aufgrund seiner oftmals kühnen vokalen Kraftakte mitunter auch als der Tenor mit den »Stimmbändern wie Hosenträger« bezeichnet – war ein Jahr zuvor an die erste Bühne Berlins verpflichtet worden. Schmidt sang in diesem Programm Arien aus dem »Barbier von Sevilla«, dem »Liebestrank«, der »Stummen von Portici«, »Carmen« und die Cavatine aus »Faust«, eine der wenigen Mitschnittplatten des Berliner Senders, die dem bald folgenden Zerstörungswahn der Nazis entgangen sind. Von der Leistung des jungen Kollegen offensichtlich beeindruckt, sandte Rosvaenge diesem noch am selben Abend einige anerkennende Zeilen. In welche Worte Rosvaenge seine Bewunderung fasste, ist nicht erhalten, wohl aber, wie Schmidt sich am 8. Februar dafür bedankte:

> Sehr geehrter Kollege,
>
> Im Besitze Ihres sehr geschätzten Briefes vom 4.2. danke ich Ihnen hiermit aufs herzlichste für die mir ausgesprochene Anerkennung, die mich um so mehr gefreut hat, als sie aus berufenem Munde eines Kollegen kommt, der selbst als Sänger an prominenter Stelle oft genug Gelegenheit hat, an seinem eigenen Ich die Freuden und Leiden eines solchen kennen zu lernen. Auch über Ihren Gesang, werter Kollege, habe ich das Allererfreulichste gehört. Leider hatte ich bis jetzt wegen meiner bis zum 1. d. M. täglichen Beschäftigung im Großen Schauspielhaus noch keine Gelegenheit, Sie zu hören. Nun freue ich mich sehr, bei der nächsten sich bietenden Gelegenheit dies tun zu können. Eine persönliche Bekanntschaft würde ich natürlich freudig begrüßen, da eine solche die beste Gelegenheit zu einem Gedankenaustausch über verschiedene gesangliche und künstlerische Probleme darstellt. Ich erwarte gerne einen diesbezüglichen schriftlichen oder telefonischen Vorschlag von Ihnen und würde mich danach richten.
>
> Nochmals mit herzlichem Dank verbleibe ich mit besten kollegialen Grüßen, Ihr ergebener
>
> Joseph Schmidt

*

Ein besonders auffallendes Programm wurde am 19. März ausgestrahlt; Schmidt sang, gemeinsam mit Sendeleiter Cornelis Bronsgeest, Duette von Bizet, Smetana, Rossini und Verdi. Noch war es technisch nicht möglich, ganze Aufführungen auf Magnettonband mitzuschneiden und für die Nachwelt festzuhalten, Ausschnitte aber konnte man durchaus konservieren, und zwar auf sogenannten Rundfunkschallplatten. Erhalten hat sich aus dieser Übertragung, in der der Entdecker gemeinsam mit seinem Schützling sang, ein einziges Tondokument: das Duett »In heiliger Stunde« aus Verdis »Macht des Schicksals«. Auf 33 solcher Rundfunkplatten wurden Höhepunkte von Schmidts Opernrepertoire auf diese Art konserviert; bedauerlicherweise haben nur wenige davon die Zeiten überdauert: die Stretta aus Verdis »Troubadour«, Arien aus »Hoffmanns Erzählungen«, Adams Postillon von Lonjumeau aus Webers »Euryanthe«, Puccinis »Tosca« und die bereits erwähnte »Faust«-Cavatine.

Vor dem Rassenwahn der Nazis blieb auch das Rundfunk-Archiv nicht verschont, es musste »gereinigt« werden, und die Aufnahmen mit dem Juden Schmidt wurden vernichtet. Dieser Verlust erweist sich als überaus schmerzlich. Schmidt war nicht nur zusammen mit bedeutenden Kollegen seiner Zeit aufgetreten; diese Mitschnitte könnten auch Aufschluss darüber geben, wie sich seine Stimme in ein Ensemble einfügte. Erstklassige Dirigenten mussten seine Leistung wohl zusätzlich beflügelt haben. Wenn auch nur in Fragmenten, so ist sein Gesang zumindest doch unter der Leitung von Bruno Seidler-Winkler, Hermann Scherchen, Max von Schillings oder Fritz Stiedry dokumentiert. Wie aber gestaltete er Tamino oder Idomeneo unter Bruno Walter? Welchen Einfluss übte Leo Blech auf Schmidt in Verdis »Räubern« oder Rossinis »Semiramis« aus? Diese Tondokumente hätten den Sänger Joseph Schmidt wohl vor Fehleinschätzungen späterer Generationen zu bewahren vermocht.

Weiterhin sang Schmidt regelmäßig in Gottesdiensten – zu Hause in Czernowitz wie in Berlin. Wiederholt bat man ihn um seine Mitwirkung in der großen Synagoge an der Fasanenstraße; aber auch in kleineren Gotteshäusern – an der Grünstraße, der Lützowstraße oder der Oranienburger Straße – konnte man ihn hören. Dass sich stets eine große Menschenmenge versammelte, mehr auf musikalischen Genuss als auf religiöse Einkehr bedacht, ist nicht von der Hand zu weisen. Besonders auffällig wurde das bei der Eröffnung der Synagoge an der Prinzregentenstraße am 16. September 1930: »Der Raum war hoffnungslos überfüllt«, so formulierte es Leo Trepp, der an diesem Abend amtierende Rabbiner; »alle waren sie nur gekommen, um Schmidts Stimme zu hören.« Längst war der kleine Mann zu einer stadtbekannten Größe geworden; wo immer er in den Straßen Berlins auftauchte, war er von Autogrammjägern umringt. Fanpost traf auch aus dem benachbarten Ausland ein – etwa aus der Schweiz, wo sich eine gewisse Ruth Hofmann aus Basel, rundfunkbegeisterte Schmidt-Anhängerin, Informationen von ihm wünschte. Schmidts Antwortkarte:

> Besten Dank für Ihre netten Zeilen. Leider komme ich erst jetzt dazu, Ihnen zu antworten. Ich bin in Czernowitz (Rumänien) geboren und bin Jude. Freue mich jedenfalls sehr, auch in der schönen Schweiz so nette Menschen zu wissen, die meine bescheidene Kunst gut finden. Seien Sie nun bestens gegrüßt von
>
> Ihrem Joseph Schmidt

1928 gab es in Deutschland bereits über zwei Millionen registrierte Rundfunkhörer – ein untrügliches Zeichen, dass sich das junge Medium bereits zum bedeutendsten Kommunikationsmittel entwickelt hatte. Um mit diesem Trend Schritt halten zu können, war ein Umbau des Berliner Funkhauses unumgänglich geworden; die im Dachgeschoss eingerichtete Sendestelle genügte den Anforderungen längst nicht mehr. Vorbei die Phase, in der die Pioniere »zugunsten der Akustik« die Wände mit Krepprollen verkleideten und mit Wolldecken das Studio »von der Technik« trennten. Am 23. Januar 1931 konnte zur festlichen Einweihung der Senderäume im neuen Funkhaus geladen werden. Flankiert von Hans Bredow, dem »Vater des Rundfunks«, der bereits 1913 die immense Bedeutung dieses neuen Mediums vorausgesagt hatte, sowie von Reichspostminister Schätzel, hielt Reichspräsident Paul von Hindenburg höchstpersönlich die Eröffnungsansprache. Am folgenden Tag wurden die neuen Räumlichkeiten mit einer festlichen Aufführung samt Radioübertragung von Mozarts »Zauberflöte« – im Hinblick auf den 175. Geburtstag Mozarts am 27. Januar – in Betrieb genommen. Unter der Leitung von Bruno Walter sang ein Ensemble exquisiter Mozart-Interpreten: Emanuel List (Sarastro), Luisa Szabo (Königin der Nacht), Lotte Schöne (Pamina), Joseph Schmidt (Tamino), Vera Schwarz (erste Dame) sowie Gerhard Hüsch (Papageno). Teile dieser Aufführung, darunter Taminos »Bildnisarie« sowie das Quintett aus dem zweiten Aufzug, wurden als Rundfunkplatten mitgeschnitten, doch sind auch diese nicht erhalten geblieben. Im Jahre 1964 erinnerte sich Vera Schwarz, die umschwärmte Opernsängerin und Operettendiva, an jene festliche Aufführung und vor allem an ihren Tamino: »Bei der ersten Probe hörte ich mir den kleinen Kerl an und war entsetzt, weil ich dachte: Der ist heiser. Und ich sagte zu Bronsgeest: ›Um Gottes willen, der kann doch nicht singen morgen Abend.‹ Der aber sagte: ›Jetzt komm in den Abhörraum und hör dir den Joseph Schmidt an.‹ Ich ging in den Raum und hörte eine gottbegnadete, prachtvolle, wunderschöne Tenorstimme den Tamino singen. Das war Schmidt. Von einer Heiserkeit war nichts zu hören [...] Das war eine richtige Stimme fürs Radio.«

Mit dieser Aussage wollte die Künstlerin gewiss nicht dem Andenken Schmidts schaden, aber sie bestärkte damit unbewusst jene Zweifler, die hinter den Plattenaufnahmen dieses ungewöhnlichen Sängers schon immer »irgendein Geheimnis«

vermuteten. Das Entsetzen, wie sie es nennt, wird im Erstaunen begründet gewesen sein, wie man mit einer so heiseren Sprechstimme wohl die gesanglichen Klippen eines Tamino bewältigen konnte. Dies ist tatsächlich ein Phänomen, zu dem es weder ein Pendant noch eine plausible Erklärung gab. Ganz gewiss aber gab es zu keiner Zeit Mikrofone, die Heiserkeit in strahlenden Tenorglanz umzuwandeln vermochten.

Neben den Standardpartien des Repertoires gestaltete Schmidt in den Rundfunk-Opernproduktionen regelmäßig auch eher selten zu hörende Werke, nahm sich etwa Schuberts »Häuslichem Krieg« an oder Grétrys Spieloper »Liebe gut, alles gut«. Am 16. Oktober 1931 war Richard Strauss' »Salome« angesetzt, und Schmidt übernahm – auf ausdrücklichen Wunsch des Dirigenten und Komponisten Alexander von Zemlinsky – die Partie des Narraboth. Alles andere als eine »Bravourpartie«, doch gelang ihm damit ein weiterer Beweis, dass er weit mehr war als ein zuverlässiger Lieferant effektvoller Spitzentöne. Die Arbeit vor dem Mikrofon gehörte mittlerweile zu seinem künstlerischen Alltag, verständlich also, wenn er die Hoffnung nicht aufgeben wollte, dass diese Tätigkeit sich irgendwie doch als eine Brücke zur Opernbühne erweisen könnte. Allen Mut zusammenneh-

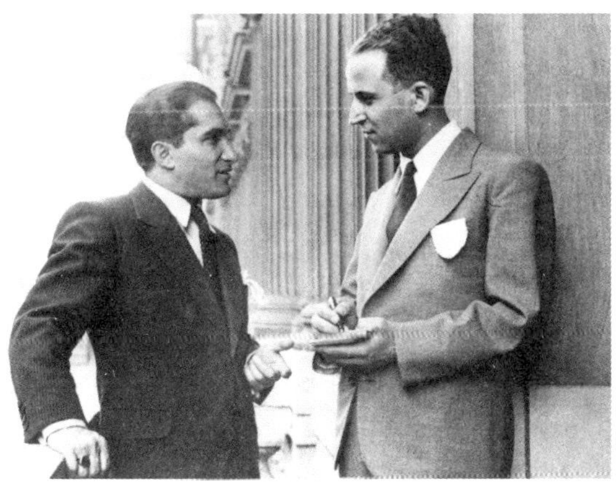

Interview mit Dr. Jakob Rosenthal für Die Stimme, Wien, Juni 1934

mend, meldete er sich für ein Vorsingen bei Leo Blech, einem der einflussreichsten Männer der Staatsoper. In einem Interview, das Schmidt anlässlich seiner Wiener Gastspiele im April und Mai 1932 gab, erzählte er von dieser Episode: »Ich sang Leo Blech ein paar Opernarien vor – er war restlos begeistert und meinte nachher nur: ›Schade, schade, dass Sie nicht klein sind, lieber Schmidt ...‹ – ›Nanu‹, sagte ich, ›ich bin doch klein?‹ – ›Eben nicht‹, meinte Blech, ›wenn Sie klein wären, ginge es ja – Sie sind aber *zu* klein ...‹«

Mit der Bühne war also – zumindest vorläufig – nichts zu machen. Dennoch eröffnete sich für Joseph Schmidt unverhofft eine völlig neue Perspektive: Der Film meldete sich. Für die Greenbaum-Filmgesellschaft Berlin produzierte Regisseur Robert Wiene »Der Liebesexpreß«. Georg Alexander und Dina Gralla, mithin die erste Garnitur deutscher Leinwandprominenz, spielten die Hauptrollen; an ihrer Seite sollte Schmidt einen Sänger mimen, der in berauschender Venedig-Atmosphäre mit ein paar schmachtenden Canzoni aufwartet; nach Versen von Robert Gilbert, wozu Max Niederberger die Musik lieferte. Wenn es sich auch nur um eine Nebenrolle handelte, wobei die vier von Schmidt gesungenen Lieder in ziemlich losem Zusammenhang mit der Filmhandlung standen, wurde die Premiere des Films am 5. Mai 1931 dennoch auch für ihn ein Erfolg. In Österreich kam der Film unter dem Titel »Acht Tage Glück« in die Kinos und erreichte bereits im Juli als »Love in Venice« das New Yorker Belmont Theater.

*

3. Juli 1931, ein düsteres Datum in der Kulturgeschichte Berlins, Schatten werfend auf eine noch düsterere Zukunft: Auf Druck der Regierung wurde die Kroll-Oper, jenes traditionsreiche Musiktheater, das eng mit dem Namen Otto Klemperers verbunden ist, geschlossen. Mit einer Vorstellung von »Figaros Hochzeit« nahm man Abschied. Künftig sollte der prachtvol-

le, 1844 am Platz der Republik errichtete Bau als Gastspielstätte für die unterschiedlichsten Etablissements dienen, ab 1933 wurde er gar als Plenarsaal von der Politik genutzt. Gelegentlich fanden auch Operettenaufführungen statt – ein neues Feld für Schmidts künstlerische Tätigkeit, wobei sein Traum von der Bühne endlich in Erfüllung gehen sollte. Cornelis Bronsgeest hatte die Strauss-Operette »1001 Nacht« neu bearbeitet und für Schmidt eine spezielle Einlagerolle geschrieben.

> Das Walzerlied, betitelt mit »Launisches Glück«, war der Höhepunkt von Schmidts Auftritten. Ich ließ über den Orchesterraum ein Laufbrett legen, das ihm die Möglichkeit gab – hoch über dem Orchester stehend –, ganz nah an das Publikum heranzutreten. So erschien er perspektivisch größer, und das Experiment glückte. Es ging kaum ein Abend dieser Serienvorstellungen vorbei, an dem nicht diese Darbietung des kleinen »Kiossim«, wie ich ihn in der Rolle nannte, drei- bis sogar sechsmal wiederholt werden mußte. Öfter als einmal nahm der Rundfunk außerplanmäßig dieses von Schmidt besungene »Launische Glück« auf den Sender. Die Musik war einer anderen Strauss-Operette, nämlich »Prinz Methusalem« entnommen; den neuen Text für diese Kroll-Oper-Produktion schrieb Leopold Hainisch: »Launisches Glück, kehrst nie zurück, fliehst schnell dahin, mit leichtem Sinn ...«

Ende 1931 zählte man in Deutschland viereinhalb Millionen Arbeitslose. Zusehends sank die Stimmung der Menschen, und bei Schmidt gingen vermehrt Anfragen für Wohltätigkeitsveranstaltungen ein. Er, der stets überall helfen wollte, ließ sich kaum je vergeblich bitten: An solchen Anlässen sang er mit derselben Begeisterung, wie man sie von seinen großen Konzertauftritten her kannte. Mittlerweile gastierte er in ganz Deutschland, erhielt Einladungen aus Dresden, Hamburg, Frankfurt und Köln. Anfang Januar 1932 wurde ein Konzert aus Breslau übertragen, angekündigt unter dem Titel »Der Heldentenor und der lyrische Tenor«. Begleitet von der Schlesischen Philharmonie, lieferten sich Joseph Schmidt und sein heldischer Fachkollege Fritz Soot ein beinahe zweistündiges friedliches Tenorduell. Auch ausländische Rundfunkanstalten wollten sich *Die Stimme* sichern. Den Anfang machte Radio Wien: Am 28. April 1932 sang Joseph Schmidt unter der Leitung von Oswald Kabasta an der Seite von Vera Schwarz, Karl Hammes und Josef von Manowarda in Verdis früher Oper »I Masnadieri«. Am 14. Mai strahlte Radio Hilversum (VARA-Rundfunk) erstmals ein hauseigenes Konzert mit Schmidt aus. In den Niederlanden wurde der illustre Gast mit allen Ehren empfangen: *De Radiogids*, die lokale Rundfunkzeitschrift, widmete ihm einen ganzseitigen Begrüßungsartikel – Zeichen dafür, dass er in diesem Land besonders willkommen war.

Gewiss waren Bronsgeests Befürchtungen nicht unbegründet, dass er seinen Star an einen anderen Sender verlieren könnte. Umso mehr umwarb er ihn, setzte ihn ein, wo immer sich eine Möglichkeit bot. Dass Schmidt zu der Zeit über eine Stimme von beinahe unbegrenzten Möglichkeiten verfügte, zeigen die entsprechenden Radioprogramme: Am 8. Mai war er in einem einstündigen Programm zu hören, das in der Auswahl kaum unterschiedlicher hätte sein können: Sieben Arien aus dem lyrischen wie dem sogenannten Zwischenfach plus einem Paradestück tenoraler Koloratur: »Aida«, »Bajazzo«, »Eugen Onegin«, »Il mio tesoro« aus »Don Giovanni«, »Der fliegende Holländer«, »Die Jüdin« und abschließend die Stretta aus dem »Troubadour«. Und als der um Ausgefallenes nie verlegene Bronsgeest Tschaikowskys völlig vergessene Oper »Die Pantoffeln der Zarin« ansetzte, studierte Schmidt ohne Zögern die Partie des Schmiedes Nikita ein. Gleichsam Musik aus erster Hand gab's für die Rundfunkhörer am 21. Juni 1932: Eduard Künneke, der erfolgreiche Operettenkomponist, dirigierte Ausschnitte aus seiner vieraktigen Oper »Nadja« – mit Joseph Schmidt als Wladimir Markows und Margherita Perras in der Titelpartie der Nadja Iwanowna. Sich für Unbekanntes, Vergessenes einzusetzen war Schmidt eine willkommene Abwechslung zum gängigen Opernrepertoire. Als Erster interpretierte er die Lieder Giuseppe Verdis in deutscher Übersetzung oder sang unter Hermann Scherchen das Tenorsolo in Liszts aufwendiger »Faust«-Sinfonie: »Alles Vergängliche ist nur ein Gleichnis [...] das Ewigweibliche zieht uns hinan ...«

*

Schmidts Popularität nahm sprunghaft zu, nachdem er auch weitere deutsche Sender wie Hamburg und Stuttgart erobert hatte. Dies spiegelt die Besprechung seiner Interpretation des Nemorino in Donizettis »Liebestrank« vom 8. September 1932 in der *Süddeutschen Radio-Zeitung*:

> Mit der Ausstrahlung dieses Werkes ist die musikalische Abteilung des Südfunks Stuttgart auf dem Gebiet der Funkoper einen anerkennenswerten Schritt weitergekommen. Das musikalische Ensemble stand ganz im Zeichen der gesanglich überragenden Leistung von Joseph Schmidt.

Wie sehr der Radiostar die Menschen bewegte, zeigt die vom »Berliner 8-Uhr-Abendblatt« regelmäßig veranstaltete Umfrage nach dem beliebtesten Künstler des Monats. Die jeweiligen Gewinner wurden mit einer goldenen Uhr beschenkt. Gitta Alpar und Vera Schwarz, Cornelis Bronsgeest und Marcel Wittrisch, selbstverständlich auch der vergötterte Richard Tauber, waren schon mit der begehrten Trophäe ausgezeichnet worden. Täglich informierte die Presse unter dem Titel »Funk-Toto« über den aktuellen Stand unter den verschiedenen Anwärtern. Am 29. Mai trat Schmidt im Rahmen eines beliebten Potpourris auf – und zwei Tage später meldete die *National-Zeitung*: »Am Sonntag hatte Joseph Schmidt einen so großen Erfolg, daß er jetzt an erster Stelle im Gesamtergebnis steht.« Als man ihm im Rahmen eines festlichen Aktes im Funkhaus die goldene Uhr überreichte, weilte zu seiner großen Freude auch Mutter Sara in

Berlin. Erstmals konnte sie sich von der ungeheuren Popularität ihres Sohnes persönlich überzeugen. Immer wieder las sie die Worte, die auf der Innenseite des Uhrdeckels eingraviert waren: »Herrn Joseph Schmidt, für die beste Monatsgesamtleistung im Funk-Toto des *8-Uhr-Abendblattes*. Berlin, Mai 1932.« Zusätzlich zur Uhr überreichte man Schmidt auch eine Urkunde. Obwohl diese während des Krieges verlorenging, konnte sich Mutter Sara später noch genau an den Wortlaut erinnern:

> Wir haben oft alle ungeduldig nach der Uhr gesehen, wußten wir den Namen Joseph Schmidt im Radioprogramm stehen. Bis seine Stimme ertönte, wurde der Tag uns lang – doch dann vergaß man die Zeit, wenn sie herrlich erklang. Möge diese Uhr Sie erinnern zu allen Zeiten an die glücklichen Stunden, die Sie Millionen bereiten. Wir alle geben Ihnen unseren Dank und unsere besten Wünsche mit, bleiben Sie auch weiterhin unseres Glückes Schmidt!

Mittlerweile gehörte es fast zum guten Ton, Schmidt als »Stargast« zu besonderen Anlässen zu engagieren. So ziert seine Mitwirkung auch einen Programmzettel der »Fledermaus« im Admiralspalast vom 31. August 1932, wo »Das Theater der höheren Schulen« als besondere Festivität die Operette von Strauss aufführte, um der 1000. Veranstaltung des gemeinnützigen Vereins einen besonders festlichen Rahmen zu verleihen. Ludwig Wüllner rezitierte Goethe und Schiller, Rosalind von Schirach sang eine Arie aus Webers »Freischütz« und unter den Gästen bei Orlowsky fanden sich neben Mimi Gyenes und Pia von Moosburg auch der Urkomiker Wilhelm Bendow sowie Joseph Schmidt ein.

*

Dass Schmidt inzwischen zur Elite gehörte, zeigte sich auch darin, dass man ihn im Band »Wir von der Oper«, 1932 im Bruckmann Verlag München erschienen, mit einbezogen hatte. Dieses »Kritische Theaterbuch«, wie es im Untertitel heißt, versammelt 36 persönliche Aussagen der bedeutendsten Bühnenstars der Zeit: von Maria Jeritza, Maria Ivogün, Lotte Lehmann, Frida Leider, Maria Müller, Sigrid Onegin, Lotte Schöne und Elisabeth Schumann. Auch Operndirigenten kamen zu Wort, unter ihnen Fritz Busch, Wilhelm Furtwängler, Erich Kleiber, Bruno Walter und Otto Klemperer. Und selbstverständlich äußern sich auch die bedeutenden Tenöre: Lauritz Melchior, Tino Pattiera und Helge Rosvaenge, Alfred Piccaver, Leo Slezak und Richard Tauber. Obwohl Joseph Schmidt nicht den Bühnensängern zuzuordnen war, verfasste er zu diesem Themenkomplex einen aufschlussreichen Beitrag:

> Ursprünglich wollte ich Schauspieler werden und betrachtete meine Beschäftigung mit dem Gesang nur als Nebenstudium. Aber die Erfolge, die ich mit eigenen Konzerten in meiner Vaterstadt und dann in Antwerpen hatte, veranlaßten mich, nach Berlin zu gehen, um an der Weiterbildung meiner Stimme zu arbeiten. Die Gestaltungslust, wenn ich so sagen darf, ist heute auf das rein Gesangliche zentralisiert – das gilt auch für meine Tätigkeit als Rundfunksänger. Das oft zu Unrecht geschmähte Mikrophon hat einen ungeheuren Vorteil gegenüber der Opernbühne und dem Konzertpodium – es zwingt nicht nur den Ausübenden, sondern auch den Zuhörer zu äußerster Konzentration. Es zwingt aber auch zur konzentriertesten Leistung, weil es durch Fehlen aller unterstützenden Illusionsmöglichkeiten einzig auf die akustische Wirkung angewiesen ist. Die Gesangskunst, die von der Oper- und Konzertbühne aus durch mannigfache Nebenwirkung verbreitert, aber auch verstreut wurde, ist hier wieder auf den Generalnenner gebracht. Diese Nebenwirkungen, abseits vom rein Musikalischen – also darstellerische Gestaltung, szenische Wiedergabe, Vermengung mit dem Tänzerischen, die Unzulänglichkeiten des Textes, mit einem Wort: das Konglomerat der Opernaufführung, die von jeher die offenen Fragen der Oper waren, haben dazu geführt, daß viele Werke unaufführbar wurden, deren musikalischer Wert überragend ist. Für den

> Rundfunk liegt hier die große Mission, diese schon fast vergessenen Werke zu erhalten und sie in der einzig überzeugenden Form – in der rein tonlichen Wiedergabe – dem Publikum wieder nahezubringen. Ein weiterer großer Vorteil ist die Potenzierung durch die Persönlichkeit. Es geht so vieles an nuancierter Wirkung auf dem Wege von der Bühne zum Publikum verloren – aber vor dem Mikrophon, das die feinsten Schwingungen verdeutlicht und verstärkt, habe ich immer das Gefühl: »Ich singe es jedem einzelnen Hörer ins Ohr«, obwohl ich mir ununterbrochen und mit gesteigertem Verantwortungsgefühl bewußt bin, daß es eine Millionenmenge ist, die mir zuhört. Das Mikrophon ermöglicht die Großaufnahme des Gesangs. Es ist ein Kontrolleur der Stimme, ein Entdecker – aber auch ein rücksichtsloser Aufdecker aller Qualitäten. Man hat mich oft gefragt, ob ich irgendeinen geheimnisvollen Kniff, einen »Trick«, beim Rundfunkgesang anwende. Ich möchte an dieser Stelle besonders versichern, daß »mein Instrument weder vorpräpariert ist noch einen doppelten (Resonanz-)Boden hat«, noch »daß irgendein wie immer gearteter Schwindel dahintersteckt«. Was ich anwende, ist lediglich eine normale und sinngemäße, durch intensives Studium herangebildete Gesangstechnik und die Befolgung der einfachen Regeln des Mikrophonsingens, die jeder einhält. Übrigens haben sich alle Zuhörer, die mich vor kurzem in den Ausstellungshallen am Kaiserdamm nicht nur singen hörten, sondern auch sahen, wie alle Besucher meines Filmes »Der Liebesexpreß«, der Revue »1001 Nacht« und alle, die mich in einembmeiner Konzerte hörten, davon überzeugen können, daß ich tatsächlich so singe, wie mir der Schnabel gewachsen ist!

Die sich zunehmend verschlechternde wirtschaftliche Lage Deutschlands hatte mittlerweile den Schallplattenhandel in Mitleidenschaft gezogen. Auch Ultraphon, litt unter erschreckenden Ertragseinbußen. Zudem hatte das Mutterhaus in Amsterdam, die Küchenmeister's International Ultraphon Maatschappij, selbst einen schweren Stand und vermochte die Umsatzrückgänge der erst 1929 in Deutschland gegründeten Ultraphon-Tochterfirma nicht mehr wettzumachen. 1931 schien ein Konkurs unausweichlich, und so sah sich Onkel Leo Engel rechtzeitig nach einer neuen Firma für seinen Schützling um. Für kurze Zeit besaß Schmidt einen Vertrag mit His Master's Voice, der problemlos hätte verlängert werden können. Doch Engel zog es vor, beim Lindström-Konzern vorstellig zu werden, der bereits die Aufnahmen sakraler Musik mit Schmidt gemacht hatte. Direktor Alfred Guttmann empfing den neuen Star mit offenen Armen, denn die Verkaufsziffern der Schmidt-Schallplatten bei Ultraphon konnten sich wahrlich sehen lassen. Wiederum war es Onkel Leo, der die Bedingungen aushandelte – eigenartigerweise bestand er auf einer einmaligen Abfindungssumme für jede Aufnahme anstelle eines Vertrages auf Basis von Tantiemen, der den Künstler zusätzlich auch am Umsatz der Platten beteiligt hätte.

In technischer Hinsicht war dieser Wechsel eher ein Rückschritt, denn die neuen Aufnahmen reichten klanglich nicht an die Raumtonaufnahmen der Ultraphon heran. Schuld daran waren die unübliche Orchesteraufstellung, der falsche Mikrophoneinsatz und die unglückliche Dämpfung des so herrlichen Aufnahmesaales. Leider bevorzugte man bei den Aufnahmen eher leichtere Kost: 57 Titel verzeichnet der Katalog aus jenen Jahren, darunter nur 22 Arien. Einiges davon wurde bereits zum zweiten Mal eingespielt, im Hinblick auf den internationalen Markt nun aber in italienischer Originalsprache. Joseph Schmidt war allerdings nicht sonderlich gut beraten, jedenfalls was seine Leistungen – beeinträchtigt durch ein leider nur sehr mittelmäßiges Italienisch – im »Liebestrank«, bei »Rigoletto« und »Tosca« betrifft. Die italienisch gesungene Stretta aus dem »Troubadour« hingegen ist der deutschsprachigen durchaus ebenbürtig.

*

In der Tagespresse annonciert seine neue Plattenfirma: »Joseph Schmidt – der berühmte Berliner Rundfunktenor singt jetzt nur noch für Parlophon!« Wiederholt wusste deren Direktion ihre Wertschätzung mit ungewöhnlichen Trophäen auszudrücken. So sind zwei rote Seidenschals erhalten, die mit Goldaufdruck den Künstler ehren: »Unserem vielgeliebten Joseph Schmidt anlässlich seines Konzertes in Wien, Dezember 1932 – gewidmet in größter Verehrung von Carl Lindström AG, Fabrik Wien« oder: »Dem Meister – Joseph Schmidt, Parlophon Wien, 15. Dezember 1932.« Die erste Platte, die den Weg zu den Käufern finden sollte, war eine Reminiszenz an Schmidts kürzlichen Berliner Bühnenerfolg: sein Lied »Launisches Glück« aus »1001 Nacht«.

*

Den Jahreswechsel pflegte Schmidt nach Möglichkeit im Kreise der ganzen Familie zu verbringen; so fuhr er auch über die Festtage 1932/33 nach Czernowitz. Außer den Geschwistern und Eltern war es für ihn eine Selbstverständlichkeit, Freunde aus Jugendtagen um sich zu haben.

Zu seiner Freude reiste seine Mutter Ende Januar mit nach Berlin. »Tage mit Mamitschka zählen doppelt«, bekannte er Freunden gegenüber und dementsprechend genoss er ihren Besuch. Überall war sie mit dabei: bei Plattenaufnahmen, im Rundfunkstudio und auch bei Interviews.

Sara Schmidt, die als Erste an die Berufung ihres Sohnes geglaubt hatte, genoss die Aufmerksamkeit, die ihrer Person zuteilwurde. Aber noch mehr bedeuteten ihr die Zeichen der Dankbarkeit ihres Joschi. Diese Gefühle galten nur ihr allein und mussten mit niemandem geteilt werden. In Erinnerungen schwelgend, schrieb sie an eine Freundin in Wien:

> [...]: Er berief mich alle sechs Monate zu sich, sei es nach Berlin oder Wien, wo ich einige Wochen bleiben musste. Wenn er innerhalb dieser Zeit Konzerte gab, musste ich mitkommen. Waren es aber Konzerte, bei denen ich nicht zugegen war, da wurde ich angerufen, noch in der Nacht, um mir mitzuteilen, wie es war, wie er sich fühlte usw.

Bei Radiokonzerten dagegen hat er oft direkt mich angesprochen – ›Liebste Mamitschka, das nächste Lied singe ich nur für dich‹. Wer kann sich da mein Glück und meine Freude damals vorstellen? Und ebenso seines, wenn ich ihm dafür dankte. Überall, wo wir hinkamen und man ihn kennenlernte, wusste man gleich, dass er eine Mutter habe. So kam es dazu, dass ich aus aller Herren Länder Blumen und verschiedene Aufmerksamkeiten zugeschickt bekam. Er war die Zierde meines Lebens.

Die »Funkstunde« begann zu Beginn des Jahres 1933 eine neue Reihe von Gesprächen mit Künstlern des Rundfunks – Joseph Schmidt fiel die Ehre zu, der Erste dieser Porträtierten zu sein:

In der Nürnberger Straße, einige Schritte vom Kurfürstendamm, wohnt der berühmte Tenor, der Mann mit der wohlproportionierten kleinen Gestalt und der ebenso wohlproportionierten großen Stimme. Er hat nichts von den Allüren eines Lieblings, eines »Stars« – über seinem Wesen ruht eine wohltuende Zurückhaltung, der jede Neigung fernliegt, sich »aufzumachen«. Nur wenn er von der Musik spricht, von dem Zauber, den er auf die Menschen und umgekehrt auch die Menschen auf ihn ausüben, funkelt es merkwürdig in seinen ruhigen Augen auf, und man ahnt dann wohl, daß auch diese stille Persönlichkeit ihren Dämon, ihre Leidenschaft und Besessenheit hat.

»Sie wollen wissen, wie ich zur Musik gekommen bin? Ich bin nie ohne Musik gewesen! Vergessen Sie nicht, daß ich aus der Bukowina stamme! Kaum ein zweites Land ist so reich an Naturmusikern, an ungelernten musikalischen Begabungen, die dann oft europäischen Ruf erlangen. Ich soll schon mit anderthalb Jahren gesungen haben. Ungelernt spielte ich fast alle Instrumente, spiele sie noch heute. Vielleicht ist mein musikalischer Stammbaum doppelt; auf der einen Seite das Zigeunertum, das hier fidelt und musiziert. Auf der anderen Seite aber ausgesprochen deutsch. Unsere Stadt und damit meine Jugend waren völlig deutsch gebildet. Unser Theater war deutsch, alle Größen des deutschen Theaters waren uns aus häufigen Gastspielen vertraut. Die Musik in mir ist völlig mütterliches Erbteil. Bei der Mutter fand ich denn auch alle Hilfe und Unterstützung, und sie ist bis heute meine beste Freundin geblieben. Unser Verhältnis ist besonders innig, gerade jetzt ist sie bei mir zu Besuch. Man spricht so viel vom abenteuerlichen Blute des Künstlers, ich muß offen gestehen, daß ich ein leidenschaftlicher Familienmensch bin. Ich kann nicht mit Romanen aus meinem Leben aufwarten. Den ganzen Tag arbeite ich. Ich treibe mit großer Liebe jede Art von Sport, bin Schwimmer, Läufer, Turner und Fußballer.«

»Die ernsteste Frage für einen Sänger, Herr Schmidt, kann ich Ihnen wirklich nicht ersparen, die Frage nach Ihrer Einstellung zu Ihrer Kunst.« Der Sänger wird lebhaft und erregt. Hier fühle ich mich vor dem Mikrophon als Missionar im Dienste einer ganz großen Sache. Hier blüht allerschönster Lohn. Ich liebe Mozart und die Italiener, von allen Zeiten bis hin zu dem wunderbaren Puccini, leidenschaftlich, aber ich weiß doch, was gerade da alles zu retten und für die musikliebende Menschheit zu gewinnen ist [...] Das Schönste und Herrlichste aber: nach jedem Auftritt vor dem Mikrophon – jedes Lampenfieber ist mir fern, ich fühle mich direkt inmitten zahlloser Menschen und habe die innigsten Kontakte mit ihnen, wie sie mit mir – bekomme ich zahlreiche rührende Briefe. Von alten Menschen, von Kranken und Krüppeln, die an das Haus gefesselt sind, denen ich die ganze Schönheit bringen darf, die sie sonst entbehren müßten! Fühlt man sich da nicht als Priester – als Priester der Kunst?«

Als dieses Interview erschien, war Schmidt bereits wieder unterwegs: Im Westdeutschen Rundfunk Köln sang er zugunsten der Winterhilfe. Weiter wirkten an diesem »öffentlichen lustigen Abend«, wie es das Programm verhieß, Wilhelm Strienz mit sowie der Publikumsliebling des Kölner Rundfunks, Leonardo Aramesco – nicht bloß Fachkollege Schmidts, sondern auch ein Landsmann. Anschließend fuhr Schmidt nach Hamburg, wo auf den 25. Januar ein »Gastspiel des Berliner Rundfunktenors« festgelegt war; begleitet wurde er vom Orchester der Hamburger Philharmonie unter Adolf Secker. Das Konzert wurde von allen deutschen Rundfunkstationen übertragen.

*

Politisch glich Deutschland in jenen Wochen einem Pulverfass: Die Nationalsozialisten waren zunehmend einflussreicher und kurz davor, offiziell die Macht im Staat zu übernehmen. Ein nie gekanntes Ausmaß an Propaganda versprach eine »bessere, gerechtere Zukunft«; »Statt reden – Arbeit!« – »Wir säubern – es lebe Deutschland« – »Nimmer wird das Reich zerstört, wenn ihr einig seid und treu«.

Noch durfte der »Liebling des deutschen Volkes« ein Jude sein, wenn auch ein letztes Mal. Als Reichspräsident Paul von Hindenburg den Vorsitzenden der »Nationalsozialistischen Deutschen Arbeiterpartei« Adolf Hitler zum neuen Reichskanzler ernannte, gehörten Recht und Ordnung der Vergangenheit an. Niemand hätte sich vorstellen können, dass nur einen Monat später dem populärsten jüdischen Sänger der Zutritt zum Funkhaus verwehrt sein würde.

5
Der Jude Schmidt – Spielball der Politik (1933)

Landesweit hörte man im Rundfunk eine einzige Stimme, auf strikten Befehl der Regierung von allen Stationen übertragen – die Stimme Hermann Görings: »Der 30. Januar 1933 wird in der Geschichte des deutschen Volkes als der Tag bezeichnet werden, da eine neue Nation aufbrach und abtat alles an Schmach und Schande der letzten vierzehn Jahre. Möge das deutsche Volk den heutigen Tag ebenso freudigen Herzens aufnehmen, wie Hunderttausende es tun, die mit neuer Hoffnung, mit neuem Glauben beseelt, nun einer besseren Zukunft entgegengehen. Neu werden sich wieder alle Hände rühren, das Vertrauen wird zurückkommen – und so können und dürfen wir hoffen, dass die Zukunft das bringen wird, worum vergebens in der Vergangenheit gerungen wurde: Brot und Arbeit für die Volksgenossen – Freiheit und Ehre für die Nation.«

Ein letztes Mal steht Joseph Schmidt am 20.2.1933 im Sendestudio, um unter der Leitung des Dirigenten Max von Schillings, dem Schöpfer der damaligen Erfolgsoper »Mona Lisa«, und an der Seite des großen Bassisten Ivar Andresen den Nurredin in Peter Cornelius »Barbier von Bagdad« zu gestalten. Nur eine Woche später verwehrte man Schmidt den Zutritt zum Funkhaus. Hans Bredow hatte die Zeichen der Zeit erkannt und bereits um seine Entlassung gebeten. Ohne Begründung waren über Nacht sämtliche Verträge hinfällig geworden, die Schmidt für das laufende Jahr abgeschlossen hatte – nichtarische Künstler waren nun offiziell unerwünscht. Auch Mentor Bronsgeest stand solchen Tatsachen ohnmächtig gegenüber. Zwar versuchte er noch einige Zeit, jüdische Künstler zu beschäftigen, handelte sich damit aber nur Probleme ein; wegen seines Ungehorsam wurde er noch im gleichen Jahr durch einen »Linientreuen« ersetzt. Nachdem am 21. März, dem berüchtigten »Tag von Potsdam«, die Ausschaltung des Parlaments besiegelt wurde, verfügte Joseph Goebbels, Reichsminister für Volksaufklärung und Propaganda, vier Tage später die Gleichschaltung von Presse, Rundfunk und Film.

Die Folgen waren bald zu spüren. Unter den Schallplattenneuheiten machten Lieder wie »Deutschland, erwache« und »Deutschland, blühe neu auf« die Runde, von Schmidts Tenorkollegen Franz Völker bereits 1932 in überzeugendem Marschrhythmus eingespielt. Mit ähnlichen Propagandatiteln profilierten sich Gesangsgrößen wie Gerhard Hüsch, dessen Diskographie damals so aktuelle Lieder wie »Das Hakenkreuz« verzeichnet. Mehr und mehr musikalische Nazipropaganda drängte auf den Markt: Willi Domgraf-Fassbaender nahm 1933 den Titel »Heil, mein Führer« auf; Marcel Wittrisch sandte gar ein Stoßgebet zum Himmel: »Gott segne unsern Führer«. Aus welchen Gründen und in welchem Umfang auch immer so hochrangige Künstler dem Hitlerwahn verfallen waren: Nach dem Krieg wollten sie alle nichts »davon« gewusst, oder stets nur ihrer Kunst gelebt haben. So liest es sich denn wie blanker Hohn, wenn Marcel Wittrisch zu Beginn der 1950er-Jahre in einem Leserbrief formuliert: »… sofort fuhr ich nach 1945 in die Flüchtlingslager und gab Konzerte – sah meinen Beruf als Mission an unter dem Motto ›Licht senden in die Tiefe des menschlichen Herzens ist des Künstlers Beruf‹ …«

Mit dem staatlich verordneten Judenboykott vom 1. April wurden nicht nur Künstler, sondern auch Ärzte und Anwälte, in öffentlichen Diensten und in der wissenschaftlichen Forschung tätige Fachleute arbeitslos. Da, wo eben noch Max Liebermann seine Werke ausgestellt hatte, konzipierte wenige Monate später Hitlers Architekt Albert Speer seine Vision von Germania – was Liebermann zum Ausspruch nötigte: »Ich kann gar nicht so viel essen, wie ich kotzen möchte ...«

*

Bereits 1931, im Anschluss an Schmidts Erfolg im Streifen »Liebesexpreß«, hatte Richard Oswald, der Altmeister des deutschen Films, Interesse an ihm bekundet; die Frage lautete nur, wer für den kleingewachsenen Schmidt ein wirklich glaubhaftes Drehbuch, eine maßgeschneiderte Rolle schreiben würde. Auf die herkömmlichen Handlungen solcher Filme – Entdeckung eines Talents, widrige Umstände verhindern dessen Entfaltung, Liebesgeschichte bringt neue Impulse, führt privat und beruflich schließlich zum Happy End – wollte sich Oswald begreiflicherweise nicht einlassen. Die zündende Idee lieferte schließlich Drehbuchautor Ernst Neubach, Verfasser unzähliger Erfolgsschlager wie »Ich hab' mein Herz in Heidelberg verloren« oder »In einer kleinen Konditorei«. Warum nicht genau dort ansetzen, wo sich Schmidt von seinen Kollegen unterschied, nämlich bei seiner zu kleinen Statur? Weshalb nicht auf die außergewöhnliche Popularität Schmidts bauen und Elemente seines Lebens für den Film verwenden? Aufgrund solcher Überlegungen waren sich die Beteiligten auch bald über den Titel einig: »Der Sänger des Volkes«.

Schmidt wollte oder konnte an den Erfolg nicht so recht glauben. Oswald aber vermochte seine Skepsis zu zerstreuen und ihn davon zu überzeugen, dass sich ihm im Film die wirkungsvollste Chance bieten könne, sein eben verlorenes Wirkungsfeld am Radio zu ersetzen. Was aber weder Oswald noch Neubach –

geschweige denn Schmidt bedachten: inmitten der Dreharbeiten griff die Politik ins Projekt ein. Teile des Filmes waren bereits abgedreht, als die Zensur der neuen Machthaber ihr Missfallen am Arbeitstitel geltend machte. Im Frühjahr 1933 konnte der Jude Schmidt kein »Sänger des Volkes« mehr sein, Oswald musste sich den Umständen beugen, wollte er den Film zu Ende drehen. So entschied man, eines der Lieder von Hans May als Titel zu wählen; erst jetzt entstand »Ein Lied geht um die Welt«.

Charlotte Ander, die im Film die Schallplattenverkäuferin Nina spielte, erinnerte sich 1967 in einem Fernsehinterview an die Dreharbeiten:

> Unsere Freundschaft begann mit einer kleinen Feindschaft. Als ich nämlich am ersten Tag zu den Dreharbeiten ins Atelier kam, da hatte Herr Schmidt meine schöne große gewohnte Garderobe besetzt. Ich war sehr wütend und beschwerte mich. Da kam der Onkel Engel, sein Manager und ständiger Begleiter. Onkel Engel: »Ja, der kleine Schmidt braucht den großen Raum, um sich einzusingen – da kann man nichts machen.« Aber während der Dreharbeiten in Berlin und Venedig, da habe ich ihn dann besser kennen- und ihn schätzen gelernt. Er war so einfach, so natürlich, ohne Starallüren – lebte nur für seinen Gesang. Die Frauen sind ihm ganz schön nachgelaufen, obwohl er doch weiß Gott kein Adonis war.

Mit gemischten Gefühlen sah Schmidt der seit Tagen ausverkauften Premiere am 9. Mai 1933 im Ufa-Palast am Zoo entgegen. Auch Minister Goebbels hatte durchsickern lassen, er werde mitsamt seinem Stab anwesend sein. Wiederholt war Schmidt zugetragen worden, dass Goebbels einer seiner ganz großen Bewunderer sei; dennoch – und umso mehr – fürchtete sich der Sänger vor einer persönlichen Begegnung und entschloss sich, der Premiere fernzubleiben. Und tatsächlich: Als die Lichter im Saal ausgingen, müssen Schmidts Darstellerkollegen Fritz Kampers, Victor de Kowa und Charlotte Ander feststellen, dass der Platz neben ihnen leer blieb … Das Publikum

Der erste Versuch, Joseph Schmidt im Film zu beschäftigen: »Der Liebesexpreß« (Deutschland, Uraufführung Berlin, 9. Mai 1931)

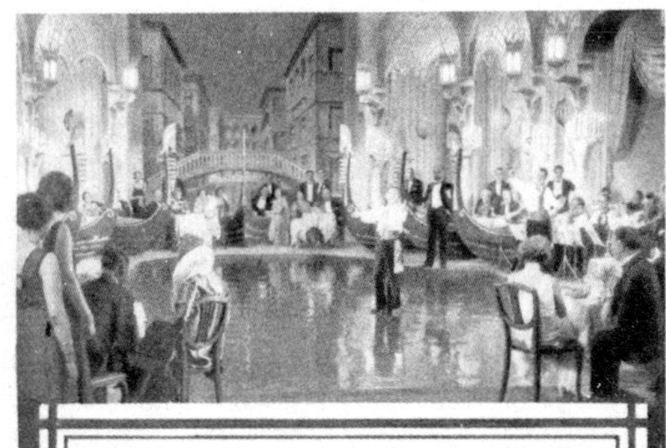

Der Liebesexpreß

Manuskript: **Ladislaus Vajda** Regie: **Robert Wiene**
Produktionsleitung: **Fred Lyssa**
Musikalische Leitung: **Max Niederberger**
Schlagertexte: **Robert Gilbert**
Produktion: Greenbaum-Filmges. m. b. H., Berlin

Tonaufnahmeverfahren: TOBIS

Personenverzeichnis:

Anni	Dina Gralla
Kurt	Georg Alexander
Fritz, dessen Freund	Harry Hertsch
Annis Hausfrau	Elise Aulinger
Baron	Angelo Ferrari
Sänger	Joseph Schmidt
Diener	Karl Graumann

Verleih für Österreich:

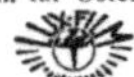

KOPPELMANN & REITER, WIEN VII

Verleih für die Č. S. R.:

ELEKTA-FILM A.-G., PRAG II

Die Schlagerlieder „Tausendmal Du" und „Ich such' ein Mädel" sind im Alrobi-Musikverlag, Berlin W 50, erschienen und durch alle Musikalienhandlungen zu beziehen.

schien davon nichts zu bemerken; gebannt folgte es der Handlung: Drei Freunde – so der Inhalt des Filmes – hausen in Venedig in einer Mansarde zusammen: Rigo, ein engagementloser Musikclown, Riccardo, ein Sänger mit einer herrlichen Stimme, der aber viel zu klein für eine Bühnenkarriere ist, und Simoni, der die beiden mütterlich betreut. Es gelingt Riccardo endlich durch eine List, zum Direktor des Rundfunks vorzudringen, und von da an geht es aufwärts; seine Stimme wird schnell populär. In einem Grammofongeschäft verliebt er sich in die junge Verkäuferin Nina, die den Tenor verehrt und enttäuscht ist, als sie ihn kennenlernt. Riccardo leidet entsetzlich, als er erkennen muss, dass Nina sich seinem Freund Rigo zuwendet. Riccardo und Rigo sollen in einer großen Varieté-Nummer zusammen auftreten, Riccardo ist verschwunden, alle sind verzweifelt, im letzten Moment erscheint er, rettet die Vorstellung und hat einen Riesenerfolg, und Simoni macht ihm klar, dass er etwas Höheres als ein Mädchenherz besitzt: seine Kunst.

Kurz vor der Pause wurde Schmidt von Ufa-Direktor Grau angerufen: Er solle umgehend in den Ufa-Palast kommen, es zeichne sich ein ungeheurer Erfolg ab, im Saal brodle es wie in einem Hexenkessel. Als Schmidt endlich mit erheblicher Verspätung den Saal betrat, schlug ihm begeisterter Begrüßungsapplaus entgegen, und im weiteren Verlauf der Filmvorführung wurde jede Gesangsnummer Schmidts mit einem Beifallssturm quittiert. »Die Stimmung im Saal war eher als ›Delirium‹ zu bezeichnen«, erinnerte sich Textautor Ernst Neubach. Am Schluss der Vorstellung wurde Schmidt auf die Bühne gerufen; das begeisterte Publikum wollte den Sänger singen hören. Bereitwillig erfüllte er den Wunsch der tobenden Menge, trat an die Rampe und sang seine Filmlieder noch einmal. Ernst Neubach, der in der Nachbarloge der braunen Bonzen saß, erinnerte sich 1967: »Die Herren, die mit Goebbels gekommen waren, ärgerten sich sehr über diese ›klare politische Demonstration‹, und einer von ihnen sagte: ›Die Hebräer drängen wieder ganz schön vor.‹ Da schnitt ihm Goebbels ganz scharf das Wort ab und sagte: ›Nein, meine Herren, das ist beste Propaganda – SOLCHE Filme müssen wir drehen.‹«

Es war pure Berechnung von Goebbels, dem jüdischen Sänger öffentlich zu applaudieren. Wollte er eventuelle Fragen umgehen, warum der populärste Tenor mit dem unverfänglichen Namen Schmidt plötzlich im Radioprogramm fehlte? Dessen Verbleiben im Verband deutscher Kunst hätte die Loyalität der braunen Machthaber gegenüber jüdischen Stars für einige Zeit zu demonstrieren vermocht. Ernst Neubach verdanken wir ein weiteres, geradezu unglaubliches Detail: »Goebbels liebte Joseph Schmidt und hat ihm ein enormes Angebot gemacht. Wenn ich nicht irre, hat er ihm 80 000 Reichsmark MONATLICH! angeboten, wenn er am Rundfunk bliebe. Und er versprach, ihn zum ›Ehrenarier‹ zu ernennen.« Nur widerwillig war Schmidt zum Essen der Filmpremiere erschienen. Dies hielt der Dirigent Max Neumann in einem Brief fest. Dabei erinnerte er sich auch des Ausspruchs von Goebbels: »Möge in Deutschland in der Judensache kommen, was wolle, Schmidt bleibt immer der Unsrige. Wer Jude ist und wer nicht, bestimme ich!«, wird der Propagandaminister in seinem Größenwahn bald verkünden. Diesmal aber ging seine Rechnung nicht auf. Schmidt dachte keinen Moment daran, seine Familie und seine Religion zu verleugnen, er wagte es, nicht auf diesen Irrsinn eingehen. Für diesen »Ungehorsam« sollte er noch büßen ...

»Großer, rauschender, unbestrittener Erfolg im Ufa Palast« – »Es war ein ehrlicher Erfolg«, bemängelt wurde von der Presse in den vorwiegend begeisterten Kritiken allenfalls, dass es »noch am Buch und an allzu langen Passagen« kranke, ein Film eben noch von »früher«. – »Was den Film aber dennoch zum Erlebnis werden lässt, das ist die Stimme Joseph Schmidts, die in diesen mit seinem Gesang unterlegten Aufnahmen in voller Klarheit und natürlicher Wärme dahinströmt.« Auch Vergleiche wurden angestellt, nämlich mit Jan Kiepuras »Das Lied einer Nacht«: »Seit diesem Riesenerfolg, der noch immer vor vollem Haus im Gloria-Palast gezeigt wird, hat die Ufa einen derartigen Beifall in den Mauern ihrer Theater nicht gehört. Einen Beifall, der [...] in der Hauptsache [...] Joseph Schmidt galt, von dem das Publikum unter brausendem Applaus, Hochrufen und Winken eine Zugabe forderte. Aber auch dann war es noch nicht zufrieden. Der Vorhang musste sich immer wieder teilen, und eigentlich war es schon Zeit für die nächste Vorstellung, als noch immer vor dem diesmal leeren Orchesterraum die begeisterten Zuhörer standen.« Der Schlusssatz in der Berichterstattung: »Reichsminister Dr. Goebbels wohnte der Premiere bis zum Schluss bei.«

Selbst der *Völkische Beobachter* meldete sich zu Wort:

> Ein Sängerfilm, der in seiner Weise viele bessere Vorläufer hat. Wir rechten nicht mehr, denn was *wir* wollen (und erreichen werden!), sieht wahrlich anders aus [...] Und was man nicht sagt, aber desto deutlicher sieht: er ist ein Jude. Jener Typ »demütiger Volljude«, mit dem man einstmals so gerne hausieren ging [...] Die Tendenz des Filmes – die Applaudierenden, jene Ewiggestrigen, sie sahen sie nicht, wollten sie nicht sehen [...] Es wirkt peinlich, wenn eine Filmfirma, die in Deutschland produziert, sich einbildet, heute aus Deutschland ein Lied um die Welt gehen zu lassen, wie dieses von Joseph Schmidt gesungene [...] Das Lied, das heute durch Deutschland klingt, hat anderen Rhythmus, hat schärferen Marschtritt, hat aufpeitschendere Melodie, kommt aus ehrlicherem Herzen als das, was wir in dem Film hörten. Der Marschtritt eines Millionenvolkes, das Freiheitslied einer freiheitsdurstigen Menge, hat nichts mit dem zu tun, was in ödem Einerlei uns ein Volksfremder vortäuschen will!! [...] Möge dieses Lied um die Welt gehen, es wird übertönt werden vom Lied der nationalen Revolution. Der Gleichschritt der Millionen Braunhemden wird mit seinem Lied »Die Straße frei den braunen Bataillonen« erkennen lassen, welche Töne in Deutschland angeschlagen werden müssen!

Und schließlich die lakonische Schlussbilanz: »Das Erfreulichste des Abends war das Vorprogramm: Der Tag der deutschen Arbeit!«

Die Besprechung der Premiere im *Berliner Lokalanzeiger* fiel ziemlich reserviert aus was das Drehbuch betraf, gönnt Schmidts Leistung aber uneingeschränkt den »im überreichen Maße gespendeten Beifall, der dem populären Mikrophonstar und seinem herrlichen Gesang galt«. Ganz im Sinn der neuen Zeit lautete auch hier der Nachsatz: »Im Vorprogramm hielt der Film vom 1. Mai wieder das Publikum gefangen. Beifall ertönte bei den bedeutsamen Worten Hindenburgs, Hitlers, Görings und Dr. Goebbels, der als Gast der ersten Vorstellung beiwohnte.«

Schmidts persönlicher Triumph währte nur kurz. Schon am nächsten Tag drängte die Politik jegliches Geschehen in den Hintergrund: Lastwagen voller Literatur wurden herangekarrt, zu Haufen geschichtet und verbrannt. Diese öffentlichen Bücherverbrennungen, Höhepunkte eines von der deutschen Studentenschaft organisierten Aufklärungsfeldzuges »Wider den undeutschen Geist«, galten dem Ziel, die öffentlichen Büchereien, die Buchhandlungen von unerwünschtem Schrifttum zu säubern. Das auszumerzende Schrifttum wurde kurzerhand den Flammen übergeben, begleitet von »Feuersprüchen« der johlenden Menge. Eine Woche später, am 16. Mai, veröffentlichte das *Börsenblatt für den deutschen Buchhandel* bereits die »erste amtliche schwarze Liste« für das Gebiet der schönen Literatur, die 135 Dichternamen enthielt.

*

Zwei Szenen aus »Ein Lied geht um die Welt« (Deutschland, 1933)

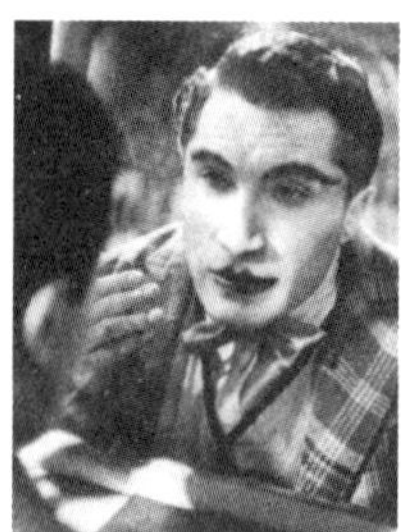

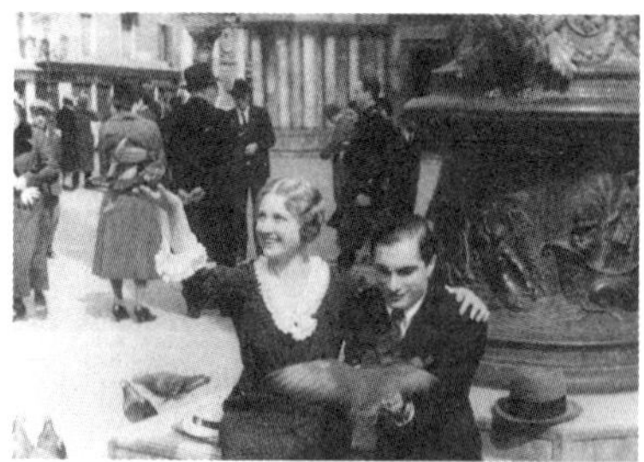

Joseph Schmidts Filmerfolg glich einem medialen Paukenschlag, der denn auch dementsprechende internationale Angebote zur Folge hatte; einige seiner Sendungen aus Berlin und Wien hatten über den Atlantik auch die Neue Welt erreicht, und die NBC bemühte sich schon 1932, den Radiostar aus Europa für sich zu gewinnen. An eine Karriere in Amerika aber wollte Schmidt vorerst nicht denken. Zu sehr war er der deutschen Kunst verbunden und davon überzeugt, dass der braune Spuk ein baldiges Ende haben werde. Zudem schien ihm der Gedanke, seine Familie in unsicheren Verhältnissen in Rumänien zurückzulassen, unerträglich.

»Ein Lied geht um die Welt« fand – je nach politischer Gesinnung der Presse – in deutschen Städten ganz unterschiedliche Aufnahme. In Dresden konnte man lesen: »Eine Sensation und eine höchst angenehme Überraschung. Natürlich kennt man ihn vom Rundfunk her und von zahllosen Schallplatten, aber als Mensch, als künstlerische Erscheinung blieb er uns unbekannt. Nun rückt der Film uns Joseph Schmidt menschlich nahe und immer wieder lauscht man dieser wunderbaren Stimme, die mühelos aufsteigt und durch ihr männliches Timbre bezaubert.« Das aber sah der Redakteur der nationalsozialistischen »Kulturwacht« ganz anders: »Solange es noch möglich ist, dass der jüdische Rundfunktenor Joseph Schmidt Träger der Hauptrolle ist, merkt man von dem neuen Geist im Film noch wenig. Ein Lied geht durch Deutschland, das Lied Horst Wessels! Sein Geist muss auch in den deutschen Film eindringen.«

Wenige Wochen nach der Berliner Premiere lud der Schweizerische Filmverleih zu Aufführungen in die größeren Städte. Nebst den üblichen Lobeshymnen lässt ein Nachsatz aus *Die Volksstimme* zur Erstaufführung in St. Gallen aufhorchen. Denn die aktuelle Schweizerische Film-Wochenschau hatte auch einen gehässigen Vorfilm aus Deutschland übernommen: »Schade, dass dieses Kinoerlebnis dadurch getrübt wird, dass in der Wochenschau ein Hitlerfilm läuft, der vom Publikum (zu seiner Ehre sei es gesagt) mit zwiespältigen Gefühlen aufgenommen wurde. Wir sind überzeugt, dass die große Mehrheit unter diesen Umständen gerne auf die Wochenschau verzichtet.«

Der Erfolg fand seinen Widerhall auch in den Konzerten. Einer Einladung aus Antwerpen folgend, sang Schmidt dort in der Königlichen Oper am 10. Juni 1933 ein Programm mit Arien von Massenet, Korngold, Mozart, Verdi und Puccini, der zweite Teil enthielt ausschließlich italienische Canzoni. Dass er sich künftig nie wieder von einem Publikum wird verabschieden können, ohne als letzte Zugabe »sein Lied« gesungen zu haben, wird ihm an diesem Abend bewusst. Beinahe entschuldigend, meinte er einem Kritiker gegenüber: »Was soll ich tun? Die Leute verlassen einfach den Saal nicht, ehe ich ›es‹ gesungen habe.«

*

Mit offenen Armen wurde Schmidt 1933 in Wien empfangen – und mit einer besonderen Ehre: Am 17. August eröffnete das renommierte Apollo-Kino die neue Spielzeit mit »Ein Lied geht um die Welt«. Ein Großerfolg auch in der Donaumetropole: »Es war ein gesellschaftliches Ereignis, wie man es sonst nur bei einer großen Opern- und Theaterpremiere erlebt«, bilanzierte die *Radiowelt* tags darauf. Des Weiteren:

> Alles, was Rang und Namen hat, war erschienen, um den Wundertenor singen und sprechen zu hören. Joseph Schmidt konnte einen großen, einen überzeugenden Erfolg verzeichnen. Das Publikum war von seinen gesanglichen Leistungen derart begeistert, daß es zum Schluß, als der kleine Tenor plötzlich auf der Bühne des Apollo-Theaters erschien, ihn einfach nicht mehr weglassen wollte. Immer wieder und wieder mußte er singen. Er tat es gern. Um so mehr, als er auf einen derartigen Erfolg in der Stadt der Musik nicht gefaßt war. Er weinte Tränen vor Rührung, dieser kleine Mann mit der geheimnisvollen Stimme.

Er liebte Wien, und Wien liebte ihn. Über seine Zukunftspläne gab er der *Radiowelt* kurz nach der Filmpremiere geradezu euphorisch Auskunft:

> Sagen Sie, bitte, Ihren Lesern, daß ich begeistert bin. Mein Wunsch, mein Lebenstraum ist erfüllt worden. Ich bin vom Wiener Publikum nicht gut, nicht sehr gut, nein, einfach begeistert aufgenommen worden. Wissen Sie, was das für einen Sänger bedeutet? Wissen Sie vielleicht, daß ein Konzertsänger nur dann von Erfolg sprechen kann, wenn ihn das Wiener Publikum anerkennt? [...] Daß ich selbst einmal auf der flimmernden Leinwand agieren könnte, kam mir nicht in den Sinn, denn die Natur hat mich nicht so ausgestattet, daß der Gedanke, ich könnte mit Hans Albers oder Willy Fritsch konkurrieren, sehr naheliegend gewesen wäre ...
>
> Sagen Sie, bitte, allen Lesern, daß ich nur mehr einen Wunsch habe: so schnell als möglich nach Wien zurückzukommen und hier zu singen und zu filmen. Und wenn mich nicht alles täuscht, wird das sehr bald der Fall sein. Bis jetzt hat mein Regisseur Richard Oswald zwar noch kein geeignetes Buch gefunden, aber auch das kommt noch rechtzeitig. Im Herbst will ich unbedingt hier in Wien sein.
>
> Jetzt fahre ich auf wenige Tage nach Gastein und Ischl. Dann geht es aber schon wieder weiter. Nach Paris, London, Berlin, Hamburg, Amsterdam und andere Hauptstädte. [...] Die Engagements sind in den letzten Wochen nur so hereingeregnet, und man kann doch nicht gut irgendwo absagen. Nicht? Also blieb nichts anderes übrig, als Arrangements zu treffen und es so einzuteilen, daß ich überall rechtzeitig eintreffe. Mit Flugzeug, Auto und Bahn werde ich es schon schaffen. Und nochmals zurück auf die Wiener: Ich bin völlig überzeugt, daß man mir nirgends in Europa einen auch nur annähernd gleichen Empfang bereiten wird. Von der Herzlichkeit, Liebenswürdigkeit und dem hohen Musikverständnis der Wiener bin ich tief gerührt. Ach, ich bin so glücklich. Es ist keine Übertreibung, aber Donnerstag war der schönste Tag meines Lebens ...

»Man kann doch nicht gut irgendwo absagen« – eine Devise, an der vor allem Onkel Leo eisern festhielt, selbst wenn es um zwiespältige Schallplattenprojekte ging. Mit saloppen Titeln und seichten Schnulzen wie »Liebling, nach dem Tango vergiß mich« oder »In deinen Augen les' ich ein Märchen« bediente man zwar den Zeitgeschmack und erzielte gute Verkaufszahlen, alles aber auf Kosten des musikalischen Niveaus; frei nach Leo Engels Grundprinzip »Hauptsache Geld«. Dementsprechend seine Aufforderung etwa bei Zwischenhalten in großen Bahnhöfen: »Joseph, zeige dich auf dem Bahnsteig, das steigert den Absatz deiner Platten!«

*

Der im Interview mit *Radiowelt* angedeutete Urlaub sollte nicht stattfinden, denn Joseph Schmidt wurde sehnsüchtig in Czernowitz erwartet. Die vor der Fertigstellung eines Spitals zu Ende gegangenen finanziellen Mittel hatten den Kultuspräsidenten Dr. Karl Gutherz auf die Idee gebracht, ein Benefizkonzert zu veranstalten, in der Hoffnung, den berühmtesten Sohn der Stadt dafür zu gewinnen. Wissend, dass dieser zur rumänischen Premiere seines Filmes am 12. September erwartet wurde, hatte man sich an Mutter Sara gewandt. Großer Überredungskünste ihrerseits bedurfte es nicht: Joseph Schmidts unkomplizierte Zusage versetzte die Stadt zusätzlich in Feststimmung. Eine stattliche Menschenmenge war zur Begrüßung erschienen, unter den zahllosen Gästen erblickte Schmidt auch jenen Arzt, der ihm zehn Jahre zuvor gesagt hatte: »Sie eignen sich zum Sänger etwa so, wie ich mich zum Tanzlehrer.« Lächelnd reichte ihm Schmidt die Hand: »Herr Doktor, Sie waren ein schlechter Prophet. Sie sind zwar wirklich kein Tanzmeister geworden – aber ich bin immerhin Joseph Schmidt.« – »Wahrhaftig«, bekräftigte daraufhin auch Dr. Mayer Ebner, Förderer aus Schmidts Jugendtagen, »klein ist er geblieben, aber groß ist er geworden.« Mayer Ebner bekam an jenem Abend die unumschränkte Bestätigung dafür, wie richtig die Entscheidung war, den damals 20-Jährigen in Berlin studieren zu lassen. Treffend seine Formulierung in einem Brief aus späteren Jahren: »Sicher wäre Schmidt unter anderen politischen Umständen im damaligen Czernowitz ein kleiner, unbekannter, heute sicherlich vergessener Chasan irgendeiner Synagoge, irgendeiner Stadt im Osten geworden. Keines seiner Lieder wäre um die Welt gegangen und hätte den Ruhm des großen Sängers verkündet.«

Die Filmvorstellung und die sich anschließenden Festivitäten brachten selbst dem erfolgsverwöhnten Schmidt Huldigungen von ungewohntem Ausmaß: Um den Massenandrang bewältigen zu können, fand die Kinopremiere nicht nur im Capitol, sondern auch im Filmtheater Zentral im Musikverein statt.

Ungewohnten technischen Aufwand verlangte das für den 14. September angesagte Konzert zugunsten des jüdischen Krankenhauses. Stolz vermerkte die Presse im Vorfeld: »Mit Rücksicht auf den großen Andrang, der für dieses Konzert zu erwarten ist, wird dasselbe durch Lautsprecher in den Festsaal des jüdischen Hauses übertragen werden.« Unter der Rubrik »Theater und Kunst« gab die Rezension auch die Stimmung dieses ungewöhnlichen Abends wieder:

> Das überfüllte Haus des Musikvereins ehrte gestern abends den berühmten Landsmann, wie man es erwartet hatte. Was sind Berlin und Wien, was das internationale Scheveningen – überall Sensation –, hier in Czernowitz jedoch sitzen Vater und Mutter im Saale, hier sind die Geschwister, hier horcht Schmidts erster Chormeister aus dem Tempel, hier sind die vielen Jugendfreunde, hier sind wir alle, die Landsleute, und sind stolz auf ihn – eine einzige große Familie, die den nach Hause gekommenen Sohn ein einziges Mal bewundern und sich an seiner durchgebildeten, feinkultivierten Gesangskunst erfreuen konnte. [...] Ein Virtuose an Technik und Modulationsfähigkeit seines Tenors, vollständig italienisch ausgebildet – am wirkungsvollsten auch in den italienischen Liedern. Joseph Schmidt – jetzt auch im Auftreten weltmännisch dis-

> zipliniert – ein Stern am künstlerischen Himmel, der noch nicht am Zenit ist. Die Begleitung besorgte stilvoll und mit Delikatesse Frau Dr. Bianca Krämer-Neuberger.

Da Schmidt auf jegliches Honorar verzichtete, überreichte man dem Gefeierten nebst einer Dankesurkunde auch einen goldenen Drehbleistift. Darauf eingraviert seine Initialen JS und das Datum »14. September 1933 – Kinderschutzverein Cernauti«. Ein symbolisches Geschenk, wie betont wurde, »damit er auch weiterhin in aller Welt große Verträge unterzeichnen könne«.

*

Zurück in Wien, im Grand Hotel logierend, wollte Schmidt sich auf die nächste Hollandreise vorbereiten. Die Tournee begann am 11. Oktober mit einem Konzert in Hilversum – ein Abend mit Arien aus italienischen und russischen Opern. Fünf Tage später debütierte Schmidt in einer neuen Opernpartie: Erstmals sang er den Grafen Almaviva in Rossinis »Barbier von Sevilla«. Julius Ehrlich dirigierte; George Petit war Figaro und in der Rolle der Rosina gab es ein Wiedersehen mit Mary Fuchs. Sie war es, die drei Jahre zuvor bei der Berliner Produktion von Verdis »Maskenball« den Pagen Oscar sang. Die Arie des Grafen aus dem 1. Akt, »Ecco ridente in cielo«, hatte er bereits im Vorjahr im Wiener Konzerthaus gesungen, und die Presse attestierte ihm dabei, dass er einem Hermann Jadlowker oder Fernando de Lucia ebenbürtig sei.

Beruflich stand Schmidt nach wie vor hoch im Kurs. Auch in Städten, in denen er bis dahin nicht persönlich aufgetreten war, garantierten ihm seine Platten und der Film den Erfolg sozusagen als Vorschuss. Privat aber verschlug es auch ihn bald auf den Pfad der Gehetzten. Eine erste, gezielte Aktion gegen den Menschen Schmidt lanciert das Wochenblatt *Der Stürmer* in der 7. Ausgabe von 1933. Diese Hetzschrift, bereits 1923 von NS-Politiker Julius Streicher als »Wochenblatt zum Kampf um die Wahrheit« gegründet, verunglimpfte Schmidt unter dem Titel »So sieht er aus«: Schmidt unterscheide sich von einem Lehnstuhl dadurch, dass dieser ein Streckssessel, er aber ein Dreckstößel sei. Obwohl er »abstoßend häßlich« sei, hätte er sich als »Mister Czernowitz« beworben und könne nur auf Schallplatten singen usw. Dem Text entsprechend fiel auch die Karikatur von Philipp Rupprecht, Pseudonym »Flip« aus: Schmidt als Typus des geldgierigen, unrasierten »Stürmer-Juden« mit langer Nase und hervorstechenden Augen. Die Seiten des *Stürmers* hingen jeweils in den öffentlichen Schaukästen und sogenannten »Stürmerkästen«. Trotz solchen Demütigungen war Schmidt in diesem bewegten Jahr 1933 noch mehrmals bei Onkel Hermann in Berlin zu Besuch.

Gewaltig waren die Umwälzungen, die seit dem sogenannten »Geschäftsboykott« vom 1. April jüdisches Leben erschwerten. Das »Gesetz zur Wiederherstellung des Berufsbeamtentums« versetzte Anwälte, Ärzte und einstige Inhaber amtlicher Stellen in den Ruhestand. Wer sich noch nicht dem Trend der Zeit untergeordnet hatte, den »warnten« Plakate und Schmierereien an jüdischen Geschäften und Kaufhäusern: »Deutsche! Wehrt Euch! Kauft nicht bei Juden.« Wie die meisten der damals 525 000 Juden in Deutschland mag auch Joseph Schmidt geglaubt haben, dass die Hetze nur ein Aufflackern des jahrhundertealten Antisemitismus sei, die sich nach der nationalen

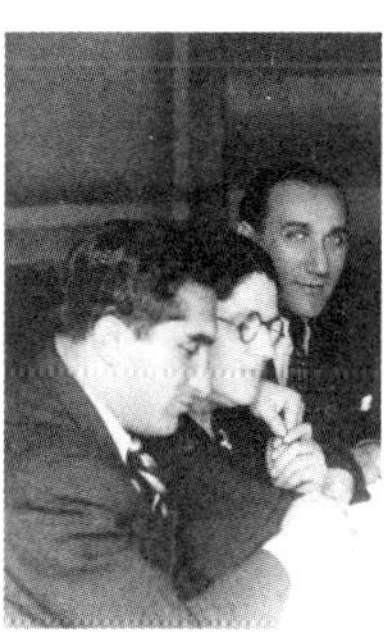

Zu Hause in Czernowitz, 1934, Joseph Schmidt mit Mutter Sara und Onkel Leo Engel

Siegeseuphorie wieder beruhigen würde. Aber ein weiterer Schachzug der Nazis betraf ab 22. September 1933 alle Kunstschaffenden, wovon auch der ehemalige »Liebling des deutschen Volkes« nicht ausgenommen war: Das Gesetz der »Reichskulturkammer« verbot auch Schmidt jegliche Betätigung innerhalb des sogenannten »arischen Kulturlebens«. Zwar wurde in diesem Herbst mit dem Aufbau der »Jüdischen Selbsthilfe« begonnen, doch der Exodus namhaftester jüdischer Künstler war von da an nicht mehr aufzuhalten.

*

Bedeutungsvolles Neuland betrat Joseph Schmidt am 4. November 1933: Ein Auftritt in der Mozartstadt Salzburg, im ehrwürdigen Festspielhaus, am Klavier begleitet von Michael Taube. Die Ankündigungen im Vorfeld schienen sich gegenseitig übertrumpfen zu wollen: »Der populärste Sänger der Gegenwart«, oder: »Joseph Schmidt, dessen einziges Konzert im Festspielhaus stattfindet, wird, wie der Kartenverkauf zeigt, mit einem für die heutige Zeit beispiellosen Interesse in Salzburg erwartet.« Auch eine Autogrammstunde wird groß angekündigt: »Joseph Schmidt – zugunsten der Winterhilfe – heute von 3 bis 4 Uhr, im Klaviersalon Katholnigg, Preis des Autogramms 50 Groschen.« Die Resonanz, die dieser Auftritt in der lokalen Presse fand, dürfte zum Verbindlichsten gehören, was über Joseph Schmidt und die Möglichkeiten seiner künstlerischen Leistungsfähigkeit überliefert ist. Besonders aufschlussreich die Kritik in der *Salzburger Chronik:*

> Nun war es auch dem Salzburger Publikum vergönnt, seinen Radioliebling von Angesicht zu Angesicht zu sehen und zu begrüßen. [...] Im Konzertsaal, wo kein Mikrophon das Tonvolumen retouchieren kann und direkt der Kontakt zwischen Künstler und Zuhörer hergestellt sein will, büßt unwillkürlich dieser Glanz von seinem Nimbus ein. Grund hierfür ist die physische Beschaffenheit dieses sel-

> tenen Gesangsgenies. Fehlt auch ein wenig an dem Tonvolumen, das der oft minder guten Akustik eines Konzertsaales spielend Herr werden sollte, so ist doch diese Stimme als Phänomen zu bewundern. Spielend gewinnt sie die Höhe, restlos sind die Übergangsregister ausgeglichen, und selbst in schwierigen Lagen gibt es bezaubernd zart ausklingende Töne. Atem- und Tonführung sind von bestechender Ruhe. Edles Piano ist das Schönste, was ein lyrischer Tenor zu verschenken hat. Das Programm ist demgemäß gewählt und enthält vornehmlich Meister aus der Blütezeit der Sangeskunst. Daß es zum Schlusse zu den üblichen Ovationen kam, wobei auch der Dank für so manche schöne Stunde vom Radio oder der Schallplatte her inbegriffen schien, war nur zu erklärlich, denn viele wären nicht sonderlich befriedigt gewesen, hätten sie nicht als Zugabe noch das Lied aus seinem Film »Ein Lied geht um die Welt« gehört. Ist dieses weltwandernde Lied auch nicht gerade konzertfähig, so hat es wenigstens propagandistischen Wert. Hoffentlich hören wir Joseph Schmidt wieder einmal in Salzburg.

Zu dem vom Kritiker gewünschten Wiederhören mit Schmidt sollte es nicht mehr kommen. Zwar findet sich auf der Rückseite des offiziellen Salzburger Pressefotos Nr. 1630/23122 der Vermerk: »Josef Schmidt bei den Salzburger Festspielen: Rundfunktenor Josef Schmidt wurde zur Mitwirkung an den nächsten Salzburger Festspielen eingeladen.« Unmittelbar daneben steht aber bereits: »Josef Schmidt, Sänger, Jude ...«

*

In derselben Woche gab Joseph Schmidt zwei Auftritte im Wiener Musikverein, an denen auch der Komponist Wilhelm Kienzl, der Schöpfer des damals sehr populären »Evangelimann«, zugegen war. Am 28. Oktober notierte er in seinem Tagebuch: »... ging dann in den Musikverein (Direktionsloge), wo der glanzvolle lyrische Tenor Joseph Schmidt vor total ausverkauftem Haus ein

Konzert gab. Noch höher schlugen die Wellen am 15. November. Noch einmal Kienzl: »Abends zu Fuß zum Musikverein, in die Loge 1 links gegangen, zum überfüllten zweiten Konzert des Joseph Schmidt, das glanzvoll ausfiel. Gesänge von Puccini, Massenet, Meyerbeer, Durante, Mozart, Rossini und mein ›Selig sind, die Verfolgung leiden‹ aus dem ›Evangelimann‹, worauf ein solcher Sturm losging, dass Schmidt mich aus der Loge aufs Podium holte, wo ich ihm den Gesang, den er wiederholte, begleitete. Darauf folgte ein ungeheuer enthusiastischer Beifallsausbruch, der einer Huldigung ähnlich war.«

Marcel Prawy, der »Opernführer der Nation«, bei einem Vortragsabend über das Geheimnis um die Wirkung dieses Künstlers befragt, formulierte es so: »Mein Chef war Jan Kiepura – mein absoluter Favorit Richard Tauber. Da erschien der kleine Schmidt auf der Bildfläche, und plötzlich sprach die ganze Stadt nur noch von ihm. Er hatte eine absolut ungewöhnliche Ausstrahlung. Seine bescheidene, liebenswürdige Art wirkte wie ein Zauber. Wir Opernverrückten waren damals sehr eifersüchtig.«

*

Inzwischen hatte Richard Oswald einen neuen Joseph-Schmidt-Film konzipiert: »Wenn du jung bist, gehört dir die Welt«, wiederum nach einem der zugkräftigen Lieder von Hans May benannt. Die Handlung des Films, nach altbekanntem Schema gezimmert: Carlo, ein Gärtner, ausgestattet mit einer herrlichen Tenorstimme, ist in Lisetta, die Tochter eines Schlossherrn, verliebt. Sie aber hat ihr Herz bereits an den Dorforganisten verloren. Um sie zu vergessen, geht Carlo in die weite Welt und wird berühmt. Als gefeierter Sängerstar will er nun, wieder in die Heimat zurückgekehrt, um Lisettas Hand anhalten, doch platzt er stattdessen direkt in deren Verlobung. Einmal mehr muss der Filmheld und Sängerstar auf ein privates Glück verzichten ... Immerhin: von Schmidts Kleinwüchsigkeit ist in diesem wie auch in den folgenden Streifen nicht mehr die Rede.

Gedreht wurde in den Sascha-Ateliers in Wien, und Schmidt schien diese Tage wie einen Urlaub zu genießen. Hier konnte er sich so geben, wie er war; dem Zauber seiner Persönlichkeit schien sich kaum jemand entziehen zu können.

Der Film wurde in einer Rekordzeit von nur zehn Wochen fertiggestellt, besondere Bedeutung gewann er nicht zuletzt durch die Mitwirkung des berühmten ungarischen Komikers Szöke Szakall: Er spielte die Rolle des Impresarios, die ursprünglich Leo Slezak zugedacht war. Szakall, auch privat ein Erzkomödiant, verstand sich mit Schmidt bestens; gegenseitig nahm man sich bei jeder sich bietenden Gelegenheit aufs Korn. Als der Aufnahmeleiter einmal nach einer Drehpause vergeblich nach Schmidt suchte, riet ihm Szakall, doch im ungeschnittenen Gras nachzusehen – »... das steht ja ziemlich hoch, und wer weiß, vielleicht wandelt Schmidt träumend darin herum«. Schmidt, der soeben hereintrat, hatte die schelmische Boshaftigkeit mitbekommen und warf, nicht verlegen um eine Revanche, mit einer Kokosnuss in die entsprechende Richtung. Volltreffer! Szakall hatte eine Schramme abbekommen, und der Maskenbildner war gefragt ...

Parallel mit seinen Erfolgen war auch Schmidts Selbstvertrauen gewachsen. Längst hatte er gelernt, auf die Menschen zuzugehen, Witzeleien zu seiner Statur konnte er mit einem herzhaften Lachen begegnen: So hieß es etwa, der Theaterdirektor in Riga habe ihm, nachdem er dort einen Konzertabend bestrit-

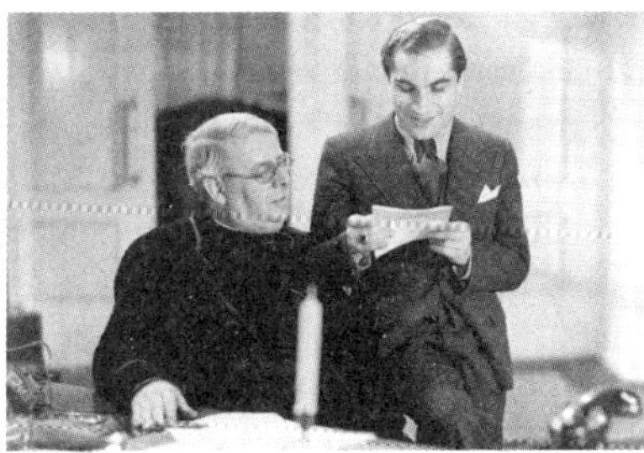

Szene mit Szöke Szakall aus »Wenn du jung bist, gehört dir die Welt« (Österreich, 1934)

ten hatte, ein Gastspiel als Lohengrin angeboten. Was Schmidt selbstverständlich abgelehnt habe: Das geht nicht, man könne Richard Wagners Oper doch nicht verfälschen. Wer rede denn von verfälschen, wollte der Operndirektor wissen. Worauf Schmidt entgegnete: »Wagner schreibt vor, daß im Nachen, der vom Schwan gezogen wird, ein Ritter in silberner Rüstung steht. Und statt dessen kommt nur ein vernickelter Frosch ...« Oft war es Schmidt selbst, der solche Storys erfand und zum Besten gab. Zum Beispiel über seine Anfängerjahre: Dass er als weitgehend noch unbekannter Sänger oft Bedenken gehabt habe, im Frack aufzutreten. »Leicht hätte es doch geschehen können, daß mir die Leute anstelle von Blumen Fische aufs Podium geworfen hätten – weil sie mich für einen Pinguin hielten ...« Besonderen Spaß bereitete ihm auch das Zusammenreimen von Filmtiteln zu ganzen – höchst kuriosen – Sätzen, wie zum Beispiel: »Der Tod im roten Jaguar ereilte die Nonne, die zusammen mit Romeo und Julia der Erzfeind des FBI war.« Oder: »In Afrika ohne Gnade erhielt die große Katharina den Grand Prix.«

Wo er hinkam, verbreitete er Fröhlichkeit; ein gutgelaunter Charmeur, um den sich vermehrt auch die Journalisten rissen – so anlässlich der Wiener Ravag-Übertragung von Verdis »Räuber«:

> Vor seiner Rückreise nach Berlin treffe ich den glücklichen Besitzer dieser seltenen Tenorstimme [...] und plaudere eine Stunde mit ihm. Er freut sich wie ein Kind, da ich erzähle, wie viele Freunde und Bewunderer er bereits auch in Wien hat [...] Es ist richtig, er ist sehr klein – aber das ist auch der ganze Vorwurf, den man ihm machen kann. Er ist durchaus normal und sogar sehr gut gewachsen, ein bißchen schmal, wie es sich für 27 Jahre gehört, er sieht allerdings ganz und gar nicht wie ein berühmter Sänger, sondern wie ein netter, junger Student der Philosophie aus, ein sympathisches Gesicht mit ein paar sehr klugen und warm blickenden Augen, schwarzhaarig, mit jungen, lebhaften Bewegungen. »Ich muß Sie enttäuschen«, meint er, »denn es gibt gar nichts Geheimnisvoll-Romantisches bei

mir und in meinem Leben. Ich bin klug genug, um mir zu sagen, daß mein Kindertraum, Schauspieler zu werden, niemals Erfüllung finden kann, da mir nun einmal die gewissen zwanzig Zentimeter mehr versagt geblieben sind – allerdings helfen mir meine Erfolge als Sänger, um über diesen großen Schmerz, der mich einmal unglücklich zu machen drohte, hinwegzukommen [...] Doch lege ich Wert darauf zu betonen, daß ich niemals, wie oft geglaubt wird, italienische Schule genossen habe. Zum Singen gehört meiner Meinung nach wohl eine gewisse technische Arbeit, aber wenn man nicht über ein natürliches Gesangstalent verfügt, nutzt einem auch das jahrelange Studium nichts.«

»Was singen Sie am liebsten?«

»Alles, was schön ist und was mir Gelegenheit gibt, daß ich selbst daran Freude habe: besonders Mozart und Verdi [...] Gewiß, es sind gerade in letzter Zeit eine Menge Menschen zu mir gekommen und haben gemeint, ich solle trotz meiner unzureichenden Gestalt es wagen, auf die Bühne zu gehen; besonders in Wien wolle das Publikum in der Oper schön singen hören und die Gestalt sei nicht so wichtig, wenn eben die Stimme ungewöhnlich sei – aber ich möchte nichts Halbes. Vielleicht, wenn es einmal eine Rolle gibt, die es gestattet, daß ich so, wie ich eben bin, auf die Bühne hinausgehen kann, dann könnte ich mich entschließen – aber soll ich vielleicht den Cavaradossi singen und mich von Tosca und Scarpia von oben herunter ansehen lassen ...?«

Verständlich, dass bei so viel gewinnender Freundlichkeit der Journalist seinem Artikel den Nachsatz hinzufügte: »Um ihn ebenso freundlich zu behandeln wie er mich, habe ich beschlossen, sein Bild zu vergrößern.«

*

Die restlichen Wochen des zu Ende gehenden Jahres waren randvoll mit Terminen: Außenaufnahmen für den neuen Film im südfranzösischen Toulon, dazu acht Schallplattenaufnahmen und zahlreiche Auftritte. Mit gemischten Gefühlen dürfte

Schmidt dem »Gesellschaftsabend« des Wiener Journalisten- und Schriftstellervereins »Concordia« entgegengesehen haben, der am 2. Dezember 1933 im großen Konzerthaussaal angesagt war. Diese Atmosphäre von Sehen und gesehen Werden behagte ihm weit weniger als seinem Onkel, der stets darauf aus war, vorteilhafte Kontakte zu knüpfen. Ein wichtiges Datum war es dennoch: Zwar hatte man Schmidt nur für eine einzige Soloeinlage verpflichtet, doch handelte es sich dabei um eine mit Spannung erwartete Uraufführung: Erstmals sang er »Wenn du jung bist, gehört dir die Welt« aus seinem neuen Film – am Klavier vom Komponisten des Liedes, Hans May, begleitet. Anschließend richteten sich aller Augen auf das Erscheinen einer Dame, deren Glanz seit nunmehr einem Vierteljahrhundert alles überstrahlte: Fritzi Massary, die legendäre Göttin der Operetten von Leo Fall, Franz Lehár, Oscar Straus und Robert Stolz. Schmidt und Massary kannten sich bereits von gemeinsamen Auftritten in Berlin. Straus setzte sich persönlich an den Flügel, um die Diva zu begleiten. Im Rahmen ihres frech-frivolen Programms wird ihre berühmte Einlage aus Leo Falls »Madame Pompadour« nicht gefehlt haben – das Lied an die Adresse der Männer: »Im Liebesfalle [...] sind sie alle ein bißchen Tralala«.

Diese augenzwinkernde, kleine Bosheit dürfte bei Joseph Schmidt an jenem Abend ein nachdenkliches, betretenes Schweigen ausgelöst haben. Kürzlich erst war ihm an einem dieser »Gesellschaftsabende« eine stolze Schönheit vorgestellt worden: Lotte, aus Polen stammend, Jahrgang 1909, eine selbstbewusste Dame oder – wie es Fritzi Massary in einem ihrer Erfolgstitel zu singen pflegte – »eine Frau, die weiß, was sie will«. Dass diese Lotte mit Nachnamen Kohn hieß, geborene Reig, und bereits verheiratet war, schien vorerst unwichtig. Was anfänglich jedoch nach unverfänglichem Spiel aussah, nach der sprichwörtlichen Gunst des glücklichen Augenblicks, sollte sich bald zum Desaster entwickeln, nämlich in den herben Ernst einer zehn Jahre andauernden, stets von neuem zermürbenden, zwischen auflackernder Leidenschaft und gröblich verletzten Gefühlen hin

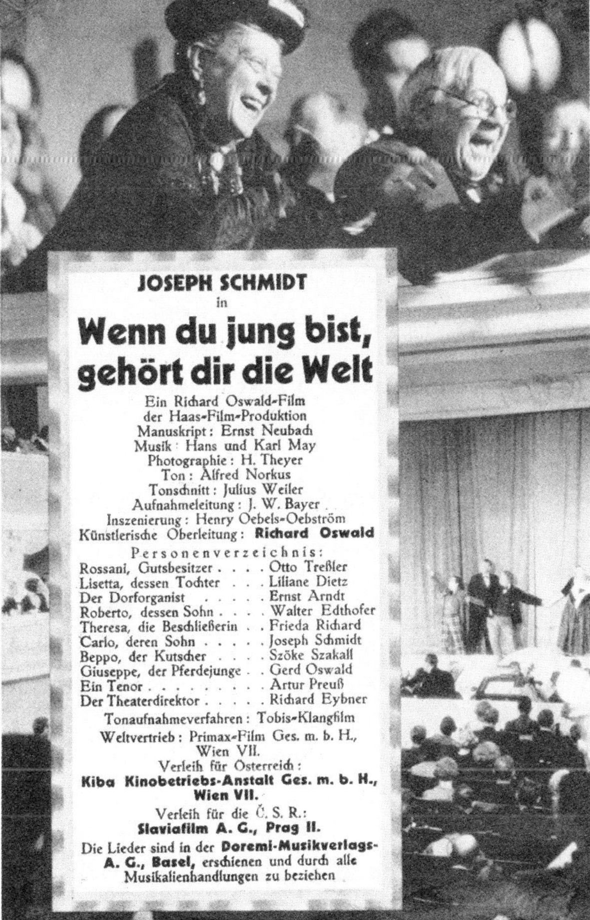

Filmplakat »Wenn du jung bist, gehört dir die Welt« (Uraufführung Wien, 31. Januar 1934)

und her pendelnden jahrelangen krisengeprägten Verbindung. Wäre Schmidt fähig gewesen, den ruhmsüchtigen Charakter dieser Frau rechtzeitig zu durchschauen, hätten sich beide manche Konsequenz ersparen können.

*

Ein ungewohntes Konzertpublikum versammelte sich am 20. Dezember im großen Konzerthaussaal: »Zweitausend Kinder unter dem Weihnachtsbaum« titelte tags darauf *Das kleine Blatt:* »Eine Zeitung als Christkindl – das ist etwas Neues.« Nichts Geringeres hatten sich die Veranstalter in den Kopf gesetzt, als zweitausend Kinder arbeitsloser Eltern im Rahmen eines schönen Weihnachtsfestes zu beschenken. Und Joseph Schmidt hatte seine Mitwirkung zugesagt, obwohl er dafür eigens von den Dreharbeiten aus Südfrankreich anreisen musste. »Vielleicht wissen die Kleinen bei Beginn gar nicht, wer das ist«, heißt es in der Berichterstattung. »Nur weil der Conferencier ihnen einschärft: ›Kinder, auf Vorrat räuspern und husten, daß ihr dann nur ja nicht stört‹, sind sie gespannt und klatschen und patschen, daß es höher nicht geht. Aus dem ›Evangelimann‹ von Wilhelm Kienzl singt der berühmte Tenor zuerst. Das ist den Kindern fremd, sie hören nur achtungsvoll zu.« Dann kündigt Joseph Schmidt sein »Ein Lied geht um die Welt« an: »Da ruft das ganze Publikum dem Sänger freudig zu: ›Oh, dös is fein!‹ Natürlich muß er etwas draufgeben, und wieder ist es ein berühmtes Filmlied [...] Zweitausend Arbeiterkinder danken es ihm.«

*

Der 22. Dezember stand ganz im Zeichen Puccinis, der an diesem Tag seinen 75. Geburtstag hätte feiern können. »Joseph Schmidt und Vera Schwarz sangen die schönsten Arien aus dessen Opern«, so das *Kleine Radioblatt.* »Der ganze Reiz Puccinischer Musik, der süße Schmelz, die weiche Schmiegsamkeit der Melodie lag in der im Rundfunk kaum zu überbietenden Wiedergabe durch den hervorragenden Sänger. Auch die wunderbar ausgeglichene Stimme seiner Partnerin erzielte tiefe Wirkung.«

Inzwischen würdigte die Presse nicht nur seine künstlerischen Leistungen, auch seine privaten Schritte wurden sorgsam beobachtet: Wo immer er auftauchte, erregte er Aufsehen und Neugier. Sogar in der hehren Wiener Staatsoper erfuhr er eine unverhoffte Huldigung, als er einer Aufführung von Tschaikowskys »Eugen Onegin« beiwohnte. Für ihn war es eine Wiederbegegnung mit alten Bekannten aus der Berliner Zeit: Bruno Walter stand am Dirigentenpult, Alexander Kipnis sang den Fürsten Gremin und Charles Kullmann den Lenski. Gekommen aber war Schmidt hauptsächlich wegen der Sängerin der Tatjana – der von ihm über alles verehrten Lotte Lehmann. Um unerkannt in den Zuschauerraum zu kommen, betrat Schmidt seine Loge erst in allerletzter Minute. Dennoch hatte sich seine Anwesenheit schnell herumgesprochen – in der Pause applaudierten plötzlich über zweitausend Opernbesucher dem illustren Gast in der Loge.

> Ich habe mich nicht getäuscht. Mit diskreter Kopfbewegung bezeichnet der Portier dem Herrn, der soeben an die Loge getreten ist, die Richtung und sagt: »Die Damen warten alle auf Herrn Schmidt.« Es ist Herr Engel, der Impresario und ständige Begleiter von Joseph Schmidt, der rekognoszierend vorausgeeilt ist, ehe der kleine große Sänger selbst in der Halle erscheint. Seit sein Lied um die Welt gegangen, hat seine Beliebtheit Ausmaße erreicht, die einen rettenden »Schutz-Engel« oft recht nötig machen.
>
> Auch jetzt übernimmt es Herr Engel, die Wartenden nach ihren Wünschen zu befragen. Als der Künstler den Schauplatz betritt, ist alles schon so weit vorbereitet, daß er nach ein paar Unterschriften und einigen freundlichen Worten entkommen kann …

Nicht immer schien Joseph Schmidt dieses selbstherrliche Schalten und Walten seines Onkels zu behagen. Das wusste auch Rose Dampf, Schmidts ehemalige Studienkollegin aus Czernowitz, zu bestätigen. Im Mai 1984 ließen sich ihre diesbezüglichen Erinnerungen in der *Stimme* in Tel Aviv nachlesen:

> Seit 1926, als ich den damals noch unbekannten Schmidt zu seinen Darbietungen während der Kinopausen begleitete, hatte ich jegliche Verbindung zu ihm verloren. Erst während meines Aufenthaltes in Wien begegnete ich seiner Stimme in einer Übertragung von Verdis »Räuber« wieder. Also ging ich ans Telefon und sprach mit der Ravag. Ich sagte, daß ich eine Landsmännin von Schmidt sei, worauf er mir mitteilen ließ, daß er sich sehr freue, von mir zu hören; er lade mich für den nächsten Tag auf 17 Uhr ins Grand Hotel ein. Die Erwartung, diesen berühmten Sänger nach Jahren wiederzusehen, versetzte mich in eine besondere Stimmung. Ich wurde in einen großen Salon geführt, in dem natürlich ein Flügel stand. Dann kam Joseph Schmidt – aber nicht allein! Ein Herr war mit ihm, der mir sofort unsympathisch war. Ich verstand sofort: Er wollte nicht, daß Joseph von seinen Landsleuten belästigt werde, denn alle wollten ja Geld von ihm. Joseph war auch sehr nett, während der Onkel kein Wort mit mir sprach, mich nur fortwährend anstarrte. Nachdem er uns einige Minuten gegönnt hatte, unterbrach er brüsk unsere Unterhaltung mit den Worten: »Joseph, vergiß nicht dein Konzert von heute abend. Du mußt noch ruhen und dich vorbereiten!« Dies klang wie ein Befehl, und Joseph setzte ein Lächeln auf. Es war nicht zu übersehen, daß er unter dem Druck seines »Schattens« litt.

Rückblickend auf 1933 musste Schmidt wohl den Verlust von Deutschland akzeptieren, durfte sich aber mit dem internationalen Durchbruch trösten. Der Siegeszug von »Ein Lied geht um die Welt« hatte ihm endgültig Tür und Tor geöffnet. Ob es nun die Sender Wien, Hilversum waren oder die BBC London, die seinen Gesang Ende September auch erstmals über die »Overseas-Australasien-Welle« verbreitete; das Mikrofon war ihm zum größten Konzertsaal der Welt geworden.

6
Die Jahre der großen Konzerte

Das Jahr 1934 begann mit einer Konzertreise in den Osten. In Brünn, der Geburtsstadt von Kollege Leo Slezak, war der Besucherandrang derart hoch, dass der städtische Saalbau einem solchen nicht gewachsen war, den Veranstaltern blieb nichts anderes übrig, als den Abend vom 11. Januar kurzerhand ins Stadion zu verlegen.

Nach Wien kam Schmidt anschließend nur auf Stippvisite, der Zeitschrift *Mein Film* verriet er:

> Es ist mir mit einiger Mühe gelungen, mit den Terminen so zu lavieren, daß ich zwischen einer soeben absolvierten Konzertreise durch die Tschechoslowakei und dem Antritt einer Schweizer Tournee ein paar Tage in Wien einschalten konnte, um der Uraufführung meines neuen Filmes beizuwohnen. Die Tournee geht dann nach Holland weiter und voraussichtlich über den Balkan bis zum Orient [...] Zur Premiere herzukommen war mir geradezu eine Herzensangelegenheit. Ich will Ihnen gestehen, daß mir mein zweiter Film aus einem rein persönlichen Grunde noch etwas nähersteht als der erste. Durch die Tatsache nämlich, daß er eine Mutterrolle enthält. Ich hänge

> sehr an meiner Mutter, und so gerne ich in der Welt herumreise und so glücklich mich der Erfolg auch macht – höre ich doch nie auf, große Sehnsucht nach ihr zu haben. In meinem neuen Film sind ein paar Szenen, in denen ich dieses Gefühl zum Ausdruck bringen konnte. Meine Mutter wird übrigens der Premiere beiwohnen – sie ist dazu auf meinen Wunsch eigens von Rumänien hergereist.

Auch über seine neue Filmrolle gab Joseph Schmidt bereitwillig Auskunft:

> Ich hatte mächtiges Lampenfieber vor dem Zusammenspiel mit Frida Richard, der klassischen Mutter des Films, denn ich fürchtete, neben der wundervollen schauspielerischen Leistung dieser Künstlerin total abzufallen. Und ich habe mich über ihre Versicherung unbändig gefreut, daß sie mit mir als Gegenspieler sehr zufrieden war und keinen routinierten Darsteller vorgezogen hätte. Die Ehrlichkeit der Empfindung dürfte mir wohl geholfen haben, und vielleicht werden das auch die Zuschauer spüren …

*

Anfangs Februar kam Schmidt zu seinen ersten Auftritten in die Schweiz. Besuchsweise hatte er das Land bereits Jahre zuvor kennengelernt, wie eine Karte belegt, die er in jiddischer Sprache an seine Mutter sandte:

> Ein kleiner Junge dankt seiner Mamitschka –
> Jossale, Spiez am Thunersee, 1. August 1929

Nachdem sein erstes Konzert im Stadtcasino Basel vom 5. auf den 11. Februar verschoben wurde, war es Zürich vorbehalten, den mit Spannung erwarteten Tenorstar erstmals live präsentieren zu können. Frühzeitig hatte sich die Direktion Kantorowitz, die damals bedeutendste Zürcher Konzertagentur, bemüht,

Schmidts sämtliche Schweizer Auftritte zu organisieren. Am Flügel assistierte Walter Lang, einer der einfühlsamsten Begleiter seiner Zeit. Das Programm:

Verdi	»O figli, o figli miei!« aus »Macbeth«
Niedermeyer	Kirchenarie »Pietà, Signore«
Gordigiani	»Ogni sabato«
Mozart	»Bildnisarie« aus der »Zauberflöte«
Puccini	»Che gelida manina« aus »La Bohème«
Massenet	»Ah! tout est bien fini« aus »Le Cid«
Tagliaferri	»Piscatore e Pusilleco«
A. Buzzi-Peccia	»Mal d'amore«
Puccini	»O weine nicht, Liu« aus »Turandot«
Puccini	»Lasset sie glauben« aus »Mädchen aus dem goldenen Westen«

Teilweise wenig aussagekräftig und nicht gerade respektvoll äußerte sich die Presse: »Ein kleiner, beweglicher Mann und im Auftreten von sehr angenehmer Art, brauchte er um die Gunst der Zürcher nicht erst zu betteln, fühlte sich doch so ein Tonfilmliebling, auch wenn er persönlich zum ersten Mal erscheint, gleich unter liebe, alte Bekannte versetzt«, meinte tags darauf der *Tages-Anzeiger.* Immerhin: »Das Gewinnende aber an Joseph Schmidt ist: Er bringt keine Unarten mit, kommt ohne Mätzchen aus und versteht es ausgezeichnet, seine Tonfilmkunst auf ein Arien- und Kanzonenprogramm ›umzubauen‹. Man verspürt bei alledem ein Stück Kultur, sei es nun ererbt oder anerzogen.«

Besser meinte es die *Neue Zürcher Zeitung* mit ihm, wenn auch nach deren Empfindung die Filmkarriere Schmidts wirklichem Künstlertum nicht zuträglich sei:

> Der Tonfilm ist, wenn er einschlägt, entschieden ein unübertrefflicher Manager: Joseph Schmidt wurde am 8. Februar von einem gedrängt vollen großen Tonhallesaal mit Jubel begrüßt, und mit rückhaltloser Bereitschaft folgten ihm die Hörer durch sein Programm […] Joseph Schmidts Vortrag ist – das lehrte sein Konzert, das durch

des Künstlers angenehm einfaches, von Theaterallüren völlig freies Auftreten eine sympathische Note erhielt, eindeutig – durchaus nach der rein gesanglichen Seite ausgebaut und von dieser Seite aus zu bewerten. Ihm scheint es weniger um Charakterisierung und Intensität des geistig-musikalischen Ausdrucks, um die Kraft der Gestaltung, als um die Schönheit der gesanglichen Linie zu gehen. So betrachtet, ist es erstaunlich, mit welcher Sicherheit und Meisterschaft der kleine, schlanke Mann seine ungewöhnlich große Tenorstimme auf italienische Schule auszuwerten weiß. Um so bemerkenswerter, als die Naturbeschaffenheit dieser von Haus aus wohl eher lyrischen, aber nicht ohne Geschick auch aufs Heldische ausgemünzten Stimme dem italienischen Belcanto nicht ganz ohne Widerstreben entgegenkommt. War es Indisposition, oder ist es eine Schlacke in der Stimmbildung, daß die Mittellagen fast durchweg – und mit zunehmender Beanspruchung auch in sich vermehrendem Maße – etwas getrübt, die Tiefen auffallend blaß erklangen? Schönen Metallglanz hingegen besaßen die kräftig gespannten und sicher gestützten Höhen, die der Sänger dank seiner geschliffenen Technik bisweilen in prachtvollem Decrescendo verklingen zu lassen wußte. Man genoß – das ist das Fazit dieser auf populäre Breitenwirkung angelegten Veranstaltung, die durch das differenzierte Begleitspiel von Walter Lang an künstlerischem Gewicht gewann – das unbeschwerte Verströmen eines Gesanges, der dem Charme des Melos sogar die Prägnanz der Sprache opferte. Unter den zahlreichen Zugaben, mit denen Joseph Schmidt den Ansturm der Beifallswogen beschwichtigte, durfte natürlich »sein« Filmschlager nicht fehlen, worauf ja die Mehrzahl der Hörer, dem tosenden Dankapplaus nach zu schließen, gewartet zu haben schien.

*

Was an dieser Besprechung aufhorchen lässt: Eine »ungewöhnlich große Tenorstimme«! Lag es an der vielgepriesenen Akustik dieses prachtvollen, fast 1500 Personen fassenden Saales? Ein Widerspruch, dem man in den Rezensionen der kommenden Jahre bis hin zum Großen Saal des Wiener Musikvereins, noch mehrmals begegnet. Kein Zweifel aber: Die Stimmen, die Schmidt ins Lager der Unterhaltungssänger abzudrängen versuchten, mehrten sich. Ob er noch ein ernstzunehmender Opernsänger, ein Gesangskünstler sei oder nur noch ein auf Breitenwirkung bedachter singender Filmstar – Debatten solcher Art waren an der Tagesordnung. Zugegeben, Schmidt hat auch Schallplattenaufnahmen hinterlassen, über deren musikalischen Wert es keiner Diskussion bedarf, doch war er damals keineswegs der einzige Sänger auf diesem kommerziell so erfolgreichen Pfad der leichten, der seichten Muse. Welcher Sammler erinnert sich nicht an Richard Taubers »Flüsterplatten«, an dessen »Es war einmal ein Baby« und so manchen tenoralen Nonsens anderer Sangesgrößen der Zeit? Bei solchen Debatten ging der Blick fürs Wesentliche verloren, nämlich dass sich Schmidt in allen musikalischen Sparten stets als ein ehrlicher Sänger erwies. Ein Beispiel dafür ist das Falsett: Tauber war es gelungen, diesen »Schwindel«, wenn auch zu Recht umstritten, sozusagen »salonfähig« zu machen. Schmidt benutzte diese Art des Singens nie als Trick, vielmehr gelang ihm in den wenigen Beispielen dadurch eine raffiniert eingesetzte künstlerische Variante. In keiner seiner Aufnahmen ist es der Versuch, damit über heikle Passagen hinwegzutäuschen. Immer blieb sein Gesang natürlich, es findet sich nichts Gekünsteltes, keine angestrengten Höhen; ein Markenzeichen, das ihn von so einigen seiner deutschen Kollegen unterschied.

Zu den Voraussetzungen für die Gesangskunst und über sein Verhältnis zu den unterschiedlichen musikalischen Sparten geben Schmidts eigene Worte Aufschluss: »Mensch und Künstler müssen untrennbar sein; denn wer kein Mensch ist, kann auch kein Künstler sein. Wer kein Herz hat, kann auch keine seelenvolle Stimme haben.« Das Herz ist auch für Fred Gehler und Ullrich Kasten, die beiden Autoren des Schmidt-TV-Porträts, einer DDR-Produktion von 1987, eine zentrale Kategorie für Schmidts Interpretationen:

> Er hat den Ehrgeiz, in jedem Lied, in jeder Arie, er selbst zu sein, seine Gefühle nicht zu verstecken, seine Empfindsamkeit nicht zu verleugnen: sein Herz. Joseph Schmidt will unbekannte, vergessene, beiseite gesetzte, wundervolle Musik bewahren und retten. Er schätzt das Volkslied wie die große, berühmte Opernarie, er missachtet nicht das für den Tag geschriebene Lied, bekennt sich zur geistlichen und weltlichen Musik gleichermaßen: »Es gibt nur sangbare und unsangliche Musik für mich, gute und schlechte. Andere Unterschiede mache ich nicht.«

Joseph Schmidts eigene Worte müssten ihm bewusst gemacht haben, dass ihn seine Popularität künstlerisch in eine Sackgasse führen würde. Schmidt war zu sehr Vollblutkünstler, als dass ihn neue Filmprojekte, mochten sie noch so erfolgversprechend sein, im Innersten hätten erfüllen können. Gewiss, die Breitenwirkung seiner Kinoerfolge hatte seinen »Marktwert« wesentlich gesteigert; seine eigentlichen künstlerischen Ambitionen aber, vor allem der Wunsch nach Opernpartien, wurden nun zusehends in den Hintergrund gedrängt. Noch in den Jahren 1930 und 1931 konnte er sich als Rundfunktenor jährlich in zehn neuen Rollen zeigen – eine künstlerische Herausforderung, die ihn zu Höchstleistungen anspornte. Konzerte, in denen er regelmäßig mit seinen Lieblingsarien aufwartete, wurden so bestenfalls ein notdürftiger Ersatz für die frühere Opernarbeit am Rundfunk.

Gleichzeitig erlebte Schmidt einen unverminderten Erfolg. Sein nächstes Wiener Konzert trug ihm nicht nur blendende Kritik ein, es brachte unverhofft auch ein Wiedersehen mit einem besonders geschätzten Kollegen aus Berliner Tagen: Richard Tauber. Die Wiener Zeitung *Das Echo* schreibt am 21. Februar 1934:

> Umjubelt von seiner Gemeinde und in bester stimmlicher Verfassung sang Joseph Schmidt gestern im Großen Musikvereinssaal italienische Lieder und Arien. Der Vortrag des Künstlers hat sich seit seinem letzten Auftreten verinnerlicht, er ist reifer geworden. Schmidt verzichtet auf

äußere Effekte und stellt sich asketisch in den Dienst der Kunst. Sehr schön und ganz im Stile Mozarts sang er die Arie aus der »Entführung aus dem Serail«.

Als der Begeisterungstaumel am Schluß des Konzertes kein Ende nehmen wollte, sang Joseph Schmidt, begleitet von Richard Tauber, der dem ganzen Konzert des Fachkollegen beigewohnt hatte, ein Lied aus dessen Operette »Der singende Traum«. Es gab unzählige Dreingaben.

Im Frühjahr 1934 erfüllte sich für Schmidt ein langgehegter Wunsch: eine Reise ins Land seiner Väter, nach Palästina. Mit seinem Wiener Agenten Arthur Hohenberg, der bedeutende Stars wie Richard Tauber und Fritz Kreisler unter Vertrag hatte, waren die letzten Vorbereitungen bereits getroffen worden, da zwang ihn eine Erkältung mit nachfolgender hartnäckiger Gehörgangentzündung zu einer Ruhepause. Ein willkommenes Thema für die Regenbogenpresse; unter dem Titel »Telefongespräch mit Joseph Schmidt« unverzüglich vermarktet:

Da haben Sie aber Glück gehabt, mich noch zu erwischen. Ich bin in diesem Augenblick erst ins Hotel gekommen, und ich bleibe im ganzen nur zwei Stunden in Wien.

Haben Sie eine Ahnung, wie oft wir schon angerufen haben? Der König von Siam ist bestimmt leichter an den Apparat zu bekommen …

Na, Sie wissen ja, daß ich krank war. Scheußliche Sache! Eine Gehörgangentzündung. Aber jetzt ist Gott sei Dank alles wieder in Ordnung. Ich war in den letzten Tagen im Sanatorium Perchtoldsdorf und habe mich dort sehr gut erholt. Nun werde ich meine Konzerttournee fortsetzen. Diesmal geht es in den Orient. Erste Station: Bukarest …

Mittlerweile hatte Schmidts zweiter Film auch Rumänien erreicht. Seine Landsleute waren stolz auf den Mann der Stunde, den Star, von dem man überall sprach. Verständlich, dass die Konzertsäle übervoll waren und dennoch unzählige Menschen auf Eintrittskarten hofften. In Bukarest zeigte man sich erfinderisch: Während Schmidts Konzert wurden einige Fenster des Konzerthauses offen gelassen, so dass die wartende Menge ihn, wenn nicht aus der Nähe im Konzertsaal erleben, doch zumindest hören konnte. Einigen genügte das aber nicht: Um ihr Idol wenigstens einmal in Person zu sehen, beschlossen sie, in der Pause das Künstlerzimmer zu stürmen. »Der Ansturm war so groß«, erzählte Schmidt, »daß hundertzwanzig Gendarmen mir den Weg bahnen mußten, aber die Menge brach trotzdem durch. Nun versuchte man, das Künstlerzimmer energisch von den Zudringlingen zu räumen. So energisch, daß auch ich und mein Tourneeleiter Dr. Hohenberg mit hinausgeworfen wurden …« Ähnliche Zustände auch in Sofia: »Man umringte unseren Wagen – ich wurde herausgehoben, und etwa fünfzig Leute trugen mich in den Saal. Aber das war, wie sich dann herausstellte, nicht ganz der wahre, uneigennützige Enthusiasmus. Denn die jungen Burschen, die mich in den Saal gebracht hatten, blieben nun alle seelenruhig drin. Sie hatten sich auf diese schlaue Weise Zutritt zu den ausverkauften Konzerten verschafft.« Unter den Konzertbesuchern befand sich auch die Pianistin Thea Rosenwald, die den damals noch unbekannten Schmidt bei seinen ersten Konzerten begleitete: »Ich traf Jo-

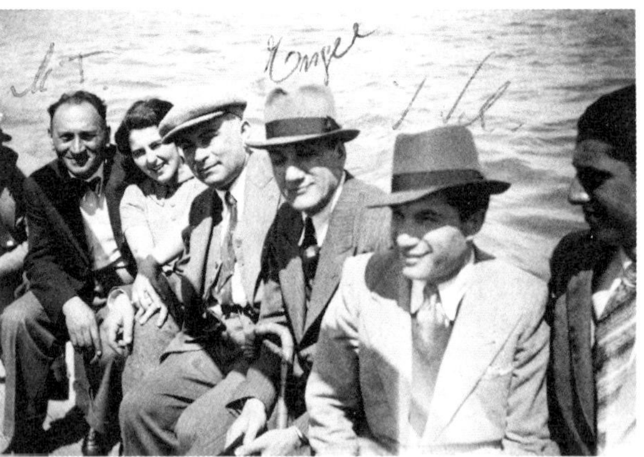

Ankunft im Hafen von Haifa, Palästina, April 1934: Michael Taube (Pianist und Dirigent), Frau Hohenberg, Arthur Hohenberg (Tourneeleiter), Leo Engel, Joseph Schmidt, unbekannt (v.l.n.r.)

seph wieder, als er sich längst daran gewöhnt hatte, wie ein König gefeiert zu werden. Noch immer ging von ihm jene Einfachheit aus, die ihn so unvergleichlich machte. Sowie er mich wiedersah, kümmerte er sich unverzüglich um Freikarten für mich und meinen Mann.«

Zuversichtlich konnten Schmidt und seine Tourneebegleiter die Reise nach Palästina fortsetzen. Ein anspruchsvolles Programm war vorbereitet worden: Arienkonzerte mit Orchesterbegleitung, aber auch Arien- und Liederabende, die allesamt Michael Taube, Leiter des jüdischen Kulturbundes in Berlin, assistierte – als umsichtiger Dirigent wie als subtiler Begleiter am Flügel. Die Konzerte enthielten verschiedene Opernarien, hinzu kamen die üblichen italienischen Canzoni und, erwartungsgemäß, auch religiöse Gesänge von Krein, Milner, Steinberg und anderen Komponisten. Im Konzert vom 9. April 1934 sang Schmidt außerdem Niedermeyers Kirchenarie »Pietà, Signore« sowie die fälschlicherweise Pergolesi zugeschriebene Arietta »Nina«. Als klingendes Souvenir nahm Schmidt zwei Privatschallplatten mit Gebeten in hebräischer und aramäischer Sprache auf. Einspielungen von unschätzbarem dokumentarischen Wert, zumal für eine gesangstechnische Analyse: Die Skala von Schmidts Können scheint hier unbegrenzt zu sein, eindrücklich demonstriert anhand von atemberaubenden Koloraturen und Trillern; ein Legatogesang, der sich bruchlos vom eingestrichenen E bis zum hohen C schwingt – Anforderungen, die in der herkömmlichen Gesangsliteratur, einschließlich des berüchtigten »Fuor del mar« aus Mozarts »Idomeneo«, nur äußerst selten verlangt werden.

Über seine Eindrücke aus dem Heiligen Land berichtete er am 15. Juni 1934 in der zionistischen Wiener Zeitung *Die Stimme*, wobei er gleich zu Beginn betonte eigentlich recht wenig darüber wiederzugeben vermöge.

> Denn von Palästina kann man nicht erzählen, Palästina, dieses jüdische Wunderland, muß gesehen und erlebt werden. Meine Erwartungen sind in einem unerhörten Maße

übertroffen worden. Wie sehr mein Herz dem Heiligen Lande, der neuerstandenen jüdischen Heimat, entgegenzitterte und es kaum erwarten konnte, das Land zu sehen, erlebte ich bei der Ankunft. Am Tage der Ankunft sollte ich das erste Konzert geben, aber angesichts der Küste Palästinas konnte ich in der vorangegangenen Nacht keine Ruhe und mein Auge keinen Schlaf finden. Unsere Sprache ist zu arm, um jenes Gefühl wiederzugeben, jenes tiefe, beseeligte und beglückte Gefühl, von dem die Juden Palästinas erfüllt sind [...] Ein herrlicher Menschentypus ersteht im neuen Lande auf alter Erde. Nach meinen Besuchen in den Kolonien, in den pulsierenden Städten Tel Aviv, Haifa, Jaffa kam ich auch zur Klagemauer, deren Reste auch heute noch von den Tränen alter Juden durchfurcht werden. Dieser Anblick hinterließ in mir wohl einen starken Eindruck, aber er erschütterte mich nicht.

Im Gegenteil, ich empfand doppelt den Gegensatz. Nicht weinen und klagen um die Vergangenheit ist das richtige. Dort [...] wo Juden, junge kräftige Menschen, gestern noch Doktor juris in Berlin und Zahnarzt in Warschau und Student in Wien, gemeinsam mit den frommen Juden mit Bart und Pajess, heute mit festen Händen das Ackergespann über die durch jüdische Arbeit neu geheiligte Palästinaerde ziehen, wird an der Zukunft gezimmert. Beglückend war für mich, die Entwicklung des Hebräischen in Palästina zu beobachten. An allen öffentlichen Instituten die vertrauten Schriftzeichen zu sehen, von den Beamten des kleinsten Dorfes des Landes Hebräisch zu hören war für mich, der des Hebräischen kundig ist, etwas ganz Erhebendes.

Ein eigenes Kapitel bildet das Konzertpublikum in Palästina. Das junge Palästina bekundet wieder die Tatsache von der großen Musikalität des jüdischen Volkes. Und mit Hubermann kann ich wohl sagen, daß es in Palästina bei 250 000 jüdischen Einwohnern ebenso viele Konzertbesucher gibt ... Fünf Konzerte in Tel Aviv allein innerhalb von 14 Tagen, alle vor ausverkauften Häusern, beweisen dies genügend.

Ein unvergeßliches Erlebnis bedeutete für mich das Auftreten in der Kolonie. Das war kein Konzert mehr. Eins waren ich und das Publikum, vorwiegend Arbeiter in ihren schmucken Arbeitskitteln, direkt von der Arbeit kommend.

> Hier erlebte ich etwas, was ich in meiner ganzen künstlerischen Laufbahn nicht empfunden habe: Ich sang hier aus purer Lust am Singen und zugleich mit dem Bewußtsein der Zugehörigkeit zu dieser Gemeinschaft, und im Gefühle, als ob ich mit ihnen eben von der Feldarbeit heimgekehrt wäre …
>
> Ich hoffe, daß ich in wenigen Jahren in Palästina meine ständige Heimat aufschlagen und von dort aus meine Konzerttourneen unternehmen werde. Dies wird die Erfüllung meiner schönsten Wünsche bedeuten.

In einem zweiseitigen, bebilderten Reisebericht von *Mein Film* fanden die Eindrücke Schmidts den Zugang zu den Lesern. Hier allerdings standen andere Themen im Vordergrund:

> In einer Beziehung hat der Orient mich allerdings enttäuscht – ich hatte ihn mir viel geheimnisvoller vorgestellt, mit verschleierten Frauen, vergitterten Haremsfenstern und so […] Die einzigen verschleierten Frauen, denen wir während unserer ganzen Reise begegneten, waren einige arabische Tänzerinnen […] Bakschisch erhoffend, begannen die geheimnisvollen Schönen uns ihre Tänze vorzuführen, und als Höhepunkt der Darbietungen ließen sie ihre Schleier fallen. Aber das hätten sie nicht tun sollen. Der Zauber war dahin. Die Unglückseligen paßten dem Alter nach zu den Ruinen ringsum, nur wirkten sie in ihrer grellen Schminke leider bei weitem nicht so ehrwürdig.

An dieser Stelle schaltete sich der interviewende Reporter mit einer brisanten Frage ein:

> Verzeihen Sie, Herr Schmidt, wenn ich in diesem Zusammenhang eine indiskrete Frage an Sie richte. Es geht nämlich das Gerücht um, daß sie sich verlobt oder gar verheiratet haben, eine Frage, die Ihre Verehrerschar natürlich brennend interessiert …

Ohne zu zögern, antwortete Schmidt:

Das sind Gerüchte, die jeder Grundlage entbehren. Sagen Sie, bitte, Ihren Leserinnen, daß ich in den nächsten zehn Jahren bestimmt nicht daran denke [...] Und sagen Sie ihnen bitte auch, daß die Türkinnen zwar sehr schöne Augen und die Griechinnen herrliche Gestalten haben – aber ein Wiener Mädel ist halt ein Wiener Mädel ...

*

Verehrerinnen, von ihnen muss es Legionen gegeben haben. Alles wollten sie wissen: seine Adresse und seine Größe, sein Geburtsdatum und seine Lieblingsblumen, ob Joseph Schmidt mit Victor de Kowa befreundet und – die wichtigste, immer wiederkehrende Frage – ob er verheiratet sei. Ihre Bitten um Bildkarten und Autogramme richteten sie an den Ross-Verlag an der Alexandrinenstraße 111 in Berlin: die »offizielle« Adresse deutschsprachiger Filmstars. Ihre brennendsten, ganz privaten Fragen pflegten »Filmfreundinnen« und andere Schmidt-Fans jedoch an die Redaktionen von Tageszeitungen oder der *Filmwelt* zu senden, die beantwortet wurden:

Lissi H. Na, ein bißchen größer als 1,10 m ist Joseph Schmidt nun doch. In der erwähnten Schilderung muß ein Druckfehler gewesen sein. Der Vertrag wurde vermutlich aus rassistischen Gründen gelöst.

Tristel, Hamburg. Es ist nicht anzunehmen, daß der Sänger in Berlin noch einmal zum Filmen kommt. Geburtstag 4. März. Auch daß er nach Hamburg kommt, glauben wir nicht. Jünger als geschätzt.

H. H., Solingen-Wald. Ein Film mit dem betreffenden Sänger kommt in Deutschland nicht heraus. Unverheiratet. Wir bedauern, die anderen Fragen nicht beantworten zu können. Mit deutschem Gruß.

Willy und Joseph. Die Opernsängerin Else Ruziczka-Schmidt von der Berliner Staatsoper steht zu dem Rundfunktenor

> Joseph Schmidt in keiner Beziehung. Herr Schmidt wird ungefähr so alt sein, wie Sie geraten haben. Sie finden Bilder aus dem Film »Ein Lied geht um die Welt« in der vorigen Nummer der »Filmwelt«.
>
> *Martha aus Klagenfurt.* Joseph Schmidt hält sich in Wien auf. Seine dortige Adresse ist nicht zu ermitteln. Er stammt aus Czernowitz. Es heißt, daß ein Film mit ihm in Vorbereitung sei. Ihrer Ansicht über den Wert seiner Stimme können wir uns nicht anschließen.
>
> *Partei für Joseph Schmidt.* Wir nehmen gern davon Kenntnis, daß für Sie Joseph Schmidt der vollendetste Sänger der Welt ist, der mit Ihren Worten zu reden »Tränen in der Stimme hat«. Aber, sehen Sie, eine schlackenfreie Stimme soll nicht einmal Tränen tropfen lassen. Wir sind weniger poetisch und finden, daß die Stimme einen gaumigen Anklang hat, der auf ungenügende Schulung zurückgeht.

Am 18. Juni 1934 sang Schmidt im Rahmen der Festwochen wiederum im großen Musikvereinssaal in Wien. Auf dem Programm ein wahres Arien-Fest für Belcanto-Fans, inklusive der dazu üblichen altitalienischen Romanzen. Dazu die *Kunstchronik*:

> Joseph Schmidt kam, sang und siegte. Seine Wunderstimme klang noch nie so schön wie an diesem Abend [...] Mit unvergleichlichem Klangzauber erfüllt er jeden seiner Vorträge. In der Kantilene einer italienischen Romanze ist Schmidt heute kaum zu überbieten. Diese Weichheit im Ton, dieses schillernde Gold, dieses beseelte Piano sind von solch unermeßlicher Schönheit, daß man gebannt diesem Wunder menschlicher Stimme lauscht. In der Arie aus der »Jüdin« zeigte er sich auf unerreichter Höhe. Das Publikum jubelte ihm zu, es tobte vor Begeisterung und erzwang sich immer wieder Zugaben, die Schmidt im Besitze seines Reichtums in verschwenderischer Geberlaune zeigten.

*

Im Anschluss an das Wiener Festwochenkonzert fuhr Schmidt direkt nach London. Die Dreharbeiten zur englischsprachigen Version seines Filmerstlings – »My Song Goes Round the World« – im Elstree Studio waren von drückender Sommerhitze und Hektik geprägt. Gleichzeitig mussten auch die neuen Filmtitel aufgenommen werden, selbstverständlich in englischer Sprache. Joseph Schmidt nutzte die Gelegenheit und sang in den legendären Aufnahmestudios der Abbey Road zugleich noch ein paar italienische Opernarien für die englische Parlophone. Walter Goehr dirigierte; im Hinblick auf die Bedürfnisse des internationalen Schallplattenmarktes wurden die Arien aus »Rigoletto«, »Trovatore« und »Turandot« in der italienischen Originalsprache eingespielt.

Richard Oswald drehte in den bereits bestehenden Kulissen; für mehrere Einstellungen genügte es gar, eine neue Tonspur zu synchronisieren: So wurde Meyerbeers »Land, so wunderbar« zu »O paradiso«, und das »Launische Glück« mit einem englischen Opernhit ersetzt: »Scenes that are brightest«, dem Herzstück aus William Vincent Wallaces 1845 uraufgeführter »Maritana«. Charlotte Ander mimte wiederum die Schallplattenverkäuferin Nina; anstelle von Fritz Kampers aber gab Jack Barty den Simoni, und John Loder war ein willkommener Ersatz für Victor de Kowa. In nur zwei Wochen war die Version abgedreht.

*

Den August und die ersten Septemberwochen des Jahres 1934 verbrachte Schmidt auf Reisen durch Böhmen und im Salzkammergut, wo man ihn in verschiedenen vornehmen Badeorten zu Konzertauftritten verpflichtet hatte. Dann ging es abermals nach London, um rechtzeitig zur Premiere seines Films »My Song Goes Round the World« am 22. September zugegen zu sein. Auch die oft als kühl eingestuften Engländer ließen den Sänger nicht ziehen, bevor er nicht persönlich ein Dacapo gegeben hatte. Seltsamerweise hatte der Kinoerfolg in der Themsestadt weder einen Konzertauftritt noch ein Radiokonzert zur Folge. Zumindest ist in den Programmen der BBC nichts nachweisbar. Im Spätherbst gönnte sich Schmidt zwei Wochen Urlaub ohne Konzerte, ohne Verpflichtungen. »Das habe ich mir schon so lange gewünscht«, gestand er der Zeitschrift *Mein Film*, »ein paar richtige Ferientage in Wien zu erleben. Jetzt lerne ich die Stadt erst wirklich kennen, die ich bisher sozusagen ›ung'schauter‹ schon sehr geliebt habe. Ich fahre bei diesem herrlichen Wetter natürlich oft in die Umgebung hinaus [...] Ich habe viel nachzuholen ...«

7
Dem Zenit entgegen …
(1935–1936)

Eine herbe Enttäuschung widerfuhr Joseph Schmidt gleich zu Beginn des Jahres 1935: Aus dem bereits ins Auge gefassten Zigeunerfilm sollte nichts werden; Richard Oswald schien von der Idee nicht mehr überzeugt zu sein. Umso willkommener war ein neues Filmangebot, diesmal von Max Neufeld und der Styria-Film GmbH. Neufeld überließ dem Sänger von Anfang an freie Wahl, welche Arien und Canzoni er zu singen wünsche, auf die üblichen Filmschlager, die auch diesmal dem bestens erprobten Hans May anvertraut wurden, hatte Schmidt jedoch keinen Einfluss.

»Ein Stern fällt vom Himmel« nannte man den Film, wiederum nach einer eingängigen Filmmelodie, die aber mit der Geschichte nicht das Geringste zu tun hatte. Das von Fritz Zoreff und Arthur Rebner zusammengestellte Drehbuch bereitete den Kinobesuchern zumindest in der ersten Viertelstunde einiges Kopfzerbrechen. Während Schmidts Stimme in einer Tarantella zu hören ist – nach einem Thema aus »Venezia e Napoli« von Franz Liszt –, agiert auf der Leinwand Filmbeau Egon von Jordan als amerikanischer Startenor Lincoln. Reichlich spät erst wird die Situation klar: Die Stimme des Akademieschülers Josef Reiner (Joseph Schmidt) ist der von Lincoln »in frappanter Weise« ähnlich. So sehr, dass er nach einer Indisposition des Amerikaners dessen Film im Playback zu Ende singt. Wobei Reiner fürchtet, hierbei nicht nur seine Stimme »verkauft« zu haben, sondern nun auch noch seine Angebetene Annerl (Evi Panzner) an Lincoln zu verlieren. Doch klärt dieser selbst die Verhältnisse, und Reiner erntet nicht nur Lorbeeren für seinen Gesang, sondern bekommt auch sein geliebtes Fräulein Annerl ...

Trotz aller Vorbehalte: In keinem seiner Filme ist Joseph Schmidt natürlicher eingesetzt worden als in »Ein Stern fällt vom Himmel«. Erstmals konnte er vor der Kamera jenen Typus verkörpern, der er auch war: ein vor Humor überschäumender, absolut positiv denkender, »normaler« Mensch. In vokaler Hinsicht gibt es mehrere Glanzpunkte, seine Interpretation der Arie »Una furtiva lagrima« aus Donizettis »Liebestrank« wird, dank der Nahaufnahme zu einem eindrücklichen Erlebnis: eine eigentliche Lektion; Auge und Ohr können hier hautnah mitverfolgen, *wie* Joseph Schmidt sang.

*

Erneut musste Schmidt die Dreharbeiten unterbrechen, um anderen Verpflichtungen nachzukommen. Am 24. November 1935 war im VARA-Rundfunk ein Orchesterkonzert angesetzt. Eduard van Beinum dirigierte das Concertgebouw-Orchester Amsterdam; zwischen der »Italienischen« Sinfonie Mendelssohns, Rossinis »Wilhelm Tell«-Ouvertüre und Berlioz' »Römischem Karneval« waren für Schmidt insgesamt acht Opernarien eingeplant. Sechs von ihnen hatte er bislang kaum je öffentlich – und auf Schallplatte überhaupt noch nicht – gesungen: die große Arie »Ella mi fu rapita« aus dem zweiten Akt von Verdis »Rigoletto«, »Cielo e mar« aus Ponchiellis »La Gioconda«, Kalafs Arie »Nessun dorma« aus »Turandot«, die »Siciliana« aus Mascagnis

»Cavalleria Rusticana«, die »Blumenarie« aus »Carmen« von Bizet, und »Pourquoi me réveiller« aus Massenets »Werther«.

Die holländische Presse widmete ihm viel Aufmerksamkeit. »Ist es nicht schwierig für Sie«, wollte ein Reporter wissen, »zu filmen und gleichzeitig Konzerte zu geben?« – »Sie wissen vielleicht, daß die Arbeit im Studio sehr schwer ist. Sie beginnt morgens um neun Uhr und geht bis abends um zwanzig Uhr. Wobei ich schon Drehtage erlebt habe, die bis Mitternacht dauerten. Das ist nun mal so. Um meine Stimme zu schonen, habe ich mit der Produktionsleitung vereinbart, an einem Tag Gesangsszenen aufzunehmen und am darauffolgenden dann ausschließlich Spielszenen, also ohne zu singen. Denn das Filmen fordert von einem Künstler einen totalen Einsatz.«

Unweigerlich kam auch die Frage nach der neuen Filmpartnerin, hoffte man doch etwas »möglichst Privates« zu erfahren: »Meine Partnerin ist Evi Panzner, ein junges, hübsches Wiener Mädel, das im letzten Jahr als Siegerin aus einem Schönheitswettbewerb hervorgegangen ist und die ich zum Schluß heimführen darf.« Ein diplomatischer Satz, zumal Schmidt nicht ins Gerede kommen wollte. Nur zu lebendig war die Erinnerung daran, dass man schon seine Filmpartnerschaft mit Charlotte Ander vielsagend kolportiert hatte. Und auch das geflügelte Wort »Was man sich vom großen Richard Tauber *erzählt,* das *tut* der kleine Schmidt«, war ihm längst zu Ohren gekommen. Wobei das Bonmot den Sachverhalt ziemlich genau traf. »Joseph war immer verliebt«, meinte eine Zeitzeugin. »Trotz allem war er immer ein anständiger Mensch, merkte aber aufgrund seines Naturells meist erst zu spät, dass er nur ausgenutzt wurde.«

Unbemerkt von der Öffentlichkeit blieb eine angebliche Romanze zwischen Schmidt und Evi Panzner. Des Sängers Formulierung »Es wäre nicht schwer, sich wirklich in sie zu verlieben«, zeigte sich nach über einem halben Jahrhundert in völlig anderem Licht. Während der jahrelangen Korrespondenz mit dem Autor ist es »Fräulein Annerl« selbst, die dieses Thema anspricht. Aus ihrer späteren Heimat Los Angeles, durch Heirat längst zur Mrs. Eva Kennedy geworden, schrieb sie: »Es blieb reine Privatsache, was zwischen uns war.« Mit fast 90 Jahren aber ging sie in einem Fernsehinterview einen entschiedenen Schritt weiter: »Anschließend an den Film hatte ich einen Drei-Jahres-Vertrag an das deutsche Theater in Prag. Er aber wollte das nicht – er wollte mich heiraten.« Doch da gab es bekanntlich noch Lotte Kohn, die es seit 1932 verstand, mit weiblicher Raffinesse das Privatleben des Künstlers zu beeinflussen ...

Meldebestätigungen des Zentralamtes der Bundespolizeidirektion Wien belegen, dass Schmidt sich bis 1935 mehrmals jährlich in Berlin aufhielt. Zwar hatte sich jede Hoffnung, Konzerte in der Reichshauptstadt geben zu können, zerschlagen; aber sein Onkel Hermann lebte noch dort, den er umsonst wiederholt zum Wegzug zu überreden versuchte. Noch gab es beruflich für Schmidt kaum Grund zu klagen, seine Schallplattenbilanz liest sich imposant: 1934 und 1935 waren für Parlophon je 20 Aufnahmen entstanden, was 1934 pro Platte mit 750 Reichsmark plus je noch 500 Reichsmark für »Exklusivität« verrechnet wurde: 25 000 Reichsmark das stolze Total. Ein erheblicher Betrag, hatte eine Reichsmark umgerechnet auf die Zeit um 2010 doch immerhin einen Wert von ca. 4 Euro! Diese Summen, nebst Einkünften aus Konzerten und Film, vermochten Schmidt sehr wohl eine sorgenfreie Zukunft vorzutäuschen, zumindest in finanzieller Hinsicht. 1935 hieß es dann etwas kürzertreten: Pro Platte wurden nur

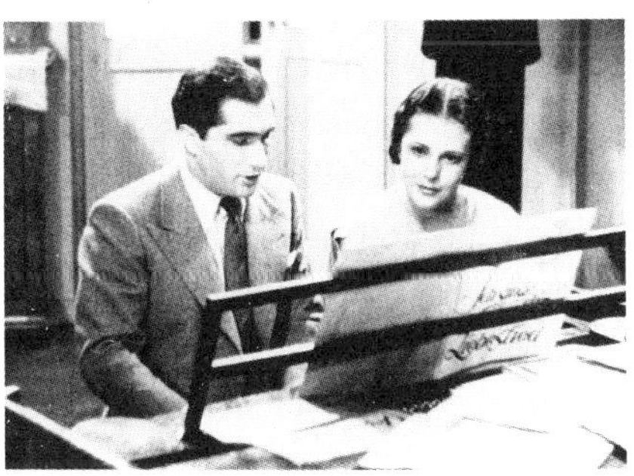

Szene mit Evi Panzner aus »Ein Stern fällt vom Himmel« (Österreich, 1935)

noch 525 Reichsmark ausgezahlt plus 350 Mark für »Exklusivität«. Was sich immerhin noch auf total 17 500 Mark belief. In künstlerischer Hinsicht aber musste Schmidt sich auf Konzessionen einlassen. Parlophon produzierte inzwischen aus Kostengründen keine 30-cm-Platten mehr, das bedeutete, dass gewisse Arien nur in arg zusammengestrichenen Kurzfassungen aufgenommen werden konnten, worunter insbesondere die Hymne »Jungfrau Maria« aus »Alessandro Stradella« von Flotow und die Arie »Flieh, o flieh, holdes Bild« aus Massenets »Manon« zu leiden hatten.

*

22. Januar 1935: Das Faschingskonzert der Wiener Philharmoniker im großen Musikvereinssaal bildet einen Höhepunkt im kulturellen und gesellschaftlichen Leben Wiens und auch einen Höhepunkt in Joseph Schmidts Karriere. Ungewöhnlich lang war die Liste der illustren Mitwirkenden. Neben dem Dirigenten Felix von Weingartner waren die bedeutendsten Operettenkomponisten eingeladen worden, ihre Werke zu dirigieren: Paul Abraham, Emmerich Kálmán, Robert Stolz und Oscar Straus. Ein Einziger nur fehlte: Franz Lehár, der kurzfristig abgesagt hatte. Auch der Chor der Wiener Staatsoper stand versammelt auf dem Konzertpodium, wo Jarmila Novotna mit Nachdruck und rauschendem Erfolg beteuerte: »Meine Lippen, sie küssen so heiß«, und Eva Hadrabová für ihr prachtvolles, gewagtes Kleid beinahe so viel Applaus einheimste wie für die Lieder von Oscar Straus, die sie sang. Endlich betrat auch Richard Tauber das Podium – aber nicht, um zu singen, sondern um zu dirigieren. Mit einer Handbewegung gebot er dem erwartungsvollen Publikum Ruhe; dann deutete er in Richtung Bühnentüre, und es erschien Joseph Schmidt. Ein Sturm der Begeisterung begrüßte ihn; gemäß Programm sang Schmidt erst das Tauber-Lied »Weißt du, was schön wär?« Als das Orchester zur Einleitung von »Du bist die Welt für mich« ansetzte, der bekanntesten Nummer aus Taubers erfolgreichstem Bühnenwerk »Der singende Traum«, gin-

gen bereits die ersten Takte der Einleitung in einem Sturm von Applaus unter. Schmidt ließ sich von der Stimmung im Saal mitreißen und überraschte sein Publikum kurz vor dem Ende des Liedes mit einem Oktavsprung zum hohen C, worauf im Saal erwartungsgemäß heller Jubel ausbrach. Schmidt und Tauber, die beiden renommiertesten deutschsprachigen Tenöre ihrer Zeit, verstanden sich bestens auf dem Konzertpodium, aber auch privat, was zahlreiche Fotos belegen, wie auch eine Schallplatteneinspielung, die die beiden »Rivalen« wenige Wochen nach diesem spektakulären Auftritt machten.

Eine besonders liebenswürdige Anekdote über die zwei Superstars verdankte ihre Entstehung diesem Abend: Schmidt sagte in der Garderobe seufzend zu Tauber: »Ach Richard, wenn ich doch deine GRÖSSE hätte.« Darauf Tauber ebenso seufzend: »Ach Joseph, wenn ich doch deine HÖHE hätte.«

*

Abseits publikumswirksamer Auftritte hatte Joseph Schmidt Gelegenheit, mit einem geistlichen Werk zu seiner wahren Kunst zurückzufinden. Aus diesem Grund hatte er begeistert für eine Aufführung von Rossinis »Stabat Mater« am 9. März zugesagt. An seiner Seite standen Dési Halban-Kurz, die Mezzosopranistin Rosette Anday von der Wiener Staatsoper und der weltweit gefeierte Bassist Fernando Autori. Unter Mitwirkung der Wiener Singakademie und des Lehrer-a-capella-Chores spielten die Wiener Symphoniker; Gilbert Gravina dirigierte. Vor der Pause wurde die G-Dur-Symphonie von Haydn gespielt, anschließend sang Joseph Schmidt Mozarts Konzertarie KV 431 »Misero! O sogno, o desto?« – »Ich habe eine angenehme Erinnerung an Joseph Schmidt«, meinte Dési Halban-Kurz, Tochter des Koloratur-Phänomens »Selma Kurz«, in den 1950er-Jahren nach ihrem berühmten Tenorpartner jenes Abends befragt; »ich weiß, daß ich ihn sehr sympathisch fand und von seiner Stimme und Leistung immer entzückt war.«

Das *Neue Wiener Journal* besprach am 13. März den Abend durchaus positiv: »Rossinis ›Stabat Mater‹ in Glanzbesetzung«: »Joseph Schmidts italienisierender Tenor erfasste die Kantilenen seiner Parität mit samtenem Schmelz. Musikalisch gebildet und verständig, stellte er die Brücke zum pastosen Bass Autoris dar. Die prächtige Wärme seiner Stimme besorgte die beste Grundierung dieses illustren Soloquartetts.« Komponist Wilhelm Kienzl notierte in seinem Tagebuch: »... wo ich im Großen Saale dem vom Grafen Gravina, dem Urenkel Liszts und Enkel Cosima Wagners, dirigierten Konzert beiwohnte. Konzertarie von Mozart – gesungen von Joseph Schmidt: Kunstgesang von Qualität.«

Für eine Reihe von Konzerten fuhr Schmidt im April in die Niederlande. In Rotterdam erntete er ebenso Bewunderung wie Ablehnung. Genauer gesagt das, was man von einer kompetenten Kritik erwarten darf; sie verlangt nach stilistischer Verantwortung und bringt dies unmissverständlich zum Ausdruck:

> Nach dem Konzert von gestern Abend darf nicht gezweifelt werden; es gibt zwei Joseph Schmidt. Der erste verfügt über eine auffallende Kraft des vokalen Effektes, der andere ist der begabte Musiker, der vollkommen unerwartet ein wesentlicher Interpret von Richard-Strauss-Liedern und Mozart-Arien sein kann. Wenn er die große Arie aus »Le Cid« singt, spürte man das Risiko, das mit dem Auftreten eines großen Künstlers verbunden ist, der es durch Radio, Film und Schallplatten zu großem Ruhm gebracht hat. Abgesehen von der Unvollkommenheit der französischen Aussprache, merkte man, daß Schmidt sich erst einsingen mußte. Die hohen Töne beherrschte er nicht, und die Intonation war nicht fehlerlos. Er revanchierte sich aber mit Kompositionen von Magnie und d'Astorga, die er besonders schön sang. Dabei konzentrierte er sich auf die Melodie, ohne diese durch eigenes Zutun zu verändern. Mit Strauss »Breit' über mein Haupt« und »Zueignung« und noch stärker mit der Arie aus der »Entführung« zeigte er sich als ein Vertreter von ausgesprochener Empfindung. Meisterhaft beherrscht er die technisch so schwere Musik. Auch die Arie aus Verdis »Macbeth« war ein unvergleichli-

> cher Höhepunkt des Abends. Man vergißt so, daß er Filmlieder zu Schlagern gemacht hat, und fragt sich, ob das derselbe Joseph Schmidt ist, der die Dreivierteltaktlieder singt. Es muß dem Sänger klar werden, daß er von seiner Popularität nichts einbüßt – eher noch dazu gewinnt, wenn er in Zukunft mehr Strauss-Lieder und Mozart-Arien singen würde. Sein Publikum wüßte das zu schätzen.

Die Amsterdamer Premiere seines Films »Ein Stern fällt vom Himmel« hatte sich aus rechtlichen Gründen verzögert und war auf den 1. Mai im Tuschinski-Theater angesetzt worden. Mehr zufällig konnte Schmidt der Premiere beiwohnen: Sein Konzert im Tivoligebäude in Utrecht musste aufgrund einer Indisposition vom 27. April auf den 2. Mai verschoben werden. Erneut hatten die seit Jahren chronischen Probleme ihren Tribut gefordert; dafür ermöglichten ihm ein paar Tage des Schweigens eine erholsame Woche in Holland. Für Lotte Kohn zu Hause in Wien, inzwischen Mutterfreuden entgegensehend, eine weitere Woche des Wartens auf den Vater des Kindes.

Ohne Unterbruch ging die Reise weiter durch einige Städte der Schweiz und anschließend nach Frankreich. Mit Spannung, allerdings auch mit kritischen Vorbehalten, wurden die Konzerte »dieses kleinen Mannes mit der großen Stimme« – so die »St. Galler Volksstimme« – in der Schweiz erwartet. Die Stimme Schmidts, überhaupt seine Gesangskunst, fand eigentlich durchweg lobende Anerkennung; sein Einsatz für weniger Populäres wurde entsprechend gewürdigt. Dennoch entsprachen die Konzerte nicht den herkömmlichen Erwartungen: »Wir glaubten, der Anlaß würde sehr stark besucht sein«, vermerkte das »St. Galler Tagblatt« über Schmidts Konzert im Scala-Theater St. Gallen; »leider war das nicht der Fall.« Über die Gründe konnte nur spekuliert werden: »Es haben wohl manche Freunde der Gesangskunst geglaubt, Schmidt zähle zu jenen ›Attraktionen‹, die der Film mit Vorliebe als Werber für seine Sache in der Welt herumschicke. Sie hielten es deshalb vielleicht unter ihrer Würde, den Abend zu besuchen ... Die Scala war nur zu etwa einem Drittel besetzt!«

Freundlichere Aufnahme fanden Schmidt und sein Begleiter Walter Lang am 22. Mai im Pariser Salle Rameau und am 25. Mai im Ancien Théâtre de l'Union in Strasbourg, wo eine »Soirée de Gala« angesetzt war. In den Pressebesprechungen wurde daran erinnert, dass man diesen Tenor noch vor kurzem regelmäßig über den Rundfunk hören konnte: ein gleichsam mysteriöser Sänger, den man zwar stets hörte, aber nie sah. »Les dernières Nouvelles de Strasbourg« formuliert:

> Die Natur hat ihn mit einer wunderbaren Stimme bedacht. Und, was noch seltener ist, sie hat ihn auch mit einer feinen Intelligenz ausgestattet, die es ihm ermöglicht, seine Stimme stets in vorteilhaftester Weise einzusetzen [...] Es ist die Stimme eines italienischen Tenors »di prima cardello«. Mit einem Klang voller Melancholie, der unausgesetzt bezaubert. Und was für ein Ausdrucksreichtum! So biegsam seine Stimme ist, so anpassungsfähig ist er in stilistischer Hinsicht, meistert das Tragische genauso gut wie das Leichte, die ironischen Töne ebenso wie die fein zurückhaltenden [...] Allerdings zogen wir seine Interpretation einiger Lieder von Richard Strauss den ziemlich überzuckerten Filmschnulzen bei weitem vor. Was immer Schmidt aber sang, stets begeisterte der perfekte Ansatz, die Leichtigkeit seiner Tongebung [...] In seiner Stimme schwingt etwas Undefinierbares mit, etwas Unwiderstehliches auch, das einen ergreift [...] Sicher, seine Stimme ist nicht sehr groß [...] Aber sie trägt hervorragend. Im Saal haben wir überdies einige Sänger gesichtet – ihnen hat Schmidt eine Meisterlektion geboten [...] Das Publikum hing buchstäblich an Schmidts Lippen ...

Von Straßburg aus war es nur ein Sprung nach Mülhausen, wo ein Geschäftsfreund von Onkel Hermann wohnte: Willy Solnik, im Textilrohhandel tätig, lebte hier mit seiner Frau Mary-Rose und drei Kindern in einer luxuriösen Villa, umgeben von einem prachtvollen, rosenübersäten 5000 m^2-Park. Schmidt fühlte sich in diesem Haus, und vor allem in der Gegenwart von

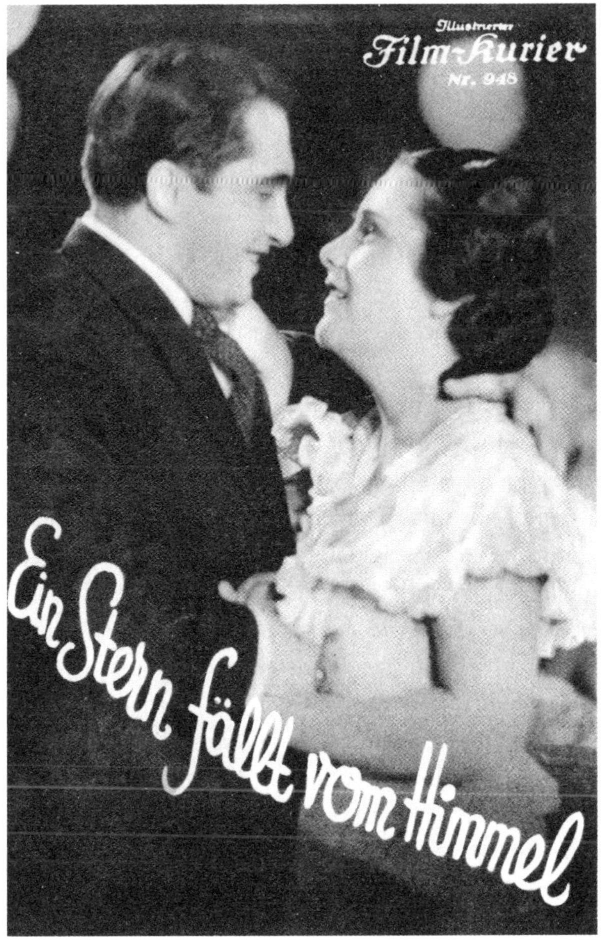

Filmplakat »Ein Stern fällt vom Himmel« (Uraufführung Wien, 22. Mai 1936)

Frau Mary-Rose, wohler als in jedem Nobelhotel. »Meist stand er ziemlich früh auf«, erzählte Mary-Rose Solnik später, »und ging, noch vor dem Frühstück, ans Klavier. ›So, nun setze ich mich ans Geflügel und spiele Hendl, dann singe ich die Arie aus der Oper Ischias – ›Wie schmerzen meine Glieder‹ –, und zum Schluss singe ich für den kleinen Marcel das ›Läuse, Flöhe – Ungezieferlied‹, womit er das Schubert-Ständchen ›Leise flehen meine Lieder‹ meinte [...] Joseph konnte seinen Charme ›aufdrehen‹ wie eine Festbeleuchtung, und niemand vermochte sich seiner Ausstrahlung zu entziehen. Unsere beiden Mädchen warteten stets ungeduldig, wenn sein Besuch angesagt war, und Marcel, unser Kleinster, zählte die Tage, bis ›Tonton Joseph‹ endlich kam.« Oft musizierte er mit der Dame des Hauses, die in früheren Jahren eine Gesangsausbildung bei Edouard Rouard am Pariser Konservatorium absolviert hatte und eigentlich Sängerin werden wollte. Joseph begleitete sie jeweils am Flügel: »Sein Musikertum war unbeschreiblich. Ich war mächtig stolz darauf, dass ein derart vielbeschäftigter Künstler sich die Mühe nahm, mit mir zu arbeiten. Er zeigte mir, wie man gesangstechnische Schwierigkeiten überwinden kann, indem man sie musikalisch richtig packt. Unter seiner Anleitung studierte ich die ›Glöckchen-Arie‹ aus ›Lakmé‹ und Mozarts ›Halleluja‹ aus der Motette ›Exsultate, jubilate‹.«

Viel Glanz und Ehre versprach der 14. Juni jenes Jahres, wo Schmidt zu einer ungewöhnlichen Veranstaltung geladen war: Eine Wohltätigkeitsfestakademie, die unter dem Ehrenschutz Ihrer Majestät Königin Maria von Rumänien stattfand. »Zu Gunsten des Vereins ›Existenzschutz‹ für bedürftige ältere österreichische Staatsbürger und des ›Unterstützungsfonds des Vereins der Schriftstellerinnen und Künstlerinnen in Wien.‹« Eine damals nicht ungewöhnliche Bemerkung, findet sich am Rande des gedruckten Abendzettels: »Über behördliche Anordnung sind die Damen verhalten, die Hüte abzunehmen.« Zum reichhaltigen Programm, bestritten von zahlreichen Musikern und Schauspielern, trug Schmidt zwei Lieder bei: »Verschwiegene Liebe« von Hugo Wolf und »Breit' über mein Haupt« von Richard Strauss. Schmidt war nach der Vorstellung in die Loge seiner Königin gebeten worden. Etwas unsicher wollte er der Hoheit in rumänischer Sprache seine Verehrung ausdrücken. Darauf die Königin: »Lieber Herr Schmidt, reden Sie ruhig Deutsch mit mir – ich verstehe leider kein Wort Rumänisch!«

*

Der stets wiederkehrenden Sujets müde, hoffte Schmidt, dass den Autoren Goldberg, Geyer und Oswald für das nächste Projekt etwas wirklich Neues einfallen mochte. Zumindest versprach der kommende Film in technischer Hinsicht interessant zu werden; für Schmidt war eine Doppelrolle vorgesehen: Zwei Zwillingsbrüder – der eine ein Glückspilz, der andere ein Pechvogel. Dazu Schmidt im Interview der Zeitschrift *Mein Film:*

> Ich freue mich, einmal vor eine künstlerische Aufgabe gestellt zu sein, die mir Möglichkeiten nicht nur zur gesanglichen, sondern auch zur schauspielerischen Entfaltung gibt. Bei einem Sänger setzt man gewöhnlich keine großen darstellerischen Ambitionen voraus und traut ihm diesbezüglich auch keine Fähigkeiten zu.
>
> In meinem Fall aber liegen die Dinge tatsächlich so, daß ich – noch lange, ehe ich an die Ausbildung meiner Stimme dachte – aus ganzer Seele wünschte, zum Theater zu kommen [...] Besonders schwärmte ich für Alexander Moissi und für Bassermann. Und ich hätte alles darum gegeben, ihnen nachstreben zu können, die herrlichen Worte der Dichter sprechen zu dürfen – ein Schauspieler zu werden. Können Sie nun verstehen, daß es mich sehr glücklich macht, im Film einen bescheidenen Abglanz dieser Wunschträume verwirklichen zu dürfen?
>
> Natürlich gibt die Doppelrolle auch interessante Möglichkeiten zur gesanglichen Vielfalt, da die beiden Charaktere selbstredend auch in musikalischer Beziehung auseinandergehalten werden. Ich singe in meinem neuen

> Film mehrere Opernarien, italienische Lieder, einen sehr schönen Walzer von Hans May und mehrere reizende Lieder dieses Komponisten.

Weitere Details wollte Schmidt noch nicht verraten – mit Ausnahme des Titels: »Heut' ist der schönste Tag in meinem Leben«.

> Nach Beendigung der Aufnahmen zu meinem neuen Film fahre ich für einige Wochen zur Erholung ans Meer. Darum werde ich in einigen Weltbädern Konzerte geben, in Ostende, Deauville, Scheveningen usw. Im Frühherbst soll ich in Holland einen Film drehen, und im Oktober oder November werde ich meinem Filmvertrag bei der B.I.P in London nachkommen.
>
> Sie sehen – ein reichhaltiges Programm, und aus dem Traum, mir im Wiener Cottage eine Wohnung zu mieten und mitten im Grünen ein nettes kleines Heim einzurichten, wird wieder nichts. Aber vielleicht ist es gut so. Am wundervollsten wohnt man ja doch im Haus seiner Träume.

Schmidt verbrachte seinen ersehnten Urlaub in Abbazia (Opatija) an der Adria, unweit von Fiume (Rijeka). Nebst herrlichem Klima bot der Ort auch in kultureller Hinsicht Außergewöhnliches: Lehár-Freilichtspiele waren angekündigt, und mit größtem Interesse besuchte Schmidt einige Proben zu »Giuditta«, die in der Originalbesetzung der Uraufführung an der Wiener Staatsoper gespielt werden sollte, mit Richard Tauber und Jarmila Novotna in den Hauptpartien. Schmidt genoss es, einmal Zaungast zu sein; begeistert schrieb er im Café Guarnero eine Ansichtskarte an Liesl Kienast, seine letzte Filmpartnerin: »Ich hoffe, daß Du in Salzburg ebenso schöne Tage hast, wie sie hier sind. Jetzt sind auch Tauber und Lehár hier!«

Auch wenn Heirat zu dem Zeitpunkt kein Thema für Schmidt war, erreichten ihn inmitten dieser vermeintlich ruhigen Oase beunruhigende Nachrichten aus Berlin: In Deutschland waren die »Nürnberger Gesetze« mit Wirkung vom 15. September in Kraft getreten. »Zum Schutze des deutschen Blutes und der deutschen Ehre« befiehlt Paragraph 4 in der »1. Verordnung zum Blutschutzgesetz«, dass »Eheschließungen zwischen Juden und Staatsangehörigen deutschen oder artverwandten Blutes mit sofortiger Wirkung verboten« sind …

*

Nach der Sommerpause konnte sich Schmidt auf einen absoluten Höhepunkt seiner bisherigen Karriere freuen. Im Hinblick auf den 100. Todestag von Vincenzo Bellini hatte die Ravag für den 23. September 1935 dessen letztes Bühnenwerk, »Die Puritaner«, ins Radioprogramm genommen. Eine Meisterleistung italienischen Belcantos und außergewöhnlich schwer zu besetzen, vor allem, was das Liebespaar Elvira und Arturo betrifft. Nur die potentesten Vertreter des hohen C, wie etwa Alessandro Bonci, Giacomo Lauri-Volpi oder später Gianni Raimondi und Alfredo Kraus konnten sich an eine Bühnengestaltung dieser extrem hohen Partie wagen. Stimmfarbe und die phänomenale Leichtigkeit seines obersten Registers prädestinierten Schmidt geradezu für den Arturo. Dirigent Oswald Kabasta hatte ein illustres Ensemble um sich versammelt: Margit Bokor sang die Elvira, Herbert Walders den Giorgio und Alexander Sved den Riccardo. Wie alle seiner vierzig Opernpartien sang Schmidt auch dieses Werk live ins Mikrofon. Was für eine Leistung, welch ein Mut! Diese Rundfunkproduktion wurde auf Selenophon-Bildstreifen aufgenommen, was eine beschränkte Konservierung und somit eine zeitversetzte Ausstrahlung, so nachweislich am 27. September für die USA, ermöglichte.

*

Im Herbst 1935 stand die Geburt des Kindes aus seiner Verbindung mit Lotte Kohn unmittelbar bevor. Schon seit längerer Zeit aber hatte sich diese Beziehung merklich abgekühlt.

Obwohl Lottes Noch-Ehemann Markus Kohn inzwischen die Scheidung vorgeschlagen hatte, war von der einstigen Leidenschaft kaum mehr etwas übrig. Beide vermissten das Gefühl einer tiefer gewachsenen Verbundenheit, gegenseitige Vorwürfe und Eifersuchtsszenen häuften sich. Echte Freude auf das Kind, auf neue Zukunftsperspektiven – sie wollten sich nicht einstellen. Wenige Tage vor Lottes Niederkunft befand sich Schmidt in Ungarn auf Konzerttour. Dort erreichte ihn aus Wien die Nachricht, dass am 29. Oktober sein Sohn geboren worden sei. Ein strammer Junge, mit Namen Otto. Um seinen Jungen aber sehen zu können, musste er sich bis zu seiner Rückkehr nach Wien noch ein paar Wochen gedulden.

*

Für den November 1935 hatte der VARA-Rundfunk Hilversum Joseph Schmidt zu den Jubiläumsfeierlichkeiten zum zehnjährigen Bestehen des Senders eingeladen und ihm zwei Programme gewidmet: am 2. November ein Arien- und Liederprogramm sowie am 6. November eine Aufführung von Friedrich von Flotows Oper »Martha«. Selbst RCA meldete sich und übertrug zwei Ausschnitte aus Schmidts erstem Programm – den »Simplicius-Walzer« von Johann Strauss sowie »My Song Goes Round the World« – in die Vereinigten Staaten. Diese beiden Live-Dokumente sind erhalten geblieben und unterstreichen, trotz erheblicher Fre-

Lotte Kohn, Mutter des gemeinsamen Sohnes Otto. Quelle: De Poost, 11. Jahrgang, Nr. 5, 1. Februar 1959 (Foto: Walter Bergmann, 1959)

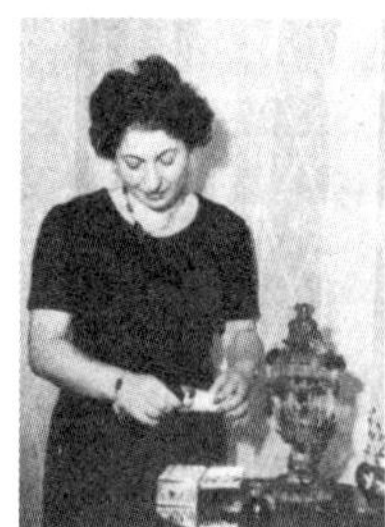

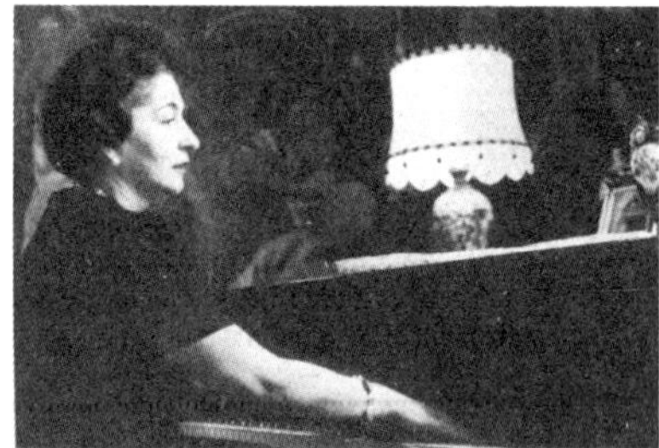

quenzschwankungen bei der KW-Übertragung, mit welch unglaublicher Leichtigkeit Schmidt sang. In New York hatte der berühmte amerikanische Künstleragent Sol Hurok die Schmidt-Übertragung mitverfolgt und verpflichtete den Mann aus Europa daraufhin für ein USA-Gastspiel im Frühjahr 1937.

In Wien stieg indessen Schmidts Beliebtheit weiter. Das *Kleine Kino- und Radioblatt* hatte ihn nach einer Leserumfrage zum beliebtesten Künstler gekürt:

> Im Musikzimmer, vor einem großen, weitgeöffneten Flügel, sitzt Joseph Schmidt und studiert. Es ist noch zeitig am Vormittag, und die Menschen rund um das Arenbergviertel, seit kurzem das Zuhause des Sängers, verlängern noch ihr Sonntagsschläfchen. Nicht so Joseph Schmidt. Im Schlafrock, in den Hausschuhen, sitzt er am Klavier, kraftvoll und hell schwingt seine Stimme durch den Raum. Gibt es denn nicht viele schöne Tage?«
>
> »O ja, natürlich gibt es das. Aber man muß sich immer einreden, daß der schönste Tag, den man eben erlebt oder erwartet, der allerschönste ist. Lebenskunst – das ist ein großartiger Beruf, den jeder vor allen anderen Berufen erlernen sollte. Und weil ich in dieser Kunstgattung ein bißchen bewandert bin, deshalb ist heute der schönste Tag in meinem Leben. Wenn so viele Ihrer Leser sagen, wie gerne sie mich singen hören [...] ist das vielleicht kein Grund, glücklich zu sein? Immer ist das Leben schön, wenn man einen Beruf hat, für den man die Sendung in sich fühlt. Am allerschönsten empfinde ich es, wenn meine Mutter bei mir ist. So saß sie bei meinem letzten Film tagelang im Atelier, mäuschenstill, und beobachtete gespannt, wie ich arbeite. Jeder, der mich kennt, ist ihr Freund und jeden, der gut zu mir ist, schließt sie ins Herz. Und erst, wenn ich bei ihr zu Hause bin! Da hält sie jeden Lärm ab, der mich stören könnte, kocht alle meine Leibgerichte und freut sich, wenn ich ihr sage, daß ich mit allem zufrieden bin.«

*

Gewohnheitsgemäß verbrachte Joseph Schmidt die Feiertage zum Jahresende 1935 bei seiner Familie in Czernowitz. Diesmal war der Aufenthalt mit einem zusätzlichen Festtag verbunden: Seine jüngste Schwester Mariem hatte ihre Hochzeit mit Isidor Fuchs auf den 29. Dezember festgelegt. Mariem, von ihrem älteren Bruder Joseph auch »Mirly« genannt, hat jene Stimmung beschrieben, wenn der Familie berühmtestes Mitglied zu Besuch war: »Wenn er nach Hause kam, verbreitete er so viel Glanz und Frohsinn um sich, er verstand es wie kein Zweiter, die ernstesten Mienen sofort bei seinem Erscheinen aufzuheitern. Für jeden hatte er sofort das passende Scherzwort. Er war unser Sonnenschein. Schöne, ach so schöne Festtage, die wir gemeinsam verbrachten.«

*

Zurück in Wien, hatte der Wiener Konsul und Kunstmäzen Karl Tauber auf den 15. Januar 1936 zur Feier seines Geburtstags in sein Haus an der Invalidenstraße 11 geladen: Gesprächsthema Nummer eins waren erwartungsgemäß die neuesten politischen Entwicklungen in Deutschland: Der jüdische Kulturbund hatte nämlich bei der Regierung die Erlaubnis erwirkt, einige der prominenten, inzwischen emigrierten jüdischen Künstler zu Konzerten nach Deutschland einzuladen. Unter ihnen der bekannte Bassist Alexander Kipnis und Joseph Schmidt. Zumindest für einen Moment schöpfte man wieder Hoffnung, wollte man all die Demütigungen verdrängen, die an Deutschlands jüdischer Bevölkerung in den letzten paar Monaten begangen wurden. Da stand es nun schwarz auf weiß: Joseph Schmidt wurde zu Konzerten nach Frankfurt, Hamburg und Berlin eingeladen. Nicht nur Schmidt deutete das als Zeichen dafür, dass sich die politische Lage der Juden in Deutschland bald wieder bessern würde.

Das Konzert in Berlin war auf den 29. Januar angesetzt; Schmidt sollte allerdings nicht nach Berlin reisen, sondern nach Czernowitz: Völlig unerwartet war sein Vater an einem Schlaganfall gestorben. Die Berliner Konzertdirektion L. Taube verschob deshalb das Konzert auf den 6. Februar und setzte, da die Nachfrage nach Karten eine wahre Hysterie auslöste, gleich einen zweiten Termin für den 10. Februar an. Doch das Kulturministerium hatte die Bewilligung für die Schmidt-Auftritte kurzerhand zurückgezogen und die Konzerte verboten. Gründe anzugeben erübrigte sich, handelte es sich doch um Veranstaltungen, zu denen keine arischen Besucher zugelassen waren. Hier vermochte die Rache Goebbels ihre Wirkung zu zeigen, da der Jude Schmidt es drei Jahre zuvor gewagt hatte, nicht auf dessen Angebot betreffend der Ernennung zum »Ehrenarier« einzugehen.

*

Schmidts anstehende Engagements in den Niederlanden machten die Enttäuschung über den Vorfall in Berlin erträglicher. In Amsterdam wurde er begeistert empfangen, mit »Tumult vor dem Concertgebouw« beschrieb die Presse die Stimmung zum Konzert am 7. März:

> Der Auftritt des Sängers Joseph Schmidt brachte gestern große Aufregung mit sich. Der Ansturm war so groß, daß die Polizei schließlich Ordnung schaffen mußte. Viele Leute befürchteten, keine Karten mehr zu bekommen, und es entstand eine regelrechte Panik, so daß das Gebäude vorübergehend geschlossen werden mußte. Das Konzert begann schließlich mit einer halbstündigen Verspätung [...] Außergewöhnlich der verschobene Konzertbeginn, außergewöhnlich aber auch das Programm: altitalienische Arien von Monteverdi, Sarti und Paesiello bildeten einen starken Kontrast zu den Schubert-Liedern »Ungeduld« und »Nacht und Träume« und später zu Opernarien von Meyerbeer, Mozart, Donizetti, Lalo, Cilea und Korngold. Außergewöhnliches bot der Sänger mit »Nacht und Träume«; sein Pianissimo hatte einen selten schönen Klang. Ungewöhnlich schließlich auch der große Erfolg. Gegen 23 Uhr setzte sich der Sänger selbst an den Flügel, um mit weiteren bekannten Kompositionen aufzuwarten, denen er seine große Popularität verdankt.

Unterdessen hatte der jüdische Kulturbund doch eine Zusage für Schmidt-Konzerte in Berlin, Hamburg und Frankfurt erwirken können. Das bedeutete keinesfalls einen Sinneswandel des Propaganda-Ministeriums gegenüber jüdischen Künstlern, vielmehr musste im Hinblick auf die Olympischen Sommerspiele dem Ausland bewiesen werden, wie loyal man gegenüber anderen Religionen und Rassen war. Aber selbst der Tagträumer Schmidt hatte inzwischen dazugelernt und sah den zugesicherten Auftritten mit zunehmenden Bedenken entgegen. Zwar durfte »Ein Lied geht um die Welt« noch immer in den Kinos gezeigt werden, die folgenden Schmidt-Filme wurden aber in Deutschland gar nicht erst zugelassen. Ab 1. April trat überraschend eine neue Maßnahme in Kraft: Nichtarische Musik war ab sofort verboten, Schmidts Platten durften nicht mehr verkauft werden. Händler, die dennoch »Judenplatten« in ihrem Sortiment anboten, machten sich strafbar. Nicht nur jüdische Gesangskünstler, auch nichtarische Komponisten sollten aus dem Bewusstsein des Volkes gestrichen werden: Musik von Mendelssohn, Meyerbeer und Offenbach – dessen »Hoffmanns Erzählungen« von Goebbels als »parfümierte Judenmusik« bezeichnet wurde – »gab« es nun nicht mehr; noch fand sich Heinrich Heines »Loreley« in deutschen Schulbüchern, doch anstelle des Namens des Schöpfers des vielleicht berühmtesten deutschen Volksliedes las man nun »Dichter unbekannt« …

Selbst bestehendes Filmmaterial musste von Juden »bereinigt« werden. Im Ufa-Kurzfilm »Rundfunk einst und jetzt« war Schmidt 1932 noch Aushängeschild deutschen Gesangs und gar für Wagners »Gralserzählung« auserwählt. Ein Jahr später war das Gesicht des Sängers nicht mehr »zumutbar«, dank des arischen Dirigenten der Aufnahme (Eduard Künneke) blieb zumindest der Ton bestehen, der singende Schmidt aber wurde mit des Komponisten Notenschrift »ersetzt«. Dasselbe Schicksal erlitt auch die entsprechende Stelle in »Gehetzte Menschen«; wo Schmidt einst sang, findet sich in der heute existierenden Fassung ein Orchesterstück.

Mit dem Wissen um derartigen Kulturterror konnte Schmidt stündlich ein erneutes Auftrittsverbot treffen. Staatskommissar Hans Hinkel genoss absolute Freiheit, wem er seine »Gnade« angedeihen lassen wollte: Jeder Auftritt bedurfte einer nochmaligen Genehmigung am Tag des Konzertes. »Einlaß nur gegen Kulturbund- oder Reichsverband-Ausweiskarte« stand auf den Plakaten, die Schmidts Konzerte vom 23. und 27. April 1936 in der Berliner Philharmonie ankündigten: Man war also gleichsam unter sich, Leidensgenossen alle, dankbar dafür, dass sie Joseph Schmidt noch einmal hören und erleben durften, alle wissend, welch widrige Umstände der Künstler auf sich genommen hatte, um wenigstens für zwei Stunden verzweifeltes jüdisches Gemüt zu erhellen. Selbstverständlich erwähnte die gleichgeschaltete arische Presse diese Konzerte mit keinem Wort. Immerhin aber konnte das *Israelitische Familienblatt* eine unzensierte Konzertberichterstattung abdrucken:

> Jahre sind vergangen, seit wir Joseph Schmidt gesehen haben, sei es auf dem Podium oder im Film. Die Menschen, die ihn, vermittelt durch die Technik, aus den Filmen oder von der Schallplatte her kennen, füllen die Säle. Sie warten, sind begeistert und verlassen den Konzertsaal um ein künstlerisches Erlebnis reicher.
>
> Der Ruf und die Popularität von Joseph Schmidt hatten den riesigen Saal der Philharmonie bis auf den letzten Platz gefüllt. Ein Beifallssturm, der Minuten anhielt, begrüßte den Sänger, ein Beifallssturm entließ ihn am Ende. Er verneigt sich leicht und lächelt. Im Parkett sind Zuhörer aufgestanden und klatschen zum Podium hinauf. Einige rufen ihm zu. Nach der letzten Zugabe, die sich das begeisterte Publikum erzwungen hat, verläßt Joseph Schmidt das Haus. Draußen warten die Menschen. Blumen! Autogrammbitten! Viele, für die keine Karten mehr vorhanden waren, um ihn singen zu hören, haben gewartet, um ihn wenigstens sehen zu können. Schwer nur kann sich sein Wagen einen Weg durch die Menge bahnen. So war es in ganz Europa. So war es auch bei uns.

Ein weiteres, behördlich bewilligtes Konzert fand am 30. April in Hamburg im vollbesetzten Saal des Conventgartens statt. Mitglieder des jüdischen Kulturbundes bereiteten Schmidt einen begeisterten Empfang. Die Dankbarkeit für sein Erscheinen war aus der noch zugelassenen *Cultusverein Zeitung* ersichtlich:

> Die Einzigartigkeit seiner Stimme, die namentlich in der Höhe ihren vollen Glanz entfaltet, die Vollkommenheit seiner Technik, die er in höchster Virtuosität und anscheinend mühelos beherrscht, zwingt zur Bewunderung. Eine leichte Indisposition konnte bei so vielen Vollkommenheitswerten seinem Erfolg keinen Abbruch tun. Für den nicht enden wollenden Beifall der begeisterten Zuhörer bedankte sich der Sänger mit zahlreichen Zugaben.

*

Obwohl jüdische Künstler inzwischen vollständig aus dem öffentlichen Kulturleben Deutschlands ausgeschlossen waren, lebte dennoch unter vielen Reichsbürgern die Erinnerung an sie weiter. Immer noch wurden die beliebten Briefkastenfragen an Zeitungsredaktionen gestellt, auch Fragen nach dem ehemaligen Radioliebling Joseph Schmidt. Eine Briefkastenantwort aus diesen Monaten, an Absenderin »Hedi R.« gerichtet:

> *Hedi R.* Wir können Ihnen nicht beipflichten, daß Joseph Schmidt der beliebteste Tenor der Jetztzeit wäre und die ganze Welt seine Stimme für gottbegnadet hielte. Wie wir über die Stimme des Herrn Schmidt denken, haben wir unzweideutig zum Ausdruck gebracht. Der beliebteste Tenor der Welt ist jetzt Benjamino Gigli.

Ein deutsch-arischer Ersatz für Schmidt war offenbar nicht zu finden, da passte der Italiener Gigli den braunen Machthabern bestens ins Konzept: Mit seiner wiederholt bekundeten Verehrung für

Mussolini lag er politisch auf der richtigen Linie. Ebenso wie sein Kollege Tito Schipa: Ein Radiomitschnitt aus dem Jahr 1934 aus Südamerika beweist, mit welcher Inbrunst Schipa damals in der Litanei »Christus vincit« seinen Gott auch um Schutz für den Duce anflehte. Gigli wiederum hatte schon im Dezember 1935 in einem Benefizkonzert zugunsten der Winterhilfe gesungen und dafür den persönlichen Dank Hitlers sowie dessen Bild mit eigenhändiger Widmung entgegennehmen können – warum nicht die Gunst der Stunde nutzen und die verwaiste Tenorstelle des deutschen Musikfilms annehmen? Bereits im Mai hatte er sich dem Publikum zum ersten Mal mit »Vergiß mein nicht« vorgestellt, weitere Filme, realisiert von der Bavaria-Film-Gesellschaft, folgten. Anscheinend vermochte das »katholische Herz«, so sein Biograf De Rensis, den Verstand des großen Italieners nicht darauf hinzuweisen, wie sehr er sich mit diesen »Ave-Maria«- und »Mutter«-Filmen als Werkzeug der braunen Machthaber missbrauchen ließ. Und das bereits Jahre, bevor man all die Rühmanns und Strienz', die Leanders und Rökks per Regierungsbefehl auf Tournee schickte, um müde Kriegsleute mit bei Laune zu halten …

Überraschenderweise erhielt Joseph Schmidt nach seinen erfolgreichen Berliner Konzerten für das Jahr 1937 erneut eine Einladung nach Deutschland. Ob man vielleicht doch nicht so ganz auf ihn verzichten konnte? Goebbels selbst wurde damit seinem Ausspruch untreu, mit dem er vor einem grölenden Auditorium so überzeugt wetterte: »Die oftmals gehörte Befürchtung, dass Juden nicht durch deutsche Künstler ersetzt werden können, ist deutlich widerlegt worden!«

Noch zynischer reagierte gemäß Carl Neumann der Kunstdiktator Hans Hinkel auf diese Auftritte. Auf Schmidt und Alexander Kipnis bezogen, hatte er öffentlich geäußert, dass »jüdische Künstler, die längst aufgehängt gehören, immer noch in Deutschland singen«.

8
Filme in England – Erfolge in Amerika (1936–1938)

Während die Lebensumstände für Juden in Deutschland immer unerträglicher wurden und laufend neue Schikanen den Alltag erschwerten, konnte auch der arischen Bevölkerung nicht entgehen, wie die neue Politik das Land zusehends in die Isolation trieb. Von den Versprechen der Wahlplakate von 1933 war wenig übriggeblieben. Existenzängste, geschürt durch Lebensmittelknappheit, dominierten trotz prophezeiter »Arbeit für alle« mehr und mehr den Alltag. Doch Joseph Goebbels, mit großen Reden fast jeder Situation gewachsen, wusste das Volk gleich zu Jahresbeginn 1936 zu trösten: Probleme dieser Art hielt er für belanglos, da »man zur Not auch einmal ohne Butter, nie aber ohne Kanonen auskommen« könne. Gewiss ein Trost, auch für Frischvermählte, denn ab dem 1. Mai 1936 gab es für jedes Brautpaar ein zusätzliches Geschenk des Führers: ein Ausgabe seines literarischen Beitrages zur deutschen Literatur – »Mein Kampf«.

*

Joseph Schmidt hielt sich in diesen sorgenvollen Tagen in London auf. In den Elstree Studios der British International Pictures wird aus »Ein Stern fällt vom Himmel« binnen kurzer Zeit unter Regie von Paul Merzbach »A Star Fell From Heaven«. Sämtliche Rollen wurden neu besetzt – u.a. mit der Hollywood-Schönheit Florine McKinney –, neue Kulissen wurden aufgebaut, und selbst für Schmidt gab es neue Szenen, darunter ein französisches Chanson, bei dem er sich am Klavier begleitete, sowie eine neu hinzugefügte Szene von besonderem Reiz: »I'm happy when it's raining«, das Geburtstagsständchen für die Dame seines Herzens. Ein weiterer Unterschied zum Original: ein Happy End gibt es für den Helden nicht, er verliert sein Mädchen an einen anderen, ihm bleibt nur die Kunst.

Zum Teil kreuzten sich die Londoner Drehtermine mit den letzten Außenaufnahmen für Schmidts neuesten Film »Heut' ist der schönste Tag in meinem Leben«, die im Wiener Prater stattfanden und die seine Verbundenheit mit dem Publikum deutlich zeigen. Schmidt:

> Die Atelierarbeit war fertig, und nun ging es hinaus ins Freie, zu den Außenaufnahmen. Diese wurden im Prater gedreht. Ich spiele nämlich den Neffen eines Praterbudenbesitzers, und der Großteil der Handlung rollt daher im Pratermilieu ab [...] Dem Publikum, das ehrlich mitspielte, war diese Art der Praterunterhaltung eine angenehme Abwechslung, und so lief alles wie am Schnürchen. Ich bummelte mit meinen Freunden durch die Straßen und Buden, und schließlich sang ich auch. Das war wohl der schönste Augenblick dieser Aufnahmen, wenn die Menge mir in aufrichtiger Begeisterung applaudierte, wenn das Spielen aufhörte, Spiel zu sein, und die Volksmassen um mich ganz still wurden und nur meiner Stimme lauschten. Ich weiß nicht, warum, ich habe schon wiederholt in Konzertsälen gesungen, aber noch nie hat auf mich ein volles Parkett so gewirkt wie dieser lauschende Prater.

Wenn das Spielen aufhört, Spiel zu sein: Dass diese spielerisch inszenierten Außenaufnahmen auch eine Kehrseite, hatte, zeigt eine Pressereaktion der Wiener *Arbeiterwoche* unter dem Titel: »Das Publikum filmt – die Komparsen hungern«:

> Es ist in der letzten Zeit bei manchen Filmgesellschaften Brauch geworden, das Publikum zu Filmaufnahmen heranzuziehen, so daß das Publikum Gelegenheit hat zu sehen, wie ein Film entsteht, und mehr noch, in dem Film mitzuspielen und sich nach einigen Monaten auf der Filmleinwand wiederzuerkennen. Die Gewerkschaft der Filmschaffenden ist es, die gegen derartige Methoden entschiedensten Protest erhebt, und jeder Arbeiter und Angestellte wird die Beweggründe und Argumente verstehen und gutheißen [...] Beim Joseph-Schmidt-Film »Ein Stern fällt vom Himmel« wurde das Publikum auch zur Mitwirkung in ein Theater eingeladen, wo die Aufnahmen stattfanden. Daß diese Leute für das Vergnügen noch zahlen mußten, ist schließlich ihre eigene Sache und eine erwünschte Spesenverminderung für die Produktionsfirma. Doch was des einen Freud' ist des andern Leid, und die Leidtragenden sind in allen diesen Fällen die Filmschaffenden.

Es fällt nicht leicht, die Begeisterung des Premierenpublikums im Wiener Busch-Kino vom 22. Mai 1936 nachzuvollziehen. Viel mehr als eine Kopie des Kiepura-Erfolges »Ich liebe alle Frau'n« konnte Schmidts neuester Film »Heut' ist der schönste Tag in meinem Leben« kaum sein und einem Vergleich mit den vorangegangenen Filmen vermochte er nicht standzuhalten. Und dies, obwohl das Titellied zum Besten gehört, was einem Schlagerkomponisten jemals eingefallen sein dürfte. Schmidt mochte sich sängerisch noch so von der besten Seite zeigen – ein Dauerspaziergang auf hohen und höchsten Tönen, inklusive der berühmten Arie aus dem »Postillon von Lonjumeau« – die Handlung blieb farblos. Allzu sehr wurde hier auf die Tränendrüse gedrückt, und Beppo, der »unglückliche« der beiden Zwillinge, verkommt zum Hampelmann. Bedenkenlos verschenkt das Drehbuch die Kunst des Sängers an Schnulzen, wie etwa »Es wird im Leben dir mehr genommen als gegeben«. Selbst Oswalds Regie wirkt diesmal unbeholfen; sie zeigt seinen Star über Gebühr als unglücklichen Praterbudensänger. Nicht einmal die beiden Komiker Otto Wallburg und Felix Bressart hatten die Chance, ihrem Beruf Ehre zu machen, auch Liesl Kienast als »Fräulein Gretl« wirkt ziemlich ins Abseits gedrängt.

Entsprechend fiel das Presseecho aus: »Der einzige Vorzug des Filmes beruht auf der im Mikrofon gut zur Geltung kommenden Stimme Joseph Schmidts«, las man in *Der gute Film*. Dennoch schien die Stadt an der Donau wie vom »Schmidt-Fieber« befallen zu sein: Nachdem die Premiere vom Rundfunk übertragen wurde, lief der Film wochenlang gleichzeitig in neun Wiener Kinos. Aufmerksamer denn je verfolgte die einschlägige Presse jeden seiner Schritte, selbst im Plattenstudio wussten sich listige Journalisten am Türsteher unbemerkt vorbeizuschleichen. Schmidt störte deren Anwesenheit offenbar nicht, und er hatte gegen die Beschreibung einer Aufnahmesitzung in *Mein Film* keinerlei Einwände.

> Die Aufnahme der italienischen Arie »Maria, Mari'« ist soeben beendet. Ich kann nur ganz kurz den Künstler begrüßen und darf mich dann, ohne mich zu rühren, im Studio aufhalten, denn die Aufnahmen gehen sofort weiter. Die Klänge des wohlbekannten »Funiculi-Funicula« ertönen. Zuerst das Orchester allein. Joseph Schmidt nimmt zwar die Noten zur Hand, markiert aber nur mit der Stimme. Aber jetzt schon bemerkt man, wie er das Orchester beherrscht und wie er mit temperamentvollen Handbewegungen und ausdrucksvollster Mimik Anweisungen gibt:
> hier leise zum Piano herabsinken, jetzt ganz aussetzen, damit die Singstimme besser hervortreten und nun machtvoll zum Crescendo ansetzen kann, zum jubelnden Schlußfinale! [...] Dann leuchtet beim nebenan liegenden Aufnahmezimmer, wohin die Drähte des Mikrophons führen, eine Lampe auf: die Musik setzt ein. Mächtig anschwellend und

> mit unbeschreiblicher Klarheit ertönt plötzlich die Stimme des Künstlers: »Sta sera ...« Die Stimme füllt den ganzen Raum und schwingt in mächtigen Wellen zum »Funiculi-Funiculla« hinauf [...] Der Dirigent Dr. Günther blickt nach jeder Strophe auf eine Stoppuhr, die ihm der weniger beschäftigte Trommler vorhält, um die Laufzeit der Schallplatte genau kontrollieren zu können.
>
> Wieder leuchtet ein Licht auf. Einen Moment bleibt alles noch ruhig, bis das Mikrophon abgeschaltet ist, dann stürzen alle begeistert zu Joseph Schmidt und gratulieren ihm. Nur er selbst ist nicht ganz zufrieden. Er läßt sich die Wachsplatte sofort nochmals vorspielen und beweist, daß an einer Stelle der Chor zu langsam gesungen hat. Die Aufnahme wird wiederholt ...
>
> Liebenswürdig erzählt Joseph Schmidt in einer Aufnahmepause: »Ich komme soeben von London, wo die Aufnahmen zu der englischen Version des Filmes ›Ein Stern fällt vom Himmel‹ beendet wurden [...] Ich bedauere es lebhaft, daß ich nur wenige Tage in Wien bleiben kann, da am 9. Juni in London im Rahmen eines Festabends die Galapremiere dieses Films unter dem Titel ›A star falls from heaven‹ stattfindet. Da jetzt in Wien mein Film ›Heut' ist der schönste Tag in meinem Leben‹ läuft, wollen Sie wissen, welcher wirklich der schönste Tag meines Lebens war? Das ist nicht leicht zu beantworten. Vielleicht war es der Tag, an dem ich in Berlin zum erstenmal auftrat und einen so durchschlagenden Erfolg hatte, daß die Zeitungen schrieben: ›Ein neuer Stern ist am Himmel aufgegangen ...‹ Oder vielleicht sind es die Tage, an denen mir das Publikum besonders nett zeigt, daß ihm meine Stimme gefällt. Wer weiß, vielleicht wird es der Tag sein, an dem mir eine geliebte Frau sagen wird: ›Ich liebe dich.‹ Aber sicherlich ist es stets der Tag, an dem ich zu meiner Mutter zurückkehre und sie wiedersehe.«

Diese letzte Bemerkung Schmidts liest sich befremdlich, wenn man bedenkt, dass er erst vor einem halben Jahr Vater geworden war. Resignation scheint aus seinen Worten zu klingen; zudem lassen sie erkennen, wie wenige Zukunftschancen er der

Verbindung mit Lotte Kohn einräumte. Und dies, obwohl Markus Kohn sich im Glauben, dass es zu einer Heirat zwischen seiner Lotte und Schmidt kommen würde, mit einer Scheidung einverstanden erklärt hatte. Zeit und Umstände, auch die bald sinkenden Einnahmen des Gefeierten, für Lotte ein wichtiger Punkt, belasteten die Verbindung zu sehr. Vor allem aber brachte die sich zuspitzende politische Situation zusätzliche Unruhe in die Beziehung, was auch der kleine Otto nicht zu ändern vermochte.

*

Ein denkwürdiges Ereignis, auch wenn es damals keinem der Anwesenden bewusst war, bildete der letzte Auftritt Schmidts in Wien, überhaupt in Österreich. Man schrieb den 18. Juni 1936 ...

»Joseph Schmidt«, so die Presse tags darauf, »verband in seiner Singfolge Wirkung an sich und den Standpunkt ›l'art pour l'art‹. Er ist ein Publikumssänger, und er muss mit seinem spezifischen Publikum rechnen – ihm geben, was es von ihm erwartet. In dem ›Halleluja‹ von Mozart macht Schmidt jedem Koloratursopran Konkurrenz. Mit Monteverdi führt sein Singen zu den geschichtlichen Quellen des begleiteten Sologesangs zurück. Schließlich: das unausbleibliche Finish des Tenors. Hohe, höhere, höchste Töne, die er mit Leichtigkeit wiederholt.«

Am 5. Juli stand Joseph Schmidt in Holland vor dem gewaltigsten Auditorium seines Lebens. Zu einem regelrechten Open-Air-Konzert, veranstaltet vom Niederländischen Arbeiter-Rundfunk auf einem Gelände bei Birkhoven, waren über 100 000 Zuhörer herbeigeströmt. Um der Volkstümlichkeit dieses Sommerfestes Rechnung zu tragen, hatten Schmidt und die Organisatoren ausschließlich populäre Werke programmiert. Von einer der endlosen Zugaben dieses Auftritts hat sich ein winziger Ausschnitt erhalten, ein Filmfragment von 90 Sekunden – die einzige Live-Filmaufzeichnung überhaupt, die es von Joseph

Schmidt gibt, aber das Dokument reicht aus, die Faszination dieses Künstlers zu illustrieren. Seine entwaffnende Natürlichkeit, die Art, wie er der trampelnden Menge zuwinkt, wie er dem Heer von kreischenden Verehrerinnen Küsse zuwirft, wie er sich hinstellt, die rechte Hand salopp in der Hosentasche, und zu singen beginnt: »Nur wer die Sehnsucht kennt …«

»Wenn Schmidt sang, blieben die Kinos leer«, sagte S. de Vries, der damalige Musikregisseur von Radio Hilversum. Und wie hatte es Mary-Rose Solnik so bildlich formuliert? »Joseph konnte seinen Charme aufdrehen wie eine Festbeleuchtung.«

Obwohl auch bekannte Badeorte finanziell schon bessere Zeiten erlebt hatten, gelang es einigen Kurverwaltungen immer noch, durch Verpflichtung internationaler Künstler zusätzliche Badegäste anzulocken. Unter solchen Umständen begegneten sich in Scheveningen auch Joseph Schmidt und Richard Tauber im Sommer 1936 wieder. Innerhalb weniger Tage waren beide zu bewundern, und jeder genoss mit Vergnügen den Auftritt des andern. Wie wohl sich Schmidt in Holland fühlte, zeigt ein Episode, die eine junge Konzertbesucherin zu erzählen wusste:

Auftritt Joseph Schmidts vor 100 000 Menschen beim VARA-Sommerfest, Birkhoven, Holland

Dirigent: Hugo de Groot

5. Juli 1936

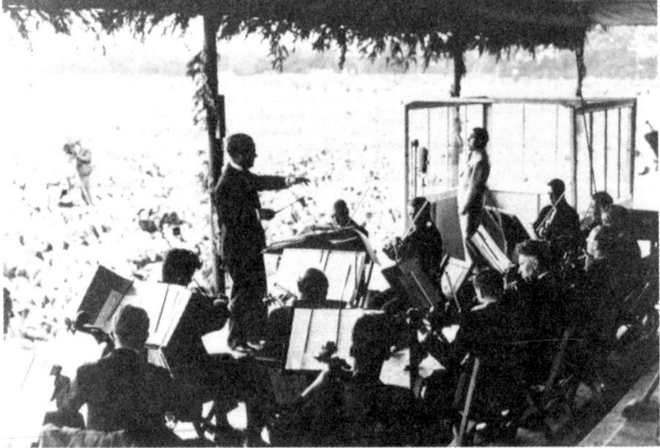

> Noch ganz berauscht vom vorabendlichen Konzerterlebnis mit Schmidt, spazierte ich mit ein paar Freundinnen durch den städtischen Park. Plötzlich erblickten wir auf einer Bank – mit einem Buch in den Händen, »unseren« Joseph Schmidt. Wir gingen auf ihn zu, baten ihn um Autogramme und schließlich sogar um ein Lied. Wir waren erstaunt, wie schnell er bereit war, uns den Wunsch zu erfüllen. Das heißt nicht nur uns Mädchen, inzwischen war der ganze Park zusammengelaufen und genoß das unverhoffte Freikonzert.

Dass Schmidt offenbar stets in Geberlaune war, bestätigt auch Antonio Trigona, der Sohn der schlesischen Sopranistin Rose Ader in einem Brief an den Verfasser:

> Ich weiß, daß er gut mit meiner Mutter befreundet war. Als ich einmal mit meinen Eltern im Speisewagen, ich glaube 1932 oder 1933 auf dem Weg nach Italien, war, kam Joseph Schmidt in den Wagen und es gab große Begrüßungen. Nachdem er sich zu uns setzte und sowie er meine Mutter erkannt, wurden sie gebeten, ein Duett zu singen. Dies geschah auch – unter großem Beifall der Anwesenden.

Mehrere Übertragungen aus Europa hatten die Ankündigung »Joseph Schmidt sings …« inzwischen auch in der amerikanischen Musikwelt zu einem Begriff gemacht. Nicht nur liefen in den USA seine beiden englischsprachigen Filme – das New Yorker Tobis Theatre, an der 87th Street und der 1st Avenue, eröffnete seine neue Spielzeit im September mit der deutschsprachigen Originalversion von »Ein Lied geht um die Welt«, selbst die renommierte *New York Times* berichtete über den Film:

> Eine recht amüsante Story mit bemerkenswert gutem, ja erstklassigem Gesang. Das Interesse konzentriert sich auf Joseph Schmidt, einen kleingewachsenen Künstler mit einer großen Stimme; sowohl im Titelsong wie in den paar

Arien – unter ihnen »Santa Lucia« und »O Paradiso« – leistet er Hervorragendes. Zudem bringt der Film eine Reihe gutgemachter Kaffeehausmusik, wie sich das für einen Streifen, der in Venedig angesiedelt ist, gehört. Wobei bereits Schmidts früherer Film, »Love in Venice«, der hier vor fünf Jahren zum erstenmal gezeigt wurde, in Venedig spielt.

Während seiner ersten amerikanischen Filmpremiere befand sich Schmidt auf einer Konzertreise durch Polen. Hier hatte er besonders treue Anhänger, vor allem in Warschau, aber auch im Freistaat Danzig. Kein Land hatte mehr Grund, mit Besorgnis nach Westen zu blicken, als Polen. Alle Konzertbesucher wussten, weshalb der Künstler ihr Nachbarland verlassen hatte, nur mit Mühe war es dem Kulturbund gelungen, Bewilligungen für so erstrangige Namen wie Schmidt und Kipnis zu erlangen. Dieser Umstand fand denn auch gedruckt seinen Nachhall: »Der Höhepunkt dieser Saison war der Besuch des Tenors Joseph Schmidt, der, begleitet von Günter Berent, Juden und Nichtjuden im größten Saale Danzigs, der Sporthalle in der Allee, zu Begeisterungsstürmen hinriss.«

Schmidt hatte mehrmals erwähnt, dass er sich auf der halben Welt »wie daheim« fühle, ein »Zuhause« aber gab es nur in Czernowitz. Im November gab er in seiner Stadt ein Konzert, der Rezensent unterstreicht denn auch nicht nur den patriotischen Stolz der Stadt, er beleuchtet auch die emotionale Seite des Künstlers:

[…] fand am 10. November in der bis auf den letzten Platz besetzten »Scala« das Konzert unseres heute weltberühmten Sängers Joseph Schmidt statt. Zwei Stunden hielt er unter der Klavierbegleitung unserer heimischen Virtuosin Frau Bianca Krämer-Neuberger das Publikum in seinem Banne. Die Eigenart seiner Stimme entfaltet sich in der ganzen Pracht, und wie der Sänger selbst von der Gemütstiefe seiner Lieder übermannt wird, ist es auch das Publikum. Mit überaus lebhaftem Beifall wurden ein rumänisches und ein hebräisches Lied aufgenommen. […] Der Jubel der mehr als tausendköpfigen Menge galt in

> erster Linie dem Sänger, aber auch dem Landsmann, der vor etwa acht Jahren die Heimat verlassen hat, um als Weltberühmtheit zurückzukehren. Er hatte schon damals zahlreiche Verehrer seiner Sangeskunst, die an ihn glaubten und deren Glaube – wie man sieht – voll in Erfüllung gegangen ist.

Für Schmidt war es selbstverständlich, auch die Einnahmen dieses Abends einem guten Zweck zur Verfügung zu stellen. Wieder wurde der Erlös dem »Verein zur Bekämpfung der Tuberkulose der jüdischen Bevölkerung der Bukowina« zugesprochen. Ein entsprechendes Schreiben belegt, wie man dem »Sehr geehrten Herrn – Euer Wohlgeboren« dankte.

*

Noch in Warschau hatte Joseph Schmidt einem Reporter der Wiener Zeitschrift *Mein Film* seine nächsten Pläne dargelegt. Wobei er diesmal mit einer veritablen Überraschung aufwartete:

> Gegenwärtig kann ich für Europa nicht mehr viel disponieren, denn Anfang Februar geht es bereits nach Amerika. Vorerst auf Konzertgastspiele, die mich durch alle Großstädte der Vereinigten Staaten führen werden. Man braucht nicht erst ausdrücklich zu erwähnen, daß ein Aufenthalt und künstlerische Arbeit drüben naturgemäß auch in Hollywood ein Ziel finden können. Die Verhandlungen wegen einer Filmarbeit in Amerikas Filmmetropole sind schon weit gediehen, und ich werde mich bei meiner persönlichen Anwesenheit in New York wohl für den einen oder anderen Auftrag zu entscheiden haben. Sicher ist, daß ich einige Zeit in Amerika werde bleiben müssen und daß ich darum noch nicht weiß, wann ich wieder in London und auf dem europäischen Kontinent werde arbeiten können. Obwohl ich mein europäisches Publikum überaus liebe, interessiert es mich naturgemäß, mich nun auch dem amerikanischen vorzustellen. Und auch einmal einen Film in Hollywood zu drehen ist gewiß eine Aussicht, die

> jeden Filmdarsteller reizen muß. Ich hoffe jedoch, im Laufe des kommenden Jahres auch wieder hier zu sein.

In letzterem Punkt sollte sich Schmidt allerdings irren: Ebenso wenig wie nach Wien, gab es für ihn keine Rückkehr in den Osten. Ein Jahr später begann unter Gauleiter Forster die Vertreibung der Juden aus Danzig, und ab dem 23. Oktober 1938 gehörten pogromartige Ausschreitungen gegen jüdische Geschäfte und Institutionen bereits zur Tagesordnung.

*

Bevor Schmidt seine Koffer für Amerika packte, hatte er noch zwei wichtige Verpflichtungen in Europa zu erfüllen, zwei ihm besonders am Herzen liegende: je ein Konzert in Frankfurt und in seinem geliebten Berlin! Der Frankfurter Konzertdirektion Hermann Koch war es gelungen, Schmidt für den 16. Januar 1937 in den großen Saalbau einzuladen. »Das lang erwartete Ereignis«, hieß es bezeichnenderweise auf den Plakaten, »der weltberühmte Tenor und Filmstar singt in Frankfurt.« Und: »!!!Einziges Konzert des Künstlers in Süd- und Westdeutschland!!!« Nur in Berlin durfte Schmidt noch ein weiteres öffentliches Konzert geben. Konzertagent Leo Taube, vom letztjährigen Schmidt-Erfolg beflügelt, hatte diesmal gleich von Anfang an eine Bewilligung für zwei Daten eingefordert: Am 18. Januar das erste Konzert und am 24. dessen Wiederholung. Beide fanden im Bach-Saal statt, das zweite offiziell als Schmidts »letztes Konzert« deklariert. Was immer das genau auch heißen mochte – die Hakenkreuzschmierereien auf den Konzertplakaten, die Schriftzüge »Saujude« quer über Schmidts Namen waren unmissverständlich. Und Schmidt hatte verstanden.

Als wäre alles in bester Ordnung, keine Spur von den in Berlin erfahrenen Demütigungen, beantwortete er in Wien in bewundernswerter Ausgeglichenheit Reporterfragen; dass er sich, wenn er abends nicht zu singen habe, gerne unter die Langschläfer mische, dass ein gutes Glas Champagner sein Lieblingsgetränk sei [...] Ob es den Tatsachen entspreche, dass er vor einer Verlobung stehe, will der Mann von der Zeitung noch wissen. »Daran denke ich vorläufig nicht«, lautet die Antwort. »Kommt es aber von selbst, dann sage ich nicht nein. Ich glaube jedenfalls an Bestimmung [...] Nun geht es über Belgien nach Amerika! [...] Ich möchte diese Überseereise als eine Fahrt ins Blaue, ins Ungewisse bezeichnen, da ich noch nichts Näheres über das Konzertprogramm jenseits des Ozeans weiß. Jedenfalls dürfte ich bis Mai oder Juni in Amerika bleiben ...«

Der große Schritt in die Freiheit, raus aus dem Hexenkessel Europa? Schmidt dürfte diesen Gedanken kaum ernsthaft erwogen haben; vielleicht, weil er sich, gutgläubig und stets auf Positives setzend, das Ausmaß des über Europa hereinbrechenden Unglücks nicht vorstellen konnte. Zudem: Was sollte aus seiner Mutter werden? Und aus seinen privaten Angelegenheiten – in Wien, aber auch in Mülhausen, wohin seine Gedanken neuerdings immer häufiger flüchteten? Am 24. Februar bestieg Joseph Schmidt sein Schiff in Le Havre, für einen gewissen »Mr. Engel« waren auf der S.S. Berengaria zwei Karten reserviert.

*

»The Tiny Man with the Great Voice« – so wurde Joseph Schmidt am 2. März in der Neuen Welt begrüßt. Auf den 7. war sein New Yorker Antrittskonzert in der traditionsreichen Carnegie Hall festgelegt. Tschaikowsky hatte dort einst sein einziges Konzert in den USA dirigiert, Arthur Rubinstein verzauberte hier, seit seinem erstmaligen Auftreten im Jahr 1906, regelmäßig die Zuhörer, und selbst der legendäre Caruso hatte in diesem Zuschauerrund mit fast 3000 Plätzen Triumphe gefeiert. Und nun war »der kleine Mann mit der Riesenstimme« an der Reihe, wobei er sich innerhalb einer unvergleichlichen Reihe renommierter Sänger zu profilieren hatte – Marion Anderson, Gina Cigna, Kirsten Flagstad, Maria Jeritza, Lotte Lehmann, Lily

Pons, Rosa Ponselle, Jussi Björling, John McCormack, Lauritz Melchior und Richard Tauber –, die sich allesamt kurz vor oder nach Schmidts Debüt in der Carnegie Hall die Ehre gaben. Kein leichter Start für den Sänger aus der Alten Welt, zusätzlich belastet durch die Gewissheit, dass der ganze Abend live im Radio übertragen wurde. Schmidts Auftritt fand im Rahmen der »General Motors Concerts« statt, eine in jenen Jahren auf dem ganzen Kontinent geschätzte Institution, die klassische Konzerte veranstaltete und gar einen eigenen Klangkörper unterhielt: das »General Motors Symphony Orchestra«. Am Dirigentenpult fand Joseph Schmidt einen alten Bekannten vor: Ernö Rapée, unter dessen Leitung er schon in Berlin gesungen hatte.

Zum Auftakt erklang Mendelssohns »Hebriden«-Ouvertüre. Dann stellte Milton Cross, der durch das Programm führte, den neuen Gast aus Europa vor. Schmidt hatte sich als Auftakt für Nemorinos Romanze aus Donizettis »Liebestrank« entschieden. Wie der verfügbare Mitschnitt zeigt, wählte er ein extrem langsames Tempo, was ihm Gelegenheit gab, seine Legatotechnik ausreichend unter Beweis zu stellen. Als Kadenz am Schluss der zweiten Strophe fügte er einen 15 Sekunden langen Triller ein und schloss die Arie mit einem souveränen hohen B ab. Eine bewundernswerte Stimmakrobatik, eher an ein Synagogenkonzert erinnernd, die vom Publikum jedoch mit viel Applaus quittiert wurde. Notengetreuer zeigte sich Schmidt im anschließenden »La donna è mobile« aus Verdis »Rigoletto«. Mit einem meisterhaften Decrescendo bewies er, dass er auf keinerlei Studiomanipulationen angewiesen war, um einen kernigen Forteton in einem hauchdünnen Pianissimo verklingen zu lassen. Erstaunlicherweise sang Schmidt in seinem USA-Debüt auch ein Schubertlied: »Du bist die Ruh'«. Gewiss, er war kein begnadeter Liedersänger wie Richard Tauber oder Karl Erb, seine beiden einzigen Liedaufnahmen – »Ungeduld« und »Ständchen« – hinterließen einen geteilten Eindruck und gaben Stilpuristen immer wieder Anlass zur Kritik. Dennoch bewies er mit dieser orchesterbegleiteten Interpretation, dass er zum deutschen

Kunstlied durchaus Zugang hatte. Allerdings schien ihm die zweite Strophenzeile »Kehr ein bei mir« nicht einzufallen; jedenfalls »sprang« er direkt zum Schluss, was den Dirigenten verständlicherweise kurz verunsicherte. Abschließend wartete Schmidt mit leichterer Kost auf: mit der »Mattinata« von Leoncavallo und dem mit einem strahlenden hohen C gekrönten »Ja, das alles auf Ehr'« aus dem »Zigeunerbaron«.

Ehre hatte der »Tiny Man« mit seinem Debüt zweifellos eingelegt. Blieben also die Reaktionen der Presse abzuwarten; dass man europäische Künstler nicht eben mit Samthandschuhen anzufassen pflegte, dessen war sich Schmidt bewusst. Ewald Campbell in *Variety,* in der Ausgabe vom 10. März:

> Dem richtigen Programm verpflichtet und unter dem richtigen Management müßte es Jospeh Schmidt gelingen, jene Popularität zu erreichen, die er einst in Deutschland genoß. Vor ungefähr drei Jahren hatte sich die NBC vergeblich darum bemüht, Schmidt von Europa herüberzubringen, denn ehe die Nazis die Regierung übernahmen, war er die Nummer eins des deutschen Radios und gewann durch seine Filme eine ungeheure Beliebtheit. Er ist begabt, verfügt über ein aufregendes Timbre und einen gro-

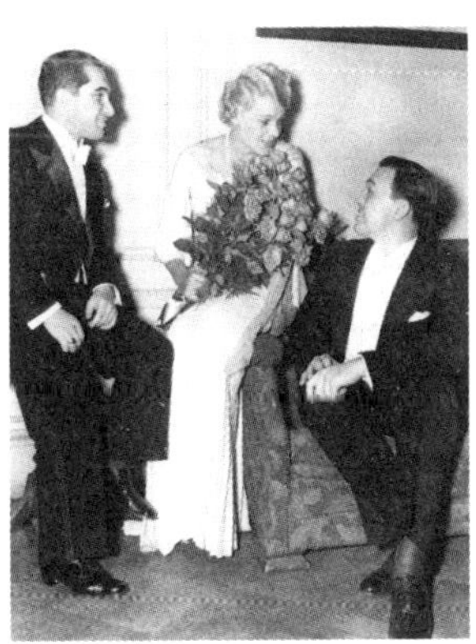

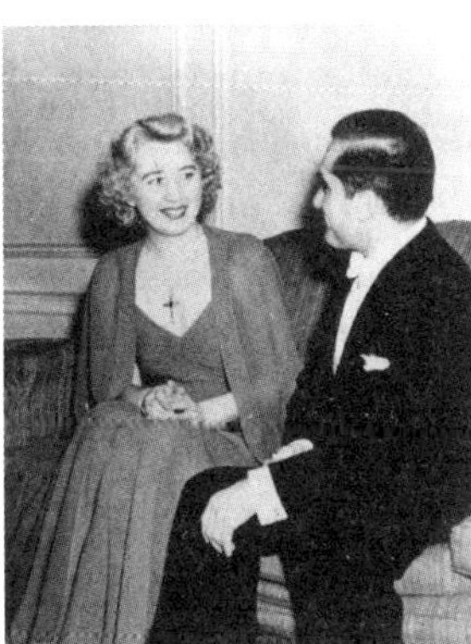

In der Garderobe bei Konzerten in der Carnegie Hall, New York
Links: Joseph Schmidt, Maria Jeritza, Donald Dickson, 3. Oktober 1937

Rechts: Joseph Schmidt mit Erna Sack, 31. Oktober 1937

ßen Stimmumfang. Alles, was er braucht, um das amerikanische Opernpublikum zu begeistern, ist etwas Zurückhaltung in seiner Neigung zur Koloratur. Die Titel, die er für sein amerikanisches Debüt wählte, gaben ihm optimale Möglichkeiten zur Entfaltung seiner Qualitäten und bezeugten seinen ausgeprägten Sinn für das dramatische und lyrische Fach. In der ersten Arie wirkte Schmidt begreiflicherweise etwas nervös; anschließend aber bewies er, daß er seine stimmlichen und gestalterischen Mittel stets unter Kontrolle hatte, und präsentierte eine Stimme von glänzender Qualität.

19. Juli 1937: Im Münchner Hofgarten eröffnete Adolf Ziegler, Präsident der Reichskunstkammer, die große Wanderausstellung »Entartete Kunst«. Man wollte dem Volk beweisen, wie groß, wie zersetzend der Einfluss des Judentums sei. Das Schaffen jüdischer Maler und Bildhauer, aber auch reproduzierender Künstler – Schauspieler, Sänger –, wurde gleichsam an den Pranger gestellt. »Die neuesten Schallplatten unserer Rundfunklieblinge soeben eingetroffen«, hieß es beispielsweise auf einem Plakat, worauf eine Schallplatte mit dem Bildnis Schmidts zu sehen ist. Und zur Ergänzung die Bildlegende: »Zu den damaligen Rundfunklieblingen zählte auch der Tenor Joseph Schmidt, der seine Zuhörer mit blödsinnigen Schlagern wie ›Tante Henriette hat im Bette Flundern‹ zu unterhalten versuchte.« Überflüssig, darauf hinzuweisen, dass Schmidt solche Titel nie gesungen, nie aufgenommen hat. Ähnliche Lügen gab es in Carl Neumanns Hetzbuch »Film-Kunst«, »Film-Kohn«, »Film-Korruption«: ein Streifzug durch vier Filmjahrzehnte: »Vom Rundfunk her kam ein ganz kleiner galizischer Jude, den man erst mit dem Mikroskop suchen musste, wenn man ihn finden wollte. Es war Joseph Schmidt, der ebenso wie Fritz Schulz seinen wirklichen Namen mit einem deutschklingenden vertauscht hatte.«

*

Bei seiner Rückkehr nach Wien wurde Schmidt von der Presse bestürmt und nach seinen Amerika-Eindrücken befragt. In der Ausgabe vom 3. September veröffentlichte *Mein Film* ein ausführliches Interview:

> Amerika ist fabelhaft. Ich habe meine Erwartungen in jeder Hinsicht übertroffen gefunden. Das Bild New Yorks und das brausende Leben, das diese Stadt erfüllt, sind noch viel grandioser, als ich es mir vorgestellt hatte. Vor allem aber macht man sich hier keinen richtigen Begriff davon, wie kunstverständig das amerikanische Publikum ist [...] Das ist wohl zum großen Teil das Verdienst des amerikanischen Rundfunks, der für die musikalische Erziehung seiner Hörer wirklich Hervorragendes leistet [...] Zwei meiner amerikanischen Konzerte [...] wurden nicht etwa aus dem Studio, sondern aus der Carnegie Hall gesendet, einem 3500 Personen fassenden Konzertsaal. Obwohl man mir sagte, daß ein viele Millionen zahlendes Publikum diesen Übertragungen lauscht, war ich von dem Widerhall, den mein amerikanisches Debüt fand, doch sehr überrascht und beglückt. [...] Nicht etwa Briefe, sondern Telegramme trafen in ganzen Stößen für mich in der Sendestation ein. Unbekannte Menschen aus allen Teilen Amerikas, die bisher von meiner Existenz wahrscheinlich gar nichts gewußt hatten, drahteten mir ihren Dank und den Wunsch nach weiteren Konzerten.
>
> Die Firma General Motors hat ansonsten das Prinzip, jeden Mitwirkenden nur ein einziges Mal in einer Saison auftreten zu lassen, um ihren Veranstaltungen das immer neue Interesse des Publikums zu sichern. Dieses Prinzip wurde bisher nur zweimal durchbrochen: bei Kirsten Flagstad und bei meiner Wenigkeit. Ich mußte nicht nur ein zweites Konzert geben, sondern wurde auch für die kommende Herbst- und Wintersaison für sechs Konzerte verpflichtet [...] Ende September fahre ich bereits wieder hinüber. Diesmal handelt es sich um eine große Tournee, die mich von New York aus in eine ganze Reihe von Staaten bis nach Kuba und Mexiko führen wird.

Auf die Frage, ob seine neue Amerikareise nicht auch mit neuer Filmarbeit, mit Hollywood verbunden sei, wollte Schmidt nichts Genaueres sagen. Eine andere – indiskrete – Frage beantwortete er jedoch mit entwaffnender Ehrlichkeit:

> Die amerikanischen Frauen? Sie sind wundervoll! Ich vermute, daß sie auf ihr Äußeres noch mehr bedacht sind als die Frauen anderer Länder. Jedes kleine Ladenmädchen und Tippfräulein hat einen Teint wie Porzellan, eine tadellose Figur und ist, wenn auch mit bescheidenerem Aufwand, so doch mit demselben Geschmack gekleidet wie die eleganteste Dame. Man lebt drüben eigentlich in einer ständigen Verliebtheit, die aber dadurch ganz ungefährlich wird, weil sie von einem Objekt sofort wieder auf ein noch reizvolleres abgelenkt wird.

In Wien verbrachte Schmidt einige Tage mit seiner Mutter und seinem Bruder Schlomo. Mit Interesse verfolgten sie am 27. August Josephs Arbeit in einem Schallplattenaufnahmestudio. Unter den vier Titeln, die an diesem Tag für die schwarzen Rillen vorgesehen waren, befand sich auch einer in holländischer Sprache: »Ik hou van Holland« (Ich liebe Holland). Jahre zuvor hatte der holländische Komponist Willy Schootemeyer dieses Lied geschrieben – eine Art Hymne, die aber keine besondere Beachtung fand. Schmidt griff die eingängige Melodie auf, um seine Sympathie gegenüber Holland zu betonen; regelmäßig sang er das Lied als Zugabe in Konzerten. Was weder er noch sonst jemand ahnen konnte: Es war seine letzte Schallplattenaufnahme überhaupt. Ausgerechnet dieses Lied sollte sich kurz darauf, als die deutsche Besetzungsmacht die offizielle holländische Nationalhymne verbot, als inoffizielle Nationalhymne durchsetzen. Dazu der Komponist Schootemeyer: »Ich habe gesehen, dass die Menschen von ihren Stühlen aufstanden und stehen blieben, solange das Lied gespielt wurde. Die Besetzer haben das aber auch gesehen [...] und darauf kam das Verbot. Und ich erwartete jeden Tag, dass ich ›zur Verantwortung‹ gerufen wurde.«

*

Nach einem kurzen Besuch bei den Solniks in Mülhausen trifft sich Schmidt mit Leo Engel, der aus Brüssel angereist kam, zur zweiten Überseefahrt am 25. September in Le Havre. Diesmal ist es die weitaus luxuriösere Normandie, mit der sie fünf Tage später in New York eintreffen. Der Beginn der Wintersaison war auf den 3. Oktober festgelegt, wiederum in der Carnegie Hall und wiederum von den Rundfunkstationen übertragen. Der Neustart sollte ein außergewöhnliches Ereignis werden: An der Seite von Joseph Schmidt sang diesmal eine der extravagantesten Operndiven jener Zeit, im Rückblick die »Callas der Dreißigerjahre« – eine Künstlerin von unvergleichlicher Ausstrahlung, eine blendend schöne Frau, die Presse und Publikum gleichermaßen in Atem zu halten verstand: Maria Jeritza. Jedermann wusste, dass sie »die schönsten Ellenbogen der Welt« ihr Eigen nannte, seit sie einem Reporter einmal erzählt hatte, dass sie diese »jeden Morgen in Grapefruit-Saft bade«. Und nun stand sie neben Joseph Schmidt, um mit ihm das Liebesduett aus Gounods »Faust«, »O nuit d'amour, ciel radieux!«, zu singen. Der mit Spannung erwartete gemeinsame Auftritt begann für das Publikum mit einer amüsanten Situation: Schmidt, aus gebotener Höflichkeit, ging einige Schritte hinter Frau Jeritza in Richtung Mikrofon und blieb in kurzer Entfernung hinter ihr stehen. Ihrer Meinung nach allerdings in ZU großer Entfernung, so dass sie ihn kurzerhand – wie einen allzu schüchternen Jungen – in ihre Nähe zog. Gelächter quittierte die komische Situation, und Applaus deckte die einleitenden Takte des Gesangs zu.

Viermal erschien Schmidts Name in dieser Wintersaison auf den Konzertprogrammen der Carnegie Hall – ein stolzes Gefühl, das einzig durch die Nachricht getrübt wurde, dass mit Wirkung ab 1. Oktober 1937 in ganz Deutschland nun auch sein Erfolgsfilm »Ein Lied geht um die Welt« verboten sei. Schon am 10. Oktober fand Schmidts zweites Konzert statt: ein Wiener Abend unter der Leitung des Operettenkomponisten

Oscar Straus, wobei Maria Jeritza und Schmidt ein buntes Potpourri aus Liedern und Duetten dieses Meisters darboten. Für den 26. Oktober war ein Gastauftritt von Fedor Schaljapin angesetzt, doch der russische Bassist musste wegen Indisposition kurzfristig absagen. Agent Sol Hurok war um einen Ersatz nicht verlegen: Kurzerhand engagierte er die Wiener Sängerknaben, die sich zurzeit auf einer Amerikatournee befanden, und stellte ihnen als zugkräftigen Solisten Joseph Schmidt an die Seite. An diesem Abend überraschte er sein Publikum u.a. auch mit Mozarts »Halleluja« aus dem »Exsultate, jubilate«. Niemals zuvor hatte je ein Publikum dieses Glanzstück aller Koloratursoprane von einem Tenor gehört. Für den 31. Oktober war Joseph Schmidt gemeinsam mit Erna Sack, der »deutschen Nachtigall«, angesagt, wo er in einer »Continental Operetta and Ballet Night« zwei Kompositionen von Johann Strauss beisteuerte: das »Launische Glück« sowie das Auftrittslied des Barinkay aus dem »Zigeunerbaron«, in der zweiten Programmhälfte folgte ein Medley mit Erna Sack; ein Gemisch von Operette, Wienerischem sowie amerikanischem Tagesbedarf. Ein viertes und letztes Konzert in der Carnegie Hall fand am 7. November statt: Eine »Puccini Night«, zusammen mit Grace Moore, einer der Primadonnen der Met und Star vieler Musikfilme. Diese Konzerte fanden ebenfalls als Broadcast den Weg zu einem Millionenpublikum.

*

Mittlerweile kümmerte sich auch die amerikanische Presse um Schmidt. Ob er, Presseberichten zufolge, tatsächlich der höchstbezahlte Star gewesen ist und für einen Drei-Minuten-Auftritt die Summe von 10 000 Dollar bekommen hat, lässt sich nicht beweisen. Von den Medien inzwischen als »Caruso im Taschenformat« bezeichnet, war einer der Journalisten gar der Überzeugung, dass das Jahr 1937 zwei neue Weltwunder hervorgebracht habe: die Golden Gate Bridge und Joseph Schmidt. Selbst die ehrbaren, weltberühmten Steinway-Flügel wurden fortan mit einer persönlichen Empfehlung Joseph Schmidts angepriesen: »Die ganze Welt anerkennt die Überlegenheit des Steinway-Flügels, nicht nur als Solo-, sondern auch als Begleitinstrument. Es ist der ehrliche Wunsch von Joseph Schmidt, nur von einem Steinway-Flügel begleitet zu werden …«

Zu einem anerkannt überlegenen Instrument gehörte auch ein entsprechender Pianist: Für seine Amerika-Konzerttournee hatte Schmidt Felix Günther mitgebracht, ein alter Bekannter aus Berliner Tagen, ein Mann der ersten Stunde des Berliner Rundfunks, der mit seinem Klavierspiel bereits die ersten Versuchssendungen musikalisch belebt hatte. Den Aufstieg Schmidts hatte er aus nächster Nähe erlebt, war gleichzeitig mit ihm nach Wien übersiedelt und dirigierte dort bei sämtlichen Schallplattenaufnahmen der drei Wiener Filme Schmidts. Nun begleitete er den Sänger auf der Konzerttournee, die sich an die New Yorker Carnegie-Hall-Konzerte anschloss. Und dies in einem anspruchsvollen Programm, das Opernarien und deutsche Lieder enthielt, amerikanische Songs und neapolitanische Volkslieder:

Meyerbeer	»O Paradiso« (L'Africaine)
Richard Strauss	»Breit' über mein Haupt«
Hugo Wolf	»Verschwiegene Liebe«
Schubert	»Ungeduld«
Mozart	»Halleluja«
Austin	»I Have a Dream«
Curran	»Life«
Donizetti	»Una furtiva lagrima« (L'Elisir d'amore)
Cilea	Arie aus »L'Arlesiana«
Tagliaferri	»Nun me sceta«
Tosti	»Marechiare«
Tosti	»Vorrei morir«
Puccini	»Recondita armonia« (Tosca)
Puccini	»Nessun dorma« (Turandot)

Bis nach Ohio, Pennsylvania, Colorado, Nord- und Süd-Dakota, Alabama, Florida und Texas führte ihre Konzertreise. Trotz Erfolgen zuhauf scheint Joseph Schmidt nicht glücklich geworden zu sein, zusehends plagte ihn Heimweh nach Wien, nach Europa, nach seinen Freunden und seiner Mutter – nicht zuletzt aber auch nach Mary-Rose Solnik. Ruhe und Geborgenheit bevorzugend, war er für das »große, lärmende Leben à la USA« nicht geschaffen. Eindrucksvoll unterstreicht dies eine Aussage des Textdichters Ernst Neubach. Von einem Journalisten nach dem Zauber der Schmidt-Stimme gefragt, meinte er:

> Nein, es war die Wehmut, die ewige Heimatsehnsucht nach seiner Mutter, die ja tragisch ist. Er war ein Mensch, der sich nicht lösen konnte. Als er in Amerika war – genauso wie in England und überall – telefonierte er jeden Abend mit seiner Mutter in Czernowitz. Das machte ganz irrsinnige Summen aus, und der sehr schlaue Manager Onkel Engel setzte von seinem Einkommen diese Telefongespräche ab. Nun machte das extravagante Beträge aus, so daß die Steuer stutzig wurde und das in Amerika natürlich nicht anerkannte. Engel ging bis zum Finanz-Bundesgerichtshof, und er gewann den Prozeß, denn die obersten Finanzrichter erklärten, das seelische Wohlbefinden eines Künstlers müsse garantiert sein, und so hätte er die Möglichkeit, die Telefonate als Berufsauslagen abzusetzen.

Mitte Februar 1938 kehrte Schmidt nach Wien zurück und gab dem Magazin *Mein Film* Auskunft über seine neuesten Amerika-Erlebnisse:

> [...] man weiß gar nicht, wo man beginnen soll, diese Reise war für mich wirklich ein großes Erlebnis. Was mich aber am meisten gefreut hat, war das große Musikverständnis, das ich selbst in den entlegensten amerikanischen Orten beim Publikum fand. Bezeichnend dafür ist, daß nicht Schlager und bekannte Arien, sondern Lieder von Schubert und Schumann den größten Erfolg hatten. Die

Konzerte waren ausnahmslos ausverkauft [...] Die amerikanischen Pullmanwagen sind sehr komfortable fahrende Hotels. Jeder Reisende hat sozusagen sein eigenes Zimmer, in dem er schlafen, essen und ruhen kann, daneben aber gibt es Speise- und Gesellschaftsräume, die mit bequemen Fauteuils, Schreibtischen, Bergen von Zeitungen und Zeitschriften, einer Bar und häufig auch mit einem Kino ausgestattet sind. Will man die Landschaft bewundern, dann begibt man sich auf den großen Aussichtsbalkon, der an dem letzten Wagen angebaut ist. Man kann auch zur Musik des Radiolautsprechers tanzen, und selbstverständlich kann man in alle Welt hinaus telefonieren. In den Lounge-Waggons entwickelt sich ein regelrechtes gesellschaftliches Leben. Man wird mit Mitreisenden [...] bekannt, und ich habe an diesen Reisetagen, während der Zug blitzschnell durch das Land sauste, mehr von Amerika und den amerikanischen Menschen erfahren, als ein systematisches Studium mir offenbart hätte.

Bevor er Wien wieder verließ und zu einer Europatournee aufbrach, hatte er sich noch mit einer besonders unliebsamen Sache zu befassen, nämlich mit einem Gerichtsurteil, dessen Verfahren er selbst angestrengt hatte. Die Ursache allerdings lag schon länger zurück: Während der Dreharbeiten zu »Ein Stern fällt vom Himmel« war ihm unter den Komparsinnen ein besonders hübsches Mädel aufgefallen. *Das Kleine Blatt* titelte »Erpressung mit Liebe«:

Der Sänger hat, wie erinnerlich, vor drei Jahren die damals noch ledige Filmstatistin Edith kennengelernt und zu ihr Beziehungen angeknüpft. Während er sich auf einer Gastspielreise im Ausland befunden hat, heiratete Edith den Strickergehilfen Josef Urban, einen dreimal abgestraften Dieb. Edith Urban verschwieg dem Sänger nach seiner Rückkehr ihre Heirat und nahm den Verkehr mit ihm wieder auf. Das machte sich Josef Urban zunutze. Bei einer Zusammenkunft des Sängers mit seiner Gattin tauchte er als empörter Ehegat-

> te auf, kündigte bloßstellende Enthüllungen an und stellte dem Sänger ein Ultimatum von 48 Stunden zur »Erledigung der Angelegenheit«. Darunter verstand er zweifelsohne einen größeren Geldbetrag. Das Ehepaar Urban hat auch versucht, durch ein gefälschtes Telegramm an den Rechtsanwalt des Sängers 300 Schilling herauszulocken.
>
> Im Verlaufe des Verfahrens kam auch zutage, daß der Sänger von Urban wegen Ehebruchs belangt worden war, wobei Edith Urban eine falsche Zeugenaussage abgelegt hat. Josef Urban war auch wegen eines mit diesem Erpressungsversuch nicht zusammenhängenden Diebstahls angeklagt.
>
> Der Senat erkannte die beiden Angeklagten nach durchgeführtem Beweisverfahren schuldig und verurteilte Josef Urban zu einem Jahr und Edith Urban zu vier Monaten schweren, verschärften Kerkers. Von der falschen Zeugenaussage wurde Edith Urban freigesprochen.

Nach diesem unliebsamen Zwischenspiel fuhr Schmidt für einige Konzerte in die Schweiz. In Basel, seiner ersten Station, sang er allerdings vor halbleeren Reihen. Vorbehalte einem jüdischen Künstler gegenüber neuerdings nun auch in der Schweiz? In der Presse war davon allerdings nichts zu lesen, im Gegenteil, insbesondere die *National-Zeitung* widmete ihm am 24. Februar eine ausführliche, bemerkenswert sachverständige Kritik und erhellt die Zurückhaltung:

> Von Walter Lang wiederum meisterlich begleitet, sang Joseph Schmidt, dessen Ruhm seinerzeit mit seinem Lied »durch die Welt« gegangen ist, nach vier Jahren Pause wieder im großen Musiksaal. Die Zahl der Zuhörer hat sich inzwischen bedeutend verringert. Das mag zum Teil an der immer wachsenderen Unlust, Geld auszugeben, liegen; dann wieder daran, daß der Sänger längere Zeit nicht mehr auf der Leinwand, die heute die Welt bedeutet, zu sehen war. Und endlich nicht zuletzt daran, daß Joseph Schmidt als Konzertsänger nicht nach dem billigen Erfolg des Filmschlagerschmetterers trachtet und seine diesbezüglichen

Anhänger zu lange auf das Lied, das durch die Welt geht, warten und mit so wenig zugkräftigen Dingen wie Gluck, Monteverdi, Hugo Wolf und Mozart sich langweilen läßt.

Wodurch er uns lieb und wert geworden ist. Und in der Tat, man kann sich keinen größeren Ohrenschmaus vorstellen als die Arie des Pylades aus Glucks tauridischer Iphigenie, gesungen von dieser wunderschönen Stimme. Sie hat noch den ganzen Zauber, auch wenn sie gestern abend hie und da ein wenig belegt schien, den Zauber einer unvergleichlichen Materialsüßigkeit und einer eminenten technischen Kultur. Man hat als Zuhörer nie einen Augenblick die sonst so übliche Angst vor den hohen Tönen – in der Höhe hat die Stimme ja ihren schönsten Glanz. Ihre Grenzen sind deutlich: in Mittellage und Tiefe trägt sie nicht so wie in der Höhe; aber das »Lasciate mi morir« von Monteverdi zum Beispiel können wir uns nicht erinnern je so berückend schön gehört zu haben. Hinzu kommt auf der einen Seite die absolute Reinheit der Intonation und die natürliche, mätzchenfreie Art des Singens. Auf der anderen Seite allerdings der Mangel an durchschlagendem Temperament und beseelter Vortragskunst. Das Frühlingslied von Schubert zum Beispiel, eine der Dreingaben, war von geradezu herbstlicher Sentimentalität umwittert. Großartig dann wiederum das Halleluja von Mozart. Es ist in der Hauptsache das prachtvolle Instrument, dessen Zauberton an sich, wie der der Zauberflöte, solche Wohltat ist, daß »selbst wilde Tiere Freude fühlen«. Zum Abschied bekamen die Ausdauernden ihr Warten und Klatschen gebührend mit dem Lied belohnt, das den Sänger populär gemacht hat. Die Kinder, sie hören es gerne – und wir hoffen alle, dem Künstler wieder einmal bei uns zu begegnen.

Anlässlich seines Zürcher Konzerts traf Schmidt unverhofft auf alte Wiener Bekannte: Konsul Karl Tauber und seine Frau Lily. Von Österreich, wo die Zukunft zunehmend düsterer aussah, waren sie in die Schweiz übergesiedelt. Schmidt bat sie, ihre Beziehungen spielen zu lassen, um seine beiden Cousins ebenfalls aus Wien herauszuholen. Ihm selber seien die Hände gebunden; zudem fehle es ihm am nötigen Geld. »Denn mit Onkel Leo kann ich über solche Dinge nicht reden, und ich weiß nicht einmal, wo und wie er das viele Geld angelegt hat, das ich verdiente.« Dass es Leo nur auf das Geld seines weltberühmten Neffen abgesehen hatte, war mittlerweile auch Außenstehenden klargeworden. Diese Einsicht gewann Joseph nun wohl auch, allerdings zu spät, wie sich bald herausstellen sollte.

Wien, die Stadt seiner nachhaltigsten Triumphe, wo noch vor kurzem sein Name allabendlich gleichzeitig an fünfzehn Kinos aufgeleuchtet hatte, »sein« Wien, eine Stadt, die er bei seiner Rückkehr am 20. Februar kaum wiedererkannte: Vom Turm des Stephansdomes wehte als unmissverständliches Zeichen der neuen Zeit die Hakenkreuzfahne. Schmidt konnte, musste sich schnell entscheiden, bereits am 7. März verließ er Wien fluchtartig – laut der ordnungsgemäßen polizeilichen Abmeldung mit dem Ziel »unbekannt«. Mit ihm reisten Lotte und Otto, ihrer beider Sohn. Zumindest blieb ihnen mit dem Weggang der Anblick erspart, wie jüdische Menschen unter dem Spott arischer Gaffer gezwungen wurden, mit Zahnbürsten Bürgersteige zu »reinigen«.

Lottes Ziel war Brüssel, während Schmidt nach London weiterreist. Die BBC erwartet ihn für den 13. März zu einem gemeinsamen Konzert mit Gitta Alpar unter der Leitung von Stanford Robinson. Die historische Abschiedsrede des österreichischen Bundeskanzlers Kurt Schuschnigg über Radio Wien dürfte die Aktualität des Konzertes überschattet haben:

»Österreicher, Österreicherinnen! Der heutige Tag hat uns vor eine schwere und entscheidende Situation gestellt. Ich bin beauftragt, dem österreichischen Volke über die Ereignisse des heutigen Tages zu berichten. Die deutsche Reichsregierung hat dem Herrn Bundespräsidenten ein befristetes Ultimatum gestellt. Der Herr Bundespräsident beauftragt mich, dem österreichischen Volke mitzuteilen, dass wir der Gewalt weichen, da wir um keinen Preis – auch in dieser ernsten Stunde nicht – deutsches Blut zu vergießen gewillt sind. So verabschiede ich mich in dieser Stunde mit einem deutschen Wort und einem Herzenswunsch: Gott schütze Österreich!«

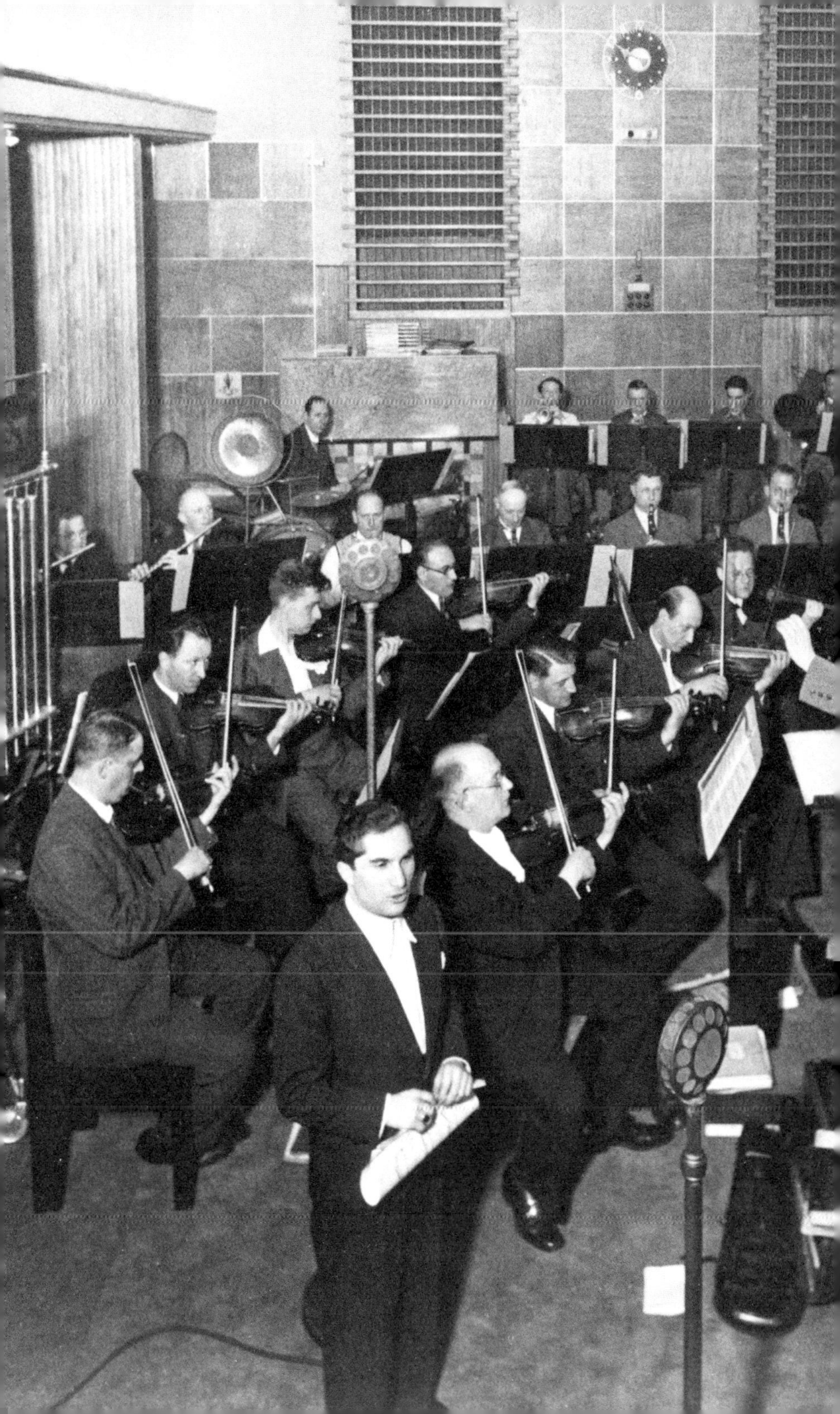

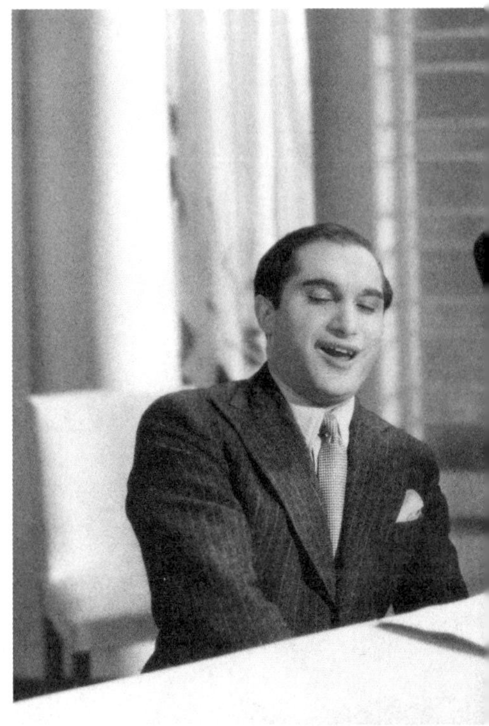

01

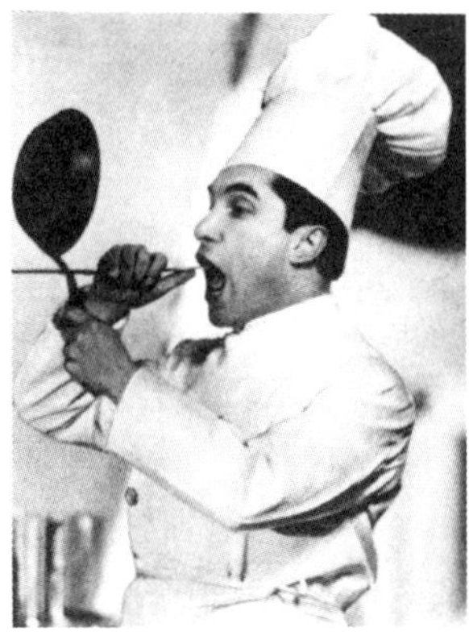

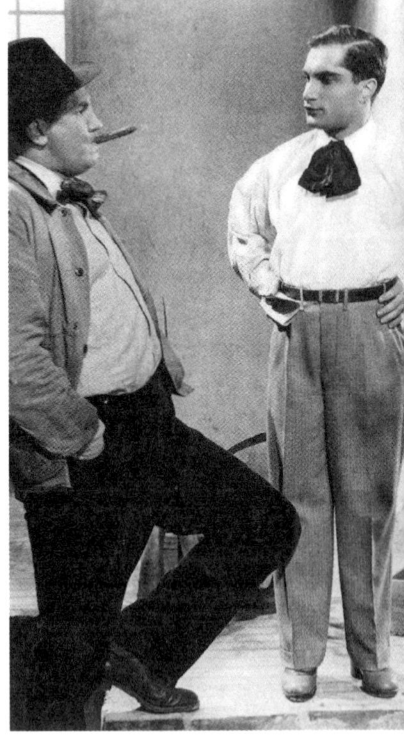

02 03 →

01 *Mit Steven Geray im Film »A Star Fell From Heaven« (London, 1936)*

02 *Zu Gast bei der 10. Reichsgastwirtsmesse, Berlin, 1932. Thema: Rundfunkkünstler kochen (Joseph Schmidt hatte eine Gans gebraten)*

03 *Mit Fritz Kampers im Film »Ein Lied geht um die Welt« (Deutschland, 1933)*

04 *Aus dem Film »A Star Fell From Heaven« (London, 1936)*

05 *Mit Florine McKinney im Film »A Star Fell From Heaven« (London, 1936)*

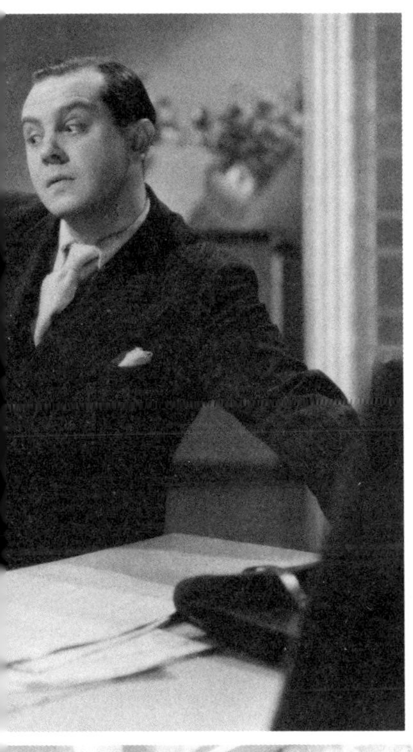

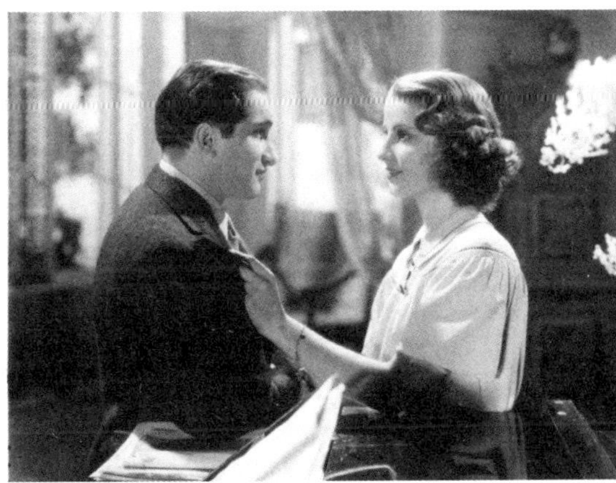

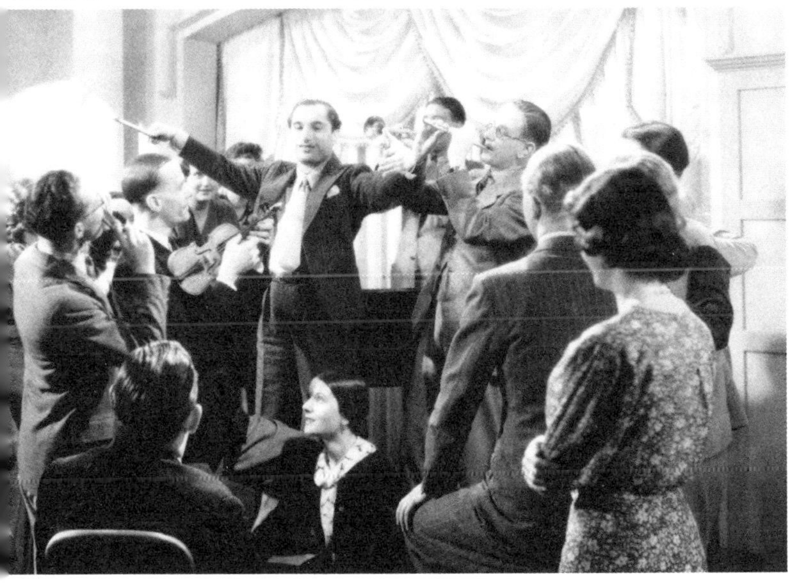

04 05
←

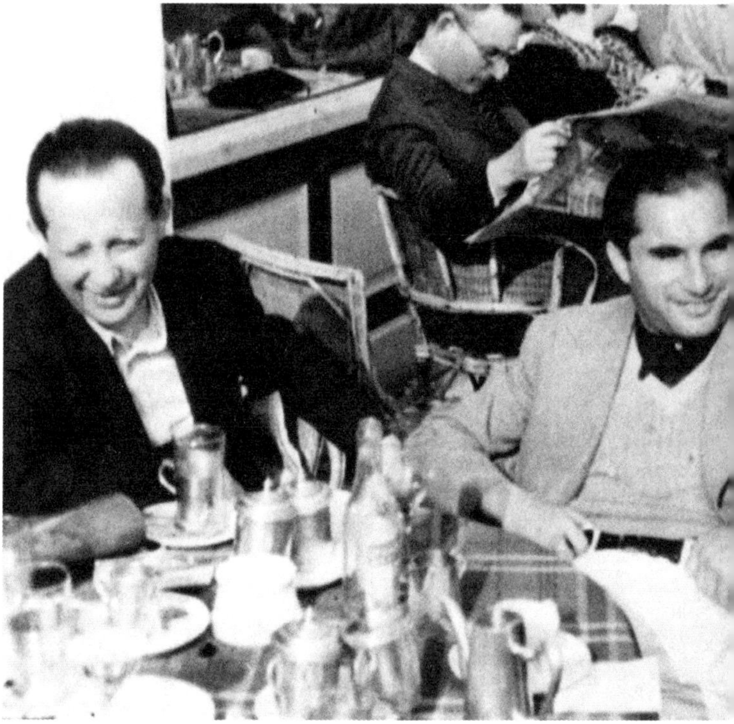

01

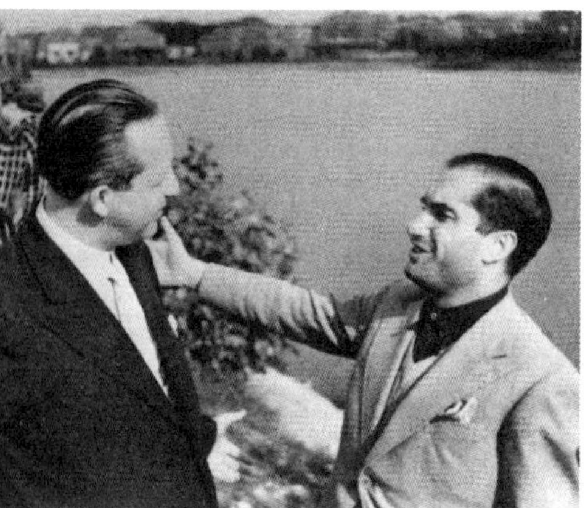

02 03 →

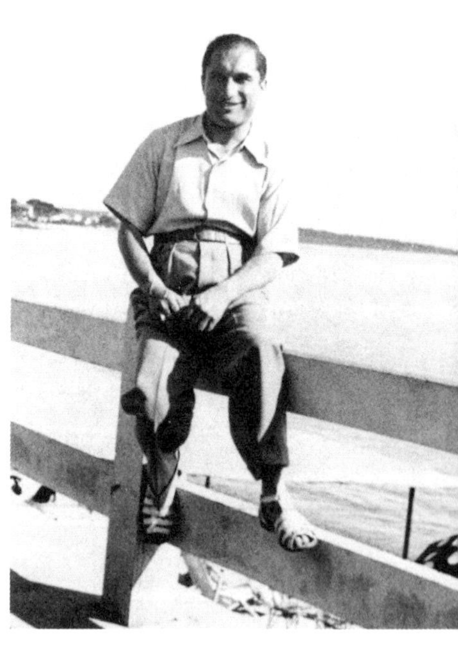

01/ Mit Komponist Hans May im belgi-
02 schen Le Zoute, August 1937
03 Im Urlaub in Juan les Pins, Südfrank-reich, Juli 1939
04 Mit unbekannter Begleitung auf dem Schiff nach Abbazia, Jugoslawien, Juli 1935
05 Singen, singen … selbst in der Badehose mit Kurorchester, Côte d'Azur, August 1939

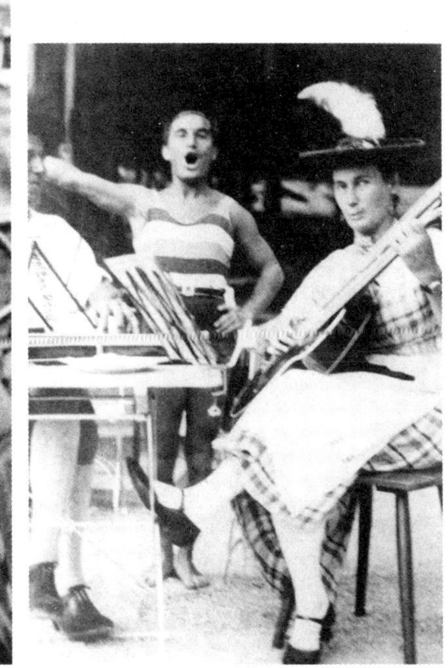

05

04

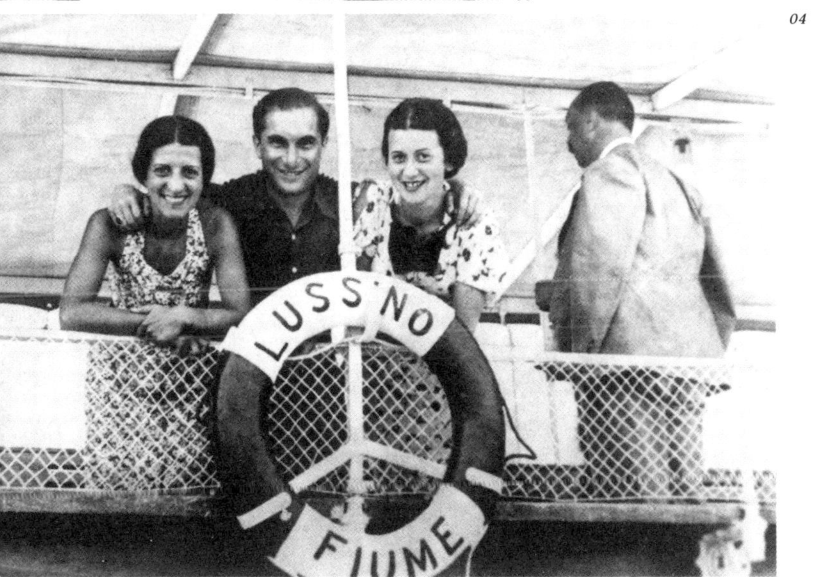

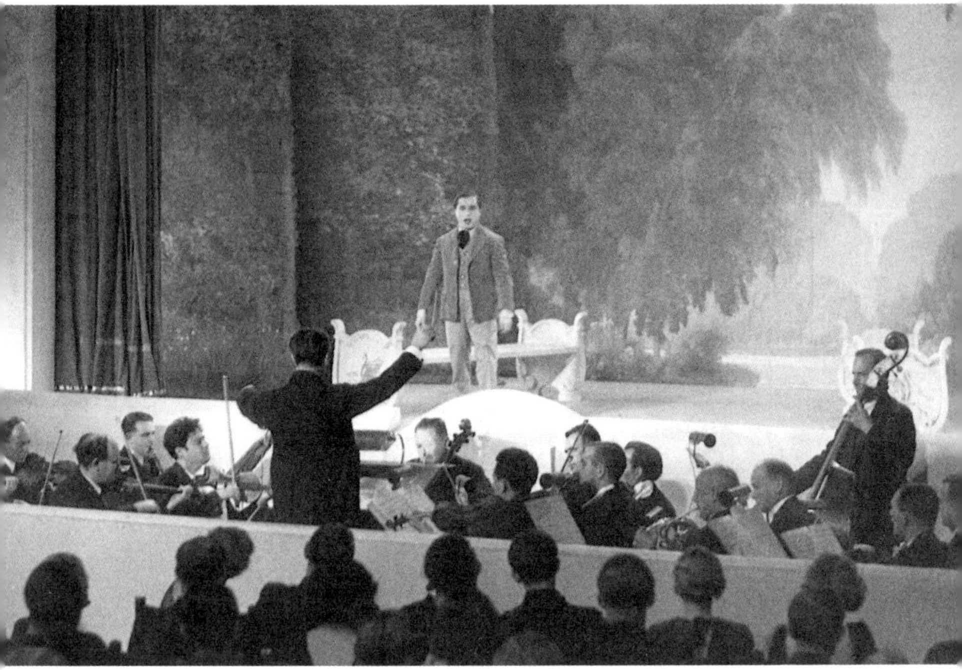

01 02
→

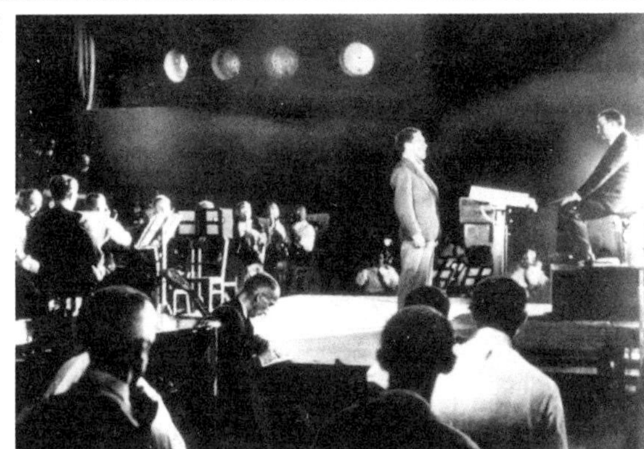

01 *Aus dem Film »Wenn du jung bist, gehört dir die Welt«, Dirigent: Hans May (Wien, 1934)*

02 *Während Filmaufnahmen für den UFA-Kurzfilm »Rundfunk einst und jetzt« – Schmidt sang die Gralserzählung aus Lohengrin, am Dirigentenpult: Eduard Künneke, Berlin, August 1932*

03 *Silvesterkonzert der Vaterländischen Front im großen Musikvereinssaal Wien, 1933, mit Radioübertragung (Am Flügel: Erich Meller)*

04 *Schlussszene aus dem Film »Ein Lied geht um die Welt« (Deutschland, 1933)*

03

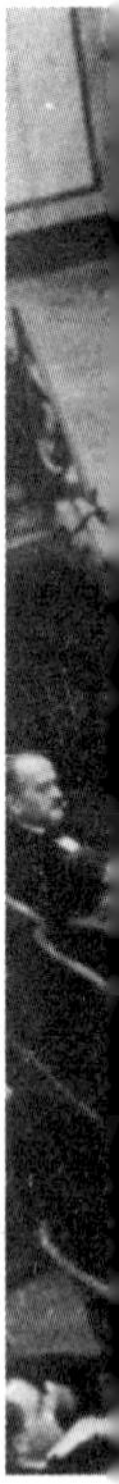

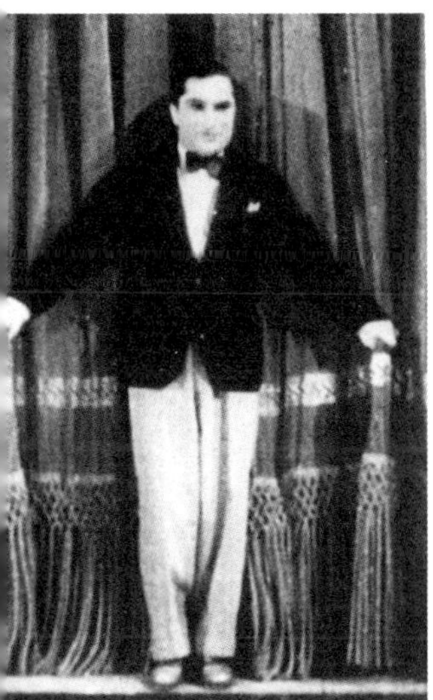

04

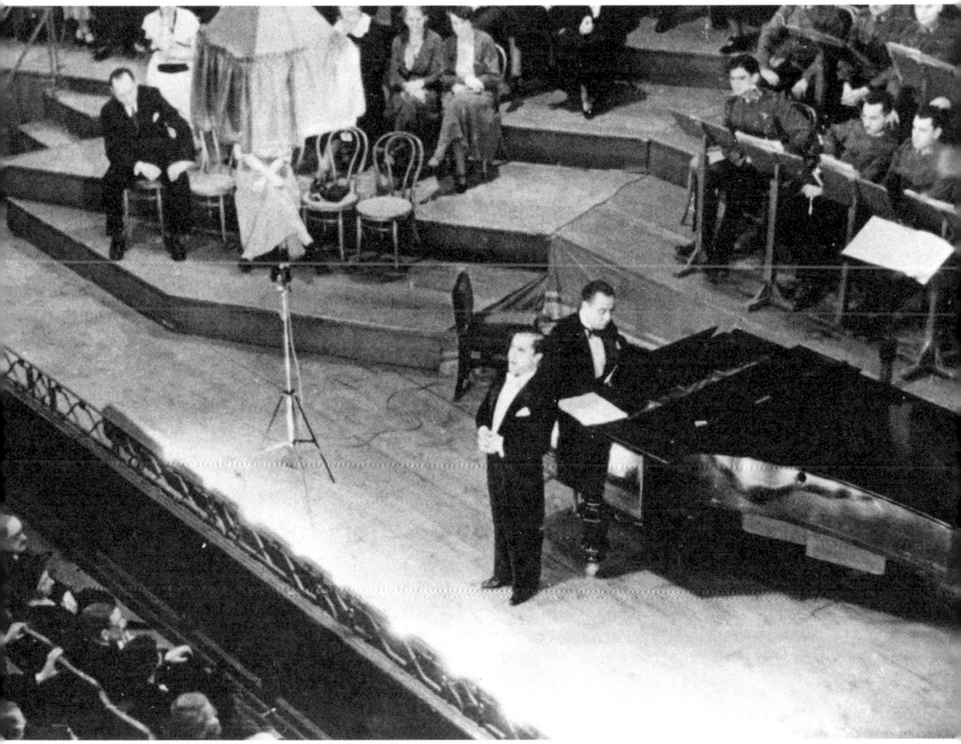

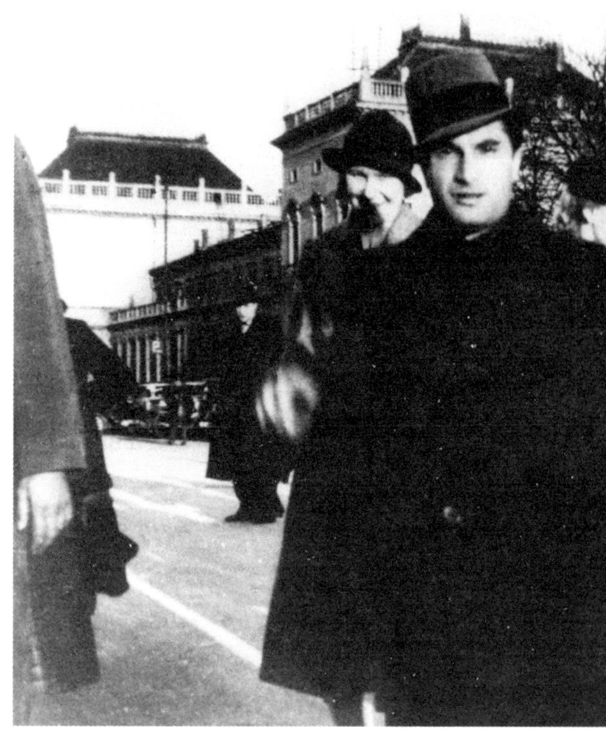

01

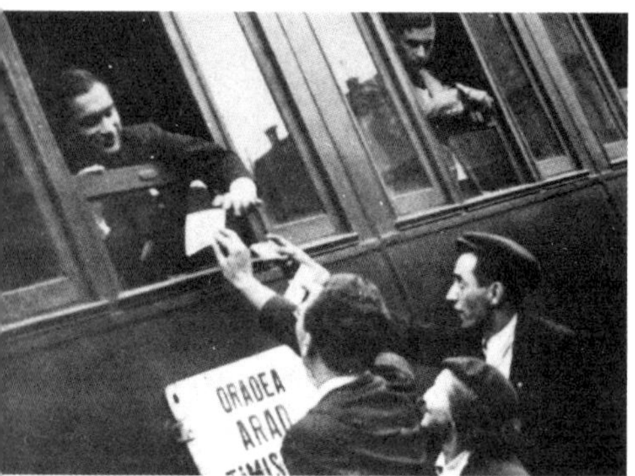

02 03 →

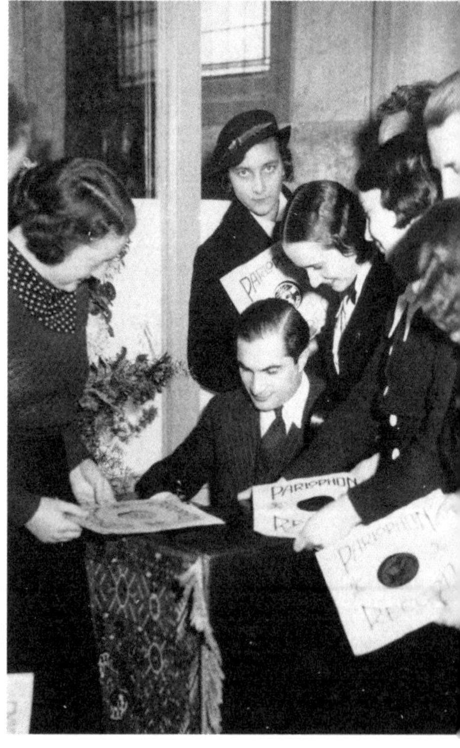

01 *Mit Fans nach einem Konzert im kroatischen Zagreb, April 1935*
02 *Auf der Fahrt zu Konzerten nach Rumänien und Ungarn, Oktober 1935*
03 *Autogrammstunde im niederländischen Amsterdam, November 1934*
04 *Von Fans umringt nach Konzert in Ostende, Belgien, 1939*
05 *Nach dem VARA-Sommerfest vor 100 000 Menschen, Birkhoven, Holland, 5. Juli 1936*

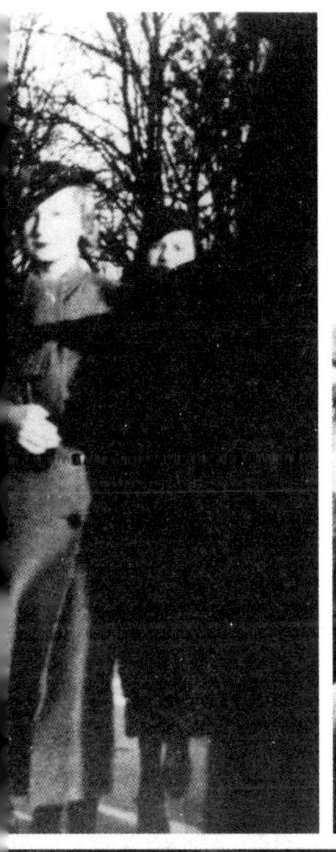

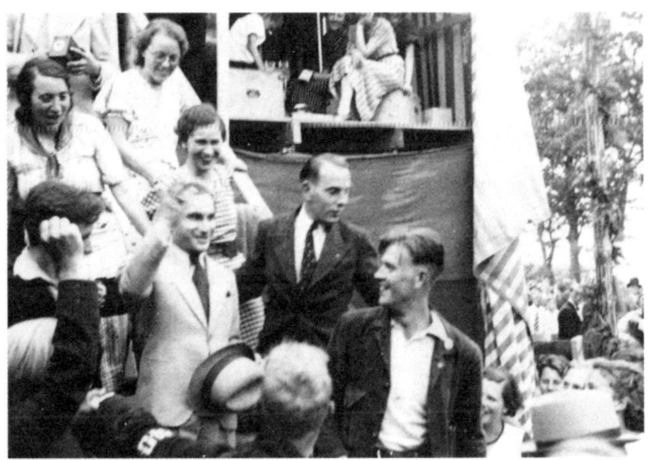

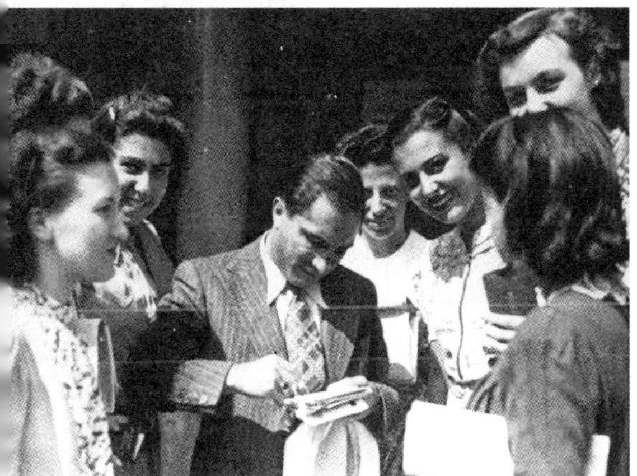

04 05
←

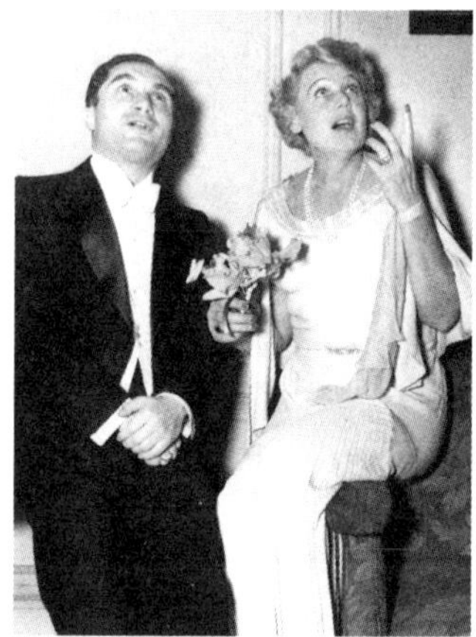

01

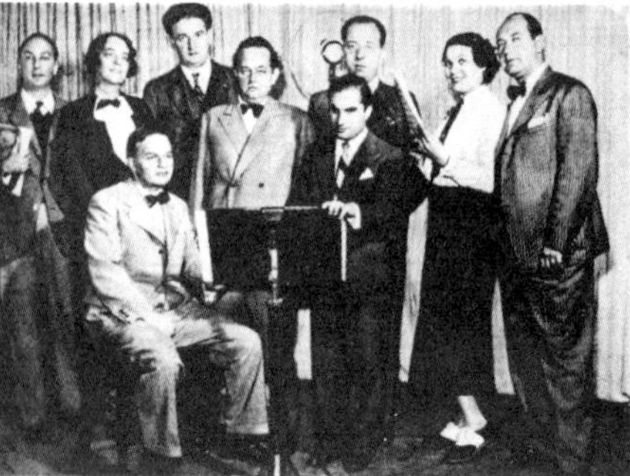

02 03 →

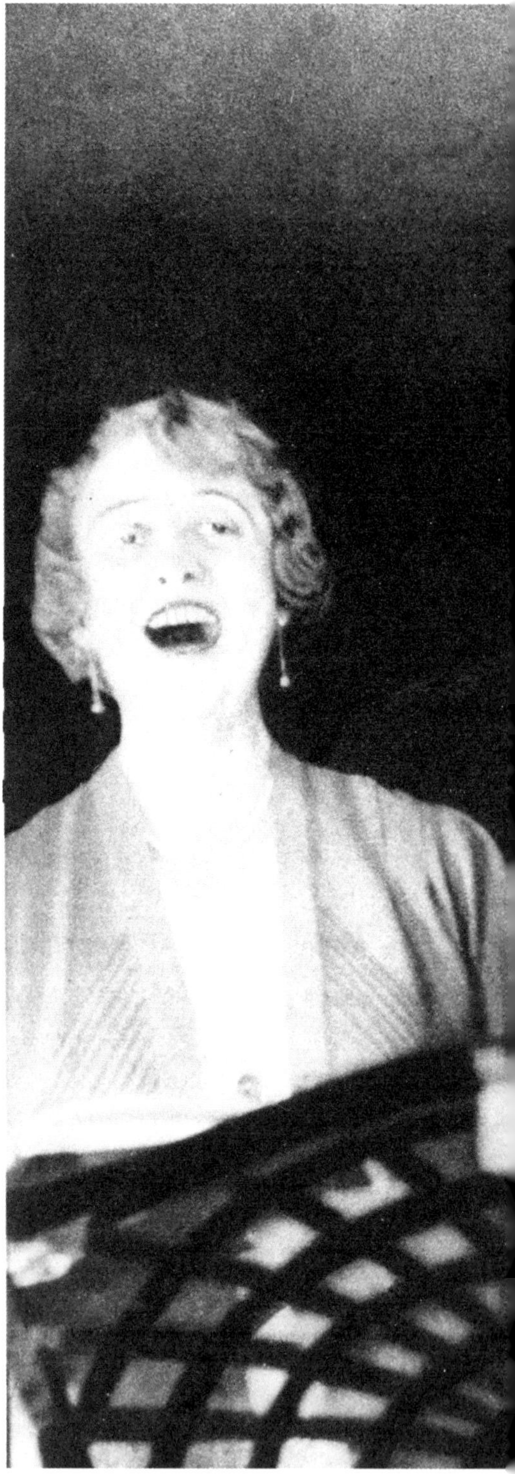

01 *Joseph Schmidt und Maria Jeritza in der Garderobe nach einem Konzert in der New Yorker Carnegie Hall, 3. Oktober 1937*

02 *Radio Wien: Besetzung von Bellinis »Die Puritaner«: Josef Berzé, Luise Brix, Karl Ettl, Dirigent Oswald Kabasta, Joseph Schmidt, Herbert Walders, Margit Bokor, Alexander Sved (v.l.n.r.); sitzend: Spielleiter Dr. Lothar Riedinger (Sendung vom 20. und als Zweitsendung nach USA am 27. September 1935)*

03 *Klavierprobe für Verdis »I Masnadieri«: Vera Schwarz, Cornelis Bronsgeest, Joseph Schmidt, Michael Bohnen (v.l.n.r.); am Flügel Dirigent Leo Blech, Berlin, 11. September 1931*

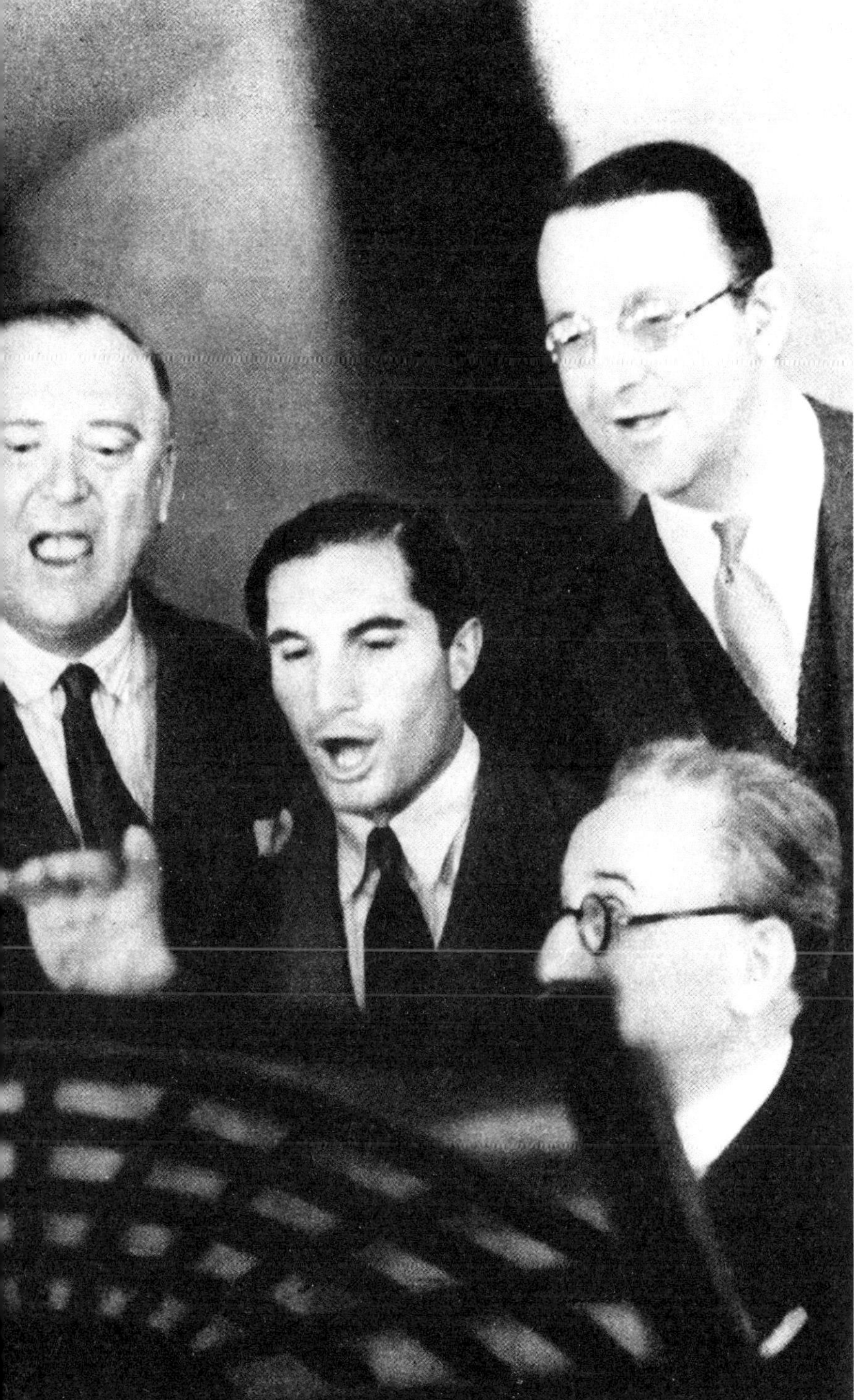

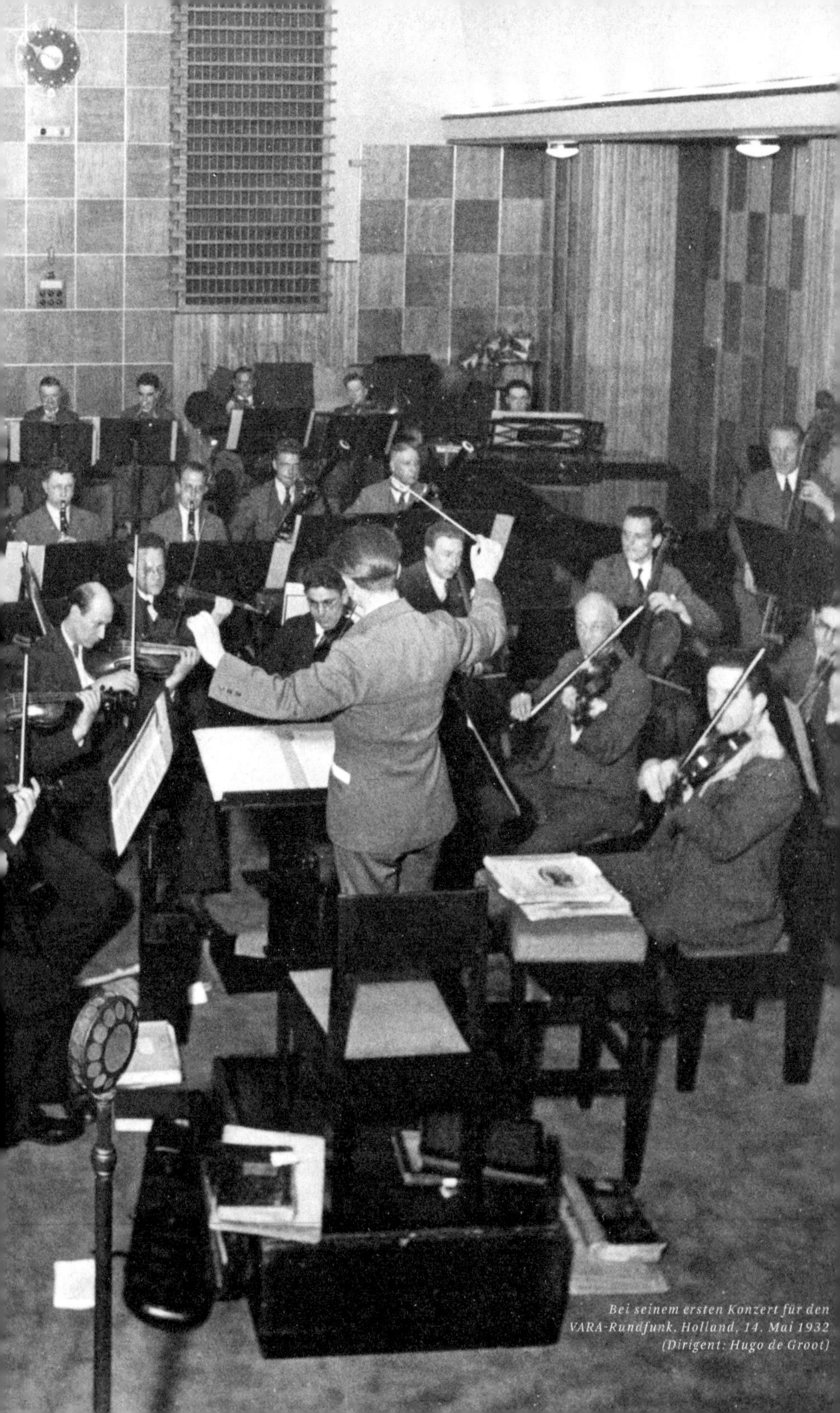

Bei seinem ersten Konzert für den VARA-Rundfunk, Holland, 14. Mai 1932 (Dirigent: Hugo de Groot)

9
Emigration nach Belgien (1938–1940)

Europa war klein geworden für Joseph Schmidt: Offen standen ihm noch die Schweiz, Frankreich und die Beneluxstaaten. Garantien für eine sichere Zukunft schienen ihm einzig USA zu bieten, der Vertrag mit Sol Hurok die Saison 1939/40 lag zur Unterschrift bereit – mit zugesicherten 20 Prozent der Einnahmen ein äußerst lukratives Angebot. Außerdem gab es nach wie vor ein Hollywood-Filmprojekt, aber er vermochte sich nicht zu entscheiden. Zusätzliche Unsicherheit in künstlerischen Dingen entstand, weil Onkel Leo nicht mit ihm gereist war; offenbar fühlte der sich in Wien nicht unmittelbar bedroht und wartete vorerst ab. Zum ersten Mal reiste Schmidt ohne seinen gewohnten Begleiter – Richtung Belgien.

*

Schmidt, von Natur aus kein Kind von Traurigkeit, verstand es aber, sich Schönerem zuzuwenden: Mit dem Wissen, bei den Solniks jederzeit willkommen zu sein, zog es ihn nach Mülhausen. Misstrauen oder gar Eifersüchteleien gab es nicht, zumal sich Hausherr, Willy Solnik längst an die unverfänglichen Scherze Schmidts gewöhnt hatte und ebenfalls lachte, wenn dieser etwa die figürlichen Reize seiner Frau Mary-Rose schwärmerisch als »das bezauberndste Ensemble der Welt« bezeichnete. Mary über eine besondere Episode dieser Tage:

> Herausgeputzt, als müsste er zu einem Konzertauftritt, erschien er eines Abends im Salon und verkündete mit theatralischer Gebärde: »Heut' hab' ich mich aufgetakelt wie ein Zirkuspferd, denn ich muss euch etwas vorführen.« Sprach's und setzte sich an den Flügel, zierte sich eine Weile, setzte dann zu einer einschmeichelnden Tangomelodie an und begann zu singen: »Einmal möcht' ich wieder von dir träumen ...« Eben in diesen Tagen sei ihm dieser Tango eingefallen, beteuerte er, nachdem er geendet hatte. Alle waren begeistert und erstaunt zugleich.

Mary Solnik hatte sich die Melodie schnell gemerkt und sang schon bald mit, Schmidt konnte sich ganz aufs Begleiten konzentrieren. Melodie und Text dieses Liebesliedes blieben ihr ein Leben lang im Gedächtnis: Als sie 1985 im Schmidt-Archiv das Original der Noten wiedersah, ergänzte sie umgehend den fehlenden Mittelteil des Textes, den Schmidt nicht notiert hatte.

> Denkst du all der vielen Lieder, die ich gesungen dir?
> Senktest deine Augen nieder und lauschtest mir.
> Nun ist die Melodie verklungen, ich bin so ganz allein.
> O kämest du doch wieder und wärst für immer mein.
> Refrain: Einmal möcht' ich wieder von dir träumen,
> möchte nicht wie einst versäumen das große Glück.
> Einmal kommt für uns der Frühling wieder
> und mit jedem seiner Lieder
> kehrst du zurück.

Einmal, aus weiter Ferne, im Strahl der Sterne
Da kommst du wieder zu mir,
dann werd' ich auch in deinen Augen lesen,
es ist nicht ein Traum gewesen –
nun bleibst du hier.

Noch ein weiteres Schmidt-Dokument aus jenem März 1938 ist Mary Solnik zu verdanken. Mehrmals hatte sie ihrem Gatten gegenüber den Wunsch geäußert, ihre Stimme einmal auf einer Schallplatte festhalten zu lassen – »als Andenken an meine einstigen Sängerinnenträume«. Schmidt war gerade im Begriff, nach Paris zu reisen, wo er für ein Konzert erwartet wurde. Warum die Reise nicht gemeinsam unternehmen? So entstand in einem privaten Aufnahmestudio am Boulevard des Italiens 30 unter der Nummer 8549 eine Privatschallplatte mit »Solveigs Lied« von Grieg und der »Butterfly-Arie« aus dem zweiten Akt der Oper. »Nicht mein Gesang macht diese Platte kostbar«, betonte Mary Solnik, »nein, es ist das Klavierspiel des Ungenannten ...«

*

Aus Deutschland kamen niederschmetternde Nachrichten: Vom 14. Juni 1938 an mussten sämtliche jüdischen Geschäfte gekennzeichnet werden; im August wurden auch die persönlichen Ausweise mit dem »J«-Stempel und mit einem zusätzlichen jüdischen Vornamen wie Israel oder Sara versehen; jeder Versuch, sich als Arier auszugeben, musste scheitern. Verständlich, dass unter solchen Umständen Schmidts größte Sorge der Mutter galt. An die geplante Konzertreise durch die Tschechoslowakei war nicht mehr zu denken, und so fuhr er direkt nach Czernowitz, um sich persönlich an Ort und Stelle um die Ausreiseformalitäten für seine Mutter zu kümmern. Ungewiss, ob seine Mutter ihm werde folgen können, verließ er seine Heimatstadt, da er in den Niederlanden für einige Konzerte erwartet wurde, die er mit seinem Begleiter Felix Hupka zu bestreiten hatte. Vermehrt traf er nun unverhofft auf alte Bekannte: Im März war er während seines Pariser Aufenthaltes Richard Oswald begegnet, seinem einstigen Filmboss und Förderer; in Holland traf er auf den Komponisten Hans May und auf Percy Kahn, damals einer der meistbeschäftigten Klavierbegleiter – alle auf der Suche nach einer neuen, sicheren Bleibe.

Noch erfuhr die Welt nur wenig von den Zuständen in Nazideutschland. Onkel Engel in Wien blieb indessen nicht verborgen, was man sich hinter vorgehaltener Hand bereits über die ersten österreichischen »Säuberungen« mit den entsprechenden Transporten Richtung Osten erzählte. Am 28. Oktober verließ er die Stadt und folgte seinem Neffen nach Brüssel. Wie ein Lauffeuer verbreitete sich dagegen die Mitteilung von der feuerhellen Nacht vom 9. auf den 10. November, als alle Synagogen Deutschlands in Flammen aufgingen, und Görings höhnischer Kommentar das Elend der Betroffenen verspottete: »Ich möchte kein Jude in Deutschland sein.« Unmissverständlich gab auch Hitler Einblick in seine Pläne: »... gegen diese jüdische Brut in Deutschland ist unbarmherzig vorzugehen. Ich will sie vernichten!«

Nachrichten solcher Art erreichten Schmidt in einem Moment höchster Euphorie. Der belgischen Kunstvereinigung »Comoedia«, unter deren Schirmherrschaft Schmidt wiederholt als Solist in Chorkonzerten gesungen hatte, war es gelungen, ihm den langersehnten Weg zur Bühne zu ebnen, und zwar zur Brüsseler Oper »La Monnaie«, wo er in einer Produktion der Puccini-Oper »Bohème« auftreten sollte. Eine weitere freudige Meldung erreichte ihn beinahe gleichzeitig aus Czernowitz: Für seine Mutter war ein Reisepass mit der Nummer 283512 auf den Namen Sara Schmidt ausgestellt worden. Gültigkeit: ein Jahr.

Am 13. Dezember 1938 gab Schmidt auf Einladung des »Dordrechtsch Mannenkoor ›Caecilia‹« einen Lieder- und Arienabend. Für den 15. hatte man ihn gebeten, im Rahmen einer festlichen Ballveranstaltung der ausländischen Presse zu singen. Dass sich sein Auftritt wesentlich verzögerte, hing mit einem Tumult zusammen, der im Saal losgebrochen war. Erst nach einer Weile verstand Schmidt, dass seine Person der Grund war. »Joseph Schmidt durfte nicht in deutscher Sprache singen«, titelte zwei Tage später die lokale Zeitung: »Gefährliche Rassenzwischenfälle auf dem Ball der ausländischen Presse« – »Im Palast der schönen Künste gab es gestern unangenehme Zwischenfälle. Der belgische Premier Paul-Henri Spaak, hohe Beamte, Staatsminister Adolphe Max und das beinahe vollständige Diplomatische Corps waren Zeuge, als die Vertreter Deutschlands und Italiens gegen den Auftritt von Joseph Schmidt protestierten. Nach deren Ansicht sei es nicht zulässig, dass sich der jüdische Sänger als Träger deutscher Kultur zeige. Schließlich sang er Italienisch, Französisch sowie ein rumänisches Volkslied.«

Am 20. Dezember wiederholte er seinen Lieder- und Arienabend in Breda und wurde zu Silvester bei der großen Gala des VARA-Rundfunks erwartet. Noch einmal hieß es an den Plakatsäulen: »Joseph Schmidt singt ...« Zu Beginn des zweiten Programmteils sprach Schmidt unerwartet einen persönlichen Gruß ins Mikrofon: »Liebste Mutter, das nächste Lied singe ich nur für dich.« Und es folgte Lehárs »Wolgalied«:

> Allein, wieder allein – einsam wie immer.
> Vorüber rauscht die Jugendzeit
> in langer, banger Einsamkeit.
> Mein Herz ist schwer und trüb mein Sinn,
> ich sitz' im gold'nen Käfig drin ...

Erstmals lässt sich an dieser Silvestergala auch die Aufführung seines »Tangoliedes«, »Einmal möcht' ich wieder von dir träumen«, nachweisen. Kein Zweifel, dass man auch in Mülhausen hingebungsvoll zuhörte ...

Seine letzte Liebeserklärung an diesem Abend aber galt schließlich seinen Zuhörern: »Ik hou van Holland«.

Inmitten der Vorbereitungen zu seinem ersten, wirklichen Opernauftritt in »La Bohème« musste Schmidt sich wie ehemals in Berlin heftige Angriffe gefallen lassen, die systematische Unterwanderung durch antisemitische Gruppen war inzwischen auch in Belgien so alltäglich geworden, dass sich die Nazipropaganda in ihrer ganzen Hässlichkeit zeigen konnte. So erschien in der Ausgabe des *N.S.-Funk* vom 14.Januar ein durch Retusche entstelltes Foto des Künstlers, abgedruckt als »typische Judenvisage«, auch der dazugehörende Text zeigte keinerlei Hemmungen:

> Hier stellen wir Ihnen den ehemaligen
> Sänger beim deutschen Rundfunk,
> JOSEPH SCHMIDT vor. Ein Verbrecher-
> typ, dessen Bild auf jeden Steckbrief paßt.

Dass Schmidt den Proben zu »La Bohème« mit gemischten Gefühlen entgegensah, war verständlich; immerhin hatte er sich vertraglich ausbedingen können, dass seine Partnerin, wer immer die Mimi singe, nicht über 1 Meter 60 groß sein dürfe. Gerade noch rechtzeitig traf Mutter Sara in Brüssel ein und konnte, in der Ehrenloge des festlich geschmückten Hauses sitzend, begleitet von Mary-Rose und Willy Solnik aus Mülhausen, das Operndebüt ihres Sohnes mitverfolgen.

Die Kritiker reagierten unterschiedlich, teils widersprüchlich: »Man hatte sich eine perfekte Realisation durch den berühmten Sänger erhofft«, schrieb *La libre Belgiqu*e am 20.Januar.

> Aber hier müssen die Erwartungen herabgesetzt werden. Seine bedauerlich kleine Körpergröße dürfte Monsieur Schmidt die Karriere auf den großen Bühnen verbieten; ja sogar auf normal großen Bühnen verlangt das Publikum ein Minimum an Ähnlichkeit des Sängers mit der darzustellenden Figur. Die Stimme ist schön, wenn auch nicht von absoluter Einzigartigkeit; sobald sie in tiefere Lagen kommt, verliert sie an Sonorität. Aber im ganzen ist sie angenehm, und der Sänger weiß seine Stärken ins Feld zu führen. Abgesehen von der Körpererscheinung mangelt es

ihm natürlich an Bühnenerfahrung. Sein Erfolg als Sänger steht fest – vergessen wir das übrige.

Lob für die sängerische Leistung zollte *Le Soir*, mit den bekannten Vorbehalten bezüglich der schauspielerischen Umsetzung:

> Zweifellos besitzt Monsieur Schmidt eine Stimme mit angenehmem Timbre sowie eine leichte und stets natürliche Tongebung ohne jegliche Härten oder Forciertheiten; zudem ist seine Stimme über alle Register hinweg wunderbar ausgeglichen, und sie verfügt über jene spezifische Empfindsamkeit, die zu den typischen Übertreibungen und Fehlern des italienischen Stils führt. Mit der darstellerischen Leistung von Monsieur Schmidt kommt der Zuschauer indes nicht auf seine Rechnung. Der Künstler ist von derart kleiner Gestalt, daß man sich für sein Spiel, für seine Gestik und seine Mimik, eine ebenso klein bemessene Bühne wünschte. Und die Kostüme, vor allem der graue Mantel, den er während der beiden letzten Akte trägt, sind weit davon entfernt, diesen Mißstand zu mildern. Was insgesamt aber das Publikum, das sich durch die sympathische Persönlichkeit des Künstlers gewinnen ließ, nicht daran hinderte, ihm einen bemerkenswerten Erfolg zu bereiten.

Der endlich wahr gewordene Traum, sich auch auf der Opernbühne behaupten zu können, vermochte Schmidt nicht über die akute politische Bedrohung hinweg zu täuschen. In aller Öffentlichkeit als »Verbrechertyp« bezeichnet, sah er sich nicht nur als Künstler, sondern auch zunehmend als Person gefährdet. Diesbezüglich erinnerte sich der Bariton Alexis Boyer, der in der Bohème den Alcindoro sang, dass »Schmidt den Kellerausgang des Theaters benutze, aus Angst zusammengeschlagen zu werden«.

Beste Gelegenheit, sich Routine anzueignen, boten weitere Vorstellungen im Rahmen einer kleineren Tournee. Über eine Aufführung in der Königlich Flämischen Oper in Antwerpen schrieb die lokale Presse:

> Der Ruhm Joseph Schmidts wird sicher nicht größer werden durch sein Auftreten in der Oper. Um seine wunderschöne Stimme, seinen gefühlvollen Gesang zu genießen, sollte man ihn nicht sehen – schon gar nicht in einer Opernrolle. Mit seinem braunen Samtmantel sah er eher wie ein Teddybär aus und nicht wie der Dichter Rudolf. Aber es ist doch ein Beweis seiner künstlerischen Leistungsfähigkeit, wenn er trotz seiner zur Karikatur neigenden Erscheinung mit seinem Gesang wahre Orkane von Begeisterungsstürmen zu entfesseln vermag. Seine Arie im ersten Akt musste er wiederholen ... Obwohl die Eintrittspreise verdoppelt wurden, war das Haus voll.

Weitere »Bohème«-Gastspiele fanden anschließend in Gent, Antwerpen, Lüttich, Brügge, Courtrais, Ostende, Verviers sowie in Dordrecht und Utrecht statt. Innerhalb eines Jahres sollte Schmidt den Rudolf über 20 Mal auf der Bühne verkörpern, was eine gewisse Regelmäßigkeit in seinen Alltag brachte: Erstmals seit seinem Weggang aus Wien hatte er in Brüssel an der Avenue Brugmann 93 wieder einen festen Wohnsitz.

*

Wenn diese Bühnenvorstellungen auch kein wegweisender Schritt für Schmidt waren, psychologisch machten sie seine Zukunftsängste erträglicher. Nichts verlieh ihm mehr Antrieb als das Gefühl, »gebraucht« zu werden. Obwohl inmitten der »Bohème«-Termine zeitlich unpassend, sagte er freudig zu, als man ihn aus Paris um Mitwirkung in einem Benefizkonzert zugunsten von Flüchtlingen bat. Fast schon wie Ironie liest sich die entsprechende Zeitungsnotiz: »Joseph Schmidt singt für Emigranten« – »Die Solidarité (Association Mutuelle Israélite) veranstaltet am 28. Januar im Salle Gaveau ein einziges Konzert zugunsten ihrer Flüchtlingshilfe. An diesem Konzert wirken mit: Lotte Schöne, Sängerin, Frau Durand-Texto, Pianistin, und der Tenor Joseph Schmidt.«

*

Ein letzter, unverhoffter Erfolg wurde Schmidt dank den Übertragungen aus den USA in Skandinavien zuteil. Die bedeutende finnische Sopranistin Aino Ackté (1876–1944) hatte eines dieser Konzerte gehört und kabelte noch während der Rückfahrt aus New York an Leo Engel. Nach Abschluss ihrer Karriere war sie seit 1938 Direktorin des Opernhauses von Helsinki und übte großen Einfluss auf das musikalische Leben des Landes aus. Dank ihrer internationalen Verbindungen gelang es ihr, viele namhafte Künstler für Gastspiele zu verpflichten.

Schmidts geschäftlichen Angelegenheiten hatte sich in den letzten Monaten Artur Hohenberg vermehrt angenommen. Gemeinsam mit der baltischen Konzertagentur Fazer war er es, der nun die Tour in die drei Ostsee-Staaten festlegte. Schmidts erster Konzertauftritt in Helsinki war für den 17. April geplant, musste aber aufgrund höherer Gewalt sprichwörtlich »ins Wasser fallen«. Sein Schiff, die SS Hesperus, hatte wegen eines Staus im Seegebiet von Kiel erhebliche Verspätung und verpasste die rechtzeitige Ankunft in der finnischen Hauptstadt; flexiblem Handeln der Verantwortlichen war es zu verdanken,

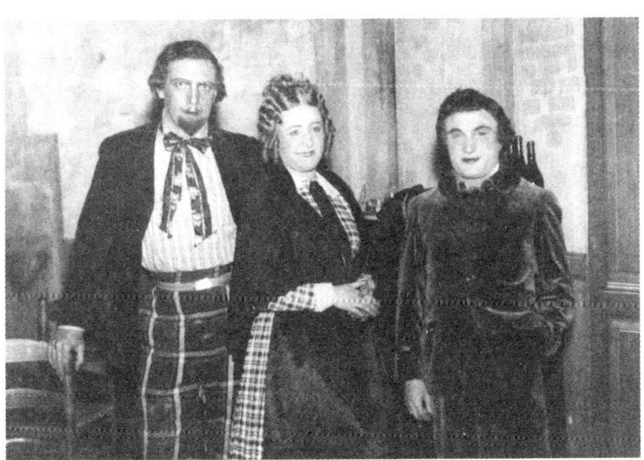

Bislang das einzige Foto, das Joseph Schmidt in einem Opernkostüm zeigt – als Rudolf in »La Bohème«. Aufnahme aus der Oper Antwerpen, 14. März 1939, mit Jos Calewaert (Mimi) und Jaak Heirstraete (Schaunard)

dass der Auftritt aber schon am nächsten Tag stattfinden konnte. Die Ankündigung des Sängers hatte großes Interesse ausgelöst, auch im hohen Norden war sein Name dank Film und Schallplatte längst ein Begriff. Laut Presse war das Konzert innert weniger Stunden ausverkauft und machte eine Wiederholung am 21. April notwendig.

Hohenberg war es gelungen, zwei »Bohème«-Vorstellungen in der Oper von Helsinki für den 24. und den 27. April zu organisieren; mit Pia Ravenna als Mimi und Anne-Charlotte Winter als Musette, am Pult stand Leo Funtek. Ungewöhnlich hoch war die zugesagte Gage: stolze 50 Prozent der Einnahmen!

Einmal mehr sollte eine Kritik auf Schmidts kleinen Wuchs Bezug nehmen: Einem so kleinen Sänger solle man nicht einen so großen Bassisten, »einem so kleinen Rudolf nicht einen so großen Collin« zur Seite stellen.

Ein weiteres Konzert gab es, nach zusätzlichem Reisestress über das Wasser, am 19. April in Tallin, Estland. Den Abschluss fand die Tour am 8. Mai im lettischen Riga. Den Erfolg dieses Abends teilte Schmidt sich mit dem Pianisten und Komponisten Jānis Kalniņš, ebenfalls 1904 geboren und schon als »Wunderkind am Klavier« zu lokaler Berühmtheit gelangt. Beide hatten es verstanden, das Publikum mit einer besonders launigen Zugabe, den »Katzenpfötchen«, eine Eigenkomposition seines Begleiters Kalniņš, nach Hause zu entlassen. Dass der Sänger sich die Mühe gemacht hatte, das Lied in lettischer Sprache zu singen, wurde mit entsprechendem Applaus verdankt.

Insgesamt hatte Schmidt einen zwiespältigen Eindruck im kalten Nordosten Europas hinterlassen. Auch dort hatte er mit den bekannten stimmlichen Unausgeglichenheiten zu kämpfen, über Indisposition lässt sich ebenso nachlesen wie von Mozarts »entstelltem« »Halleluja«. Gleichen Ortes bescheinigt man ihm aber »schöne, weiche Register«, »ausgeglichenes Piano« und erwähnt die »hochgradige Begeisterung des Publikums, das eine Reihe von Zugaben forderte, die der Sänger – teils sich selber begleitend – gewährte.«

*

Den August 1939 verbrachte Schmidt an der Côte d'Azur; Mary und Willy Solnik hatten ihn für zwei Wochen nach Juan-les-Pins eingeladen, wo sie bereits im Vorjahr und in Begleitung der befreundeten Familie Frisch Urlaub gemacht hatten. Man logierte im Golf-Hotel und die benachbarten Vergnügungszentren von Cannes und Nizza ließen sich in kurzen Autofahrten jederzeit bequem erreichen. »Wo immer Joseph Schmidt auftauchte«, erinnerte sich Mary Solnik, »gab es sofort eine Ansammlung von Menschen. Kamen wir die Promenade entlangspaziert und ein Musiker des Kurorchesters erblickte uns, so folgte schon bald die Einleitung zu ›Ein Lied geht um die Welt‹.« Eine Aufforderung, doch ein Ständchen zu geben; eine Bitte, die er nie ausschlug. An einem besonders heißen Tag spielte die Kapelle unmittelbar am Strand. Joseph hielt sich im Wasser auf, als plötzlich eine Stimme rief: »Da schwimmt Joseph Schmidt!« Was dann geschah, beweist ein Zufallsfoto: Joseph stellte sich hin und sang – in der Badehose!

Dennoch herrschte in den Ferienwochen nicht nur eitel Sonnenschein: Zunehmend mit Sorge erfüllte den Hausherrn Schmidts Umgang mit Mary. Dass er ihr Liebeslieder widmete – beispielsweise auch »Du nur bist mayn Bescherter«, selber in jiddischer Sprache getextet –, überhaupt, dass er seinen Gefühlen gegenüber Mary kaum mehr Zurückhaltung auferlegte. Mit entschuldigender Geste meinte Schmidt gegenüber dem Ehemann: »Was soll ich tun – ich liebe Ihre Frau ...« Woraufhin dieser trocken konterte: »Eines muß man Ihnen zugutehalten: Sie haben einen guten Geschmack, mein Lieber.« Dennoch bemühte er sich weiterhin um einen freundschaftlichen Umgang mit dem Sänger. »Willy war ein wunderbarer Ehepartner«, bestätigte später Mary. »Sein Vertrauen hatte wahre Größe, und niemals hat er mich seine Eifersucht spüren lassen. Bevor Joseph nach Brüssel zurückfahren mußte, sahen wir uns zu dritt in Nizza den Film ›La Nuit de décembre‹ an, die Story einer Frau, dargestellt von Renée Saint-Cyr, die mit einem Künstler ihr undurchsichtiges Spiel treibt. Nach dem Film war Joseph viel stiller als sonst, und erst nach einer Weile, als wir über die Eisenbahnbrücke beim Kino schlenderten, faßte er meinen Arm und sagte leise: ›Seht ihr, das war meine Geschichte mit Lotte.‹ Und als wir Joseph schließlich zum Bahnhof brachten, als sich der Zug in Bewegung setzte und unsere Blicke sich definitiv verloren, zog mich Fanny Frisch, die auch zur Verabschiedung mitgekommen war, etwas beiseite und meinte: ›Sie tun mir nicht leid. Aber er. Weil er allein bleibt.‹«

In den folgenden Wochen hing Mary Solnik in Gedanken ihrem »Peperl« nach. Willy Solnik spürte das und bat schließlich seine Frau, nach Brüssel zu fahren und die Angelegenheit mit Joseph unter vier Augen zu bereinigen. Dafür gewährte er ihr 48 Stunden Zeit, dann müsse sie wieder zu Hause sein. »Ich wohnte im Hotel Metropole und kehrte nach zwei Tagen, wie es mein Mann verlangt hatte, nach Mülhausen zurück.« Erleichtert? Darüber lange und tiefgründig zu sinnieren hatte Mary, hatten Joseph und Willy wohl kaum mehr Lust: Man schrieb den 1. September 1939, Hitler-Deutschland überfiel Polen.

Joseph Schmidt mit Mary-Rose Solnik (rechts) und deren Freundin Fanny Frisch, Juan les Pins, Südfrankreich, Juli 1939

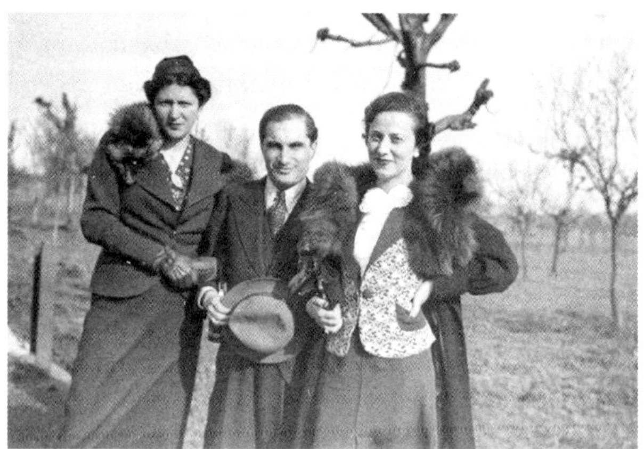

Am 31. August hatte sich Schmidt von der rumänischen Botschaft in Brüssel einen Reisepass ausstellen lassen: Zeichen dafür, dass er sich mittlerweile entschieden hatte, Belgien definitiv zu verlassen – notfalls auch ohne Onkel Leo, der die Situation immer noch nicht erkennen wollte. Nur in einer Beziehung wollte er sich den Plänen des Onkels noch einmal fügen: Er erklärte sich bereit, die Konzerttermine, die dieser für die kommenden Wintermonate längst fixiert hatte, einzuhalten. Bei einer der anstehenden Verpflichtungen witterte Schmidt eine Möglichkeit, eventuell dem in Brand geratenen Festland zu entkommen. Ein Engagement in Bournemouth, nahe der englischen Stadt Southampton hätte zumindest den Sprung über den Ärmelkanal bedeuten können. In Vorfreude schrieb er aus dem Hotel Majestic Palace in Ostende an Sibyl Nisen, einer seiner englischen Verehrerinnen: »I shall sing at Bournemouth, Royal Bath Hotel, the 6th September evening and parts of the concert will be transmitted by the BBC.« Aber daraus sollte nichts werden. Die durch den Kriegsbeginn ausgelöste allgemeine Unsicherheit verhinderte die Reise, das Konzert wurde kurzfristig abgesagt. Unbegreiflich, dass Schmidt nicht endlich die Koffer packte und sich in Richtung Amerika orientierte, zu-

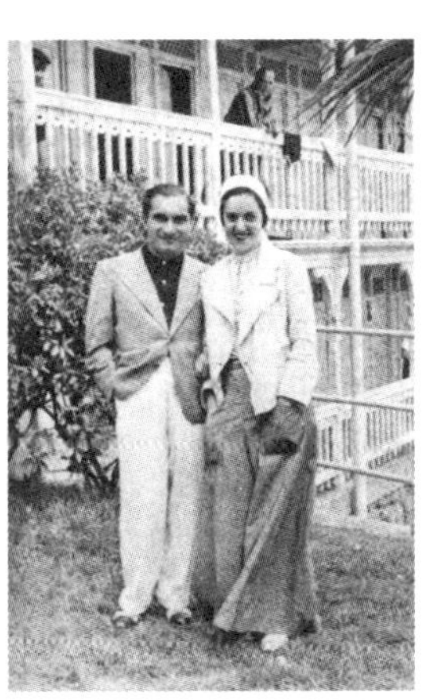

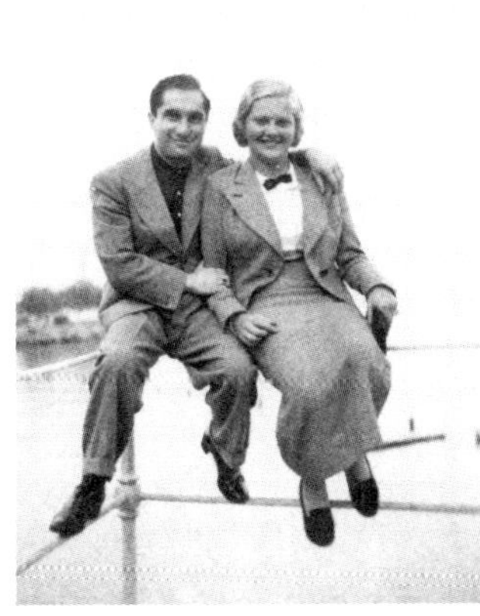

In Begleitung von nicht namentlich bekannten Damen. Aufnahmen aus Abbazia, Jugoslawien, Sommer 1934

mal Agent Sol Hurok den Vertrag für die kommende Saison bereits nach Brüssel übersandt hatte, zu Händen Onkel Leos an die Rue de Mutualité 68b.

Wie sich die Zeiten auch in Holland zu ändern begannen, bekam Schmidt in einer Pressebesprechung über sein Amsterdamer Rezital vom 20. November zu spüren: »Der Sänger erntete Erfolg über Erfolg«, hieß es eingangs zwar, doch dann wurden andere Töne laut:

> Unter uns gesagt: Joseph Schmidt gefällt uns nicht. Seine Stimme ist, abgesehen von einigen wenigen Tönen, heiser und nicht klar genug; der erste Ton, den er sang, klang so falsch wie das Quietschen einer Straßenbahn in einer Kurve. Später wurde es besser, doch die Unausgeglichenheit in seiner Stimme blieb bestehen. Er weiß, wie sein Publikum reagiert, und er weiß, wie er es zu nehmen hat: Wenn er die Bühne betritt, winkt er ihm zu. Wie ein Boxer, der den Ring betritt. Als kritischer Fachmann muß ich zum Schluß kommen, daß er nicht singen kann. Was er kennt, sind die Manieren und Tricks eines Operntenors. Es gibt Filme von ihm, die lange gespielt worden sind, Schallplatten, die beinahe jeder besitzt. Und so sitzen dann die Omas im Saal, um ihren Helden nun persönlich zu sehen. Es werden verschiedene Arien gesungen, und das Publikum ist begeistert – wunderbar, wenn man so viel Gold in der Kehle hat. Dem Kritiker hingegen ist es unverständlich [...] er bleibt dabei: Singen kann Joseph Schmidt nicht.

Ungeachtet der Beleidigungen Schmidt absolvierte eine nächste »Bohème« in Gent am 9. Dezember, ein Konzert am 15. Dezember in Antwerpen mit großem Orchester unter der Leitung Hans Lichtensteins sowie einen Silvesterauftritt.

*

In den ersten Tagen des neuangebrochenen Jahres gastierte in Brüssel die berühmte Chansonsängerin und Diseuse Baby Pola, die ihr Publikum mit französischen, deutschen und englischen Songs, besonders aber mit ihrer einzigartigen Interpretation von jüdischen Volksgesängen, zu bezaubern wusste. Auch Schmidt war äußerst angetan, wusste er doch, dass Baby Pola in Wien einst zu seinen treusten Verehrerinnen gezählt hatte, also suchte er sie in der Garderobe auf, um ihr zu gratulieren. Es folgte, was folgen musste: eine kurze, gemeinsam erlebte, intensive Zeit, in der Schmidt der Meinung war, dass Baby Pola die ideale Interpretin für sein Lied »Du nur bist mayn Bescherter« sei. Dass er das Lied in Gedanken an Mary Solnik geschrieben und auch ihr gewidmet hatte, schien ihm unwesentlich; überhaupt schwieg er sich Baby Pola gegenüber ziemlich aus, was sein Privatleben anbelangte. »Daß Joseph Vater eines Sohnes war, wußte ich damals nicht«, erklärte die Künstlerin dem Autor in den späten 1980er-Jahren. »Heute, in meinem Alter, verstehe ich das alles. Damals, in der Hitler-Zeit, als Krieg war, wollte er mir wohl nicht weh tun und hat es offenbar nicht für zweckmäßig erachtet, mir davon zu erzählen.«

Auch anderweitig fand Schmidt Zeit, sich mit jungen Sängerinnen zu befassen – als Lehrer. Zumindest der Name einer Schülerin ist überliefert. So erinnert sich Viviann Vladiv aus Kalifornien, dass seine damalige Freundin Gita Nobis in Brüssel von Schmidt unterrichtet wurde. »Sie hatte eine wunderbare Stimme, aber in Amerika habe ich nichts mehr von ihr gehört. Auftritte der Sängerin sind z.B. aus Gent als Donizettis »Regimentstochter« nachweisbar.

*

Anfang Februar traf Schmidt in der Schweiz ein. Wissend um die hektischen Reisen seit dem Weggang aus Wien 1938, stellte ihm ein Mitarbeiter des *Jüdischen Wochenblattes* die Frage: »Waren Sie während des Umsturzes außerhalb Österreichs Grenzen?« Schmidt: »Ich habe doppeltes Glück gehabt. Am 9. März fuhr ich nach London, um mit Gitta Alpar aufzutreten.

Entgegen meiner Gewohnheit nahm ich den Pass mit und ließ die Aktenmappe, in der sich sonst immer mein Pass befindet, im Coupé zurück und begab mich in den Speisewagen. Als ich zurückkam, war meine Mappe verschwunden; ich habe sie bis heute nicht mehr zurückerhalten. Wer weiß, wo ich heute wäre, wenn ich die Papiere nicht mitgenommen hätte. 2 Tage später war der Umsturz!«

*

Am 8. Februar 1940 sang er in der Tonhalle Zürich – diesmal im kleinen Saal, zwei Tage später im Neuen Festsaal des Stadtcasinos Basel. Wie gewohnt begleitete ihn Walter Lang:

Scarlatti	»Son tutto duolo«
Cesti	»Intorno all' idol mio«
Carissimi	»Vittoria, vittoria«
Sacchini	»Dardanus« (Arie)
Mozart	»Halleluja«
Lalo	»Le Roi d'Ys«
Smetana	»Der Kuß« (Arie)
Massenet	»Manon« (Arie)
Tosti	»Penso«
Buzzi-Peccia	»Lolita«
Tagliaferri	»Nu me sceta«
Korngold	»Die tote Stadt«
Puccini	»Turandot«

Auch in der Schweiz schienen sich die Zeiten geändert zu haben, die Begeisterung des Publikums hätte nicht mehr die einstige Temperatur erreicht, schrieb die Basler *National-Zeitung* vielsagend. Hart ins Gericht mit Schmidts künstlerischer Leistung ging Willi Schuh am 12. Februar in der *Neuen Zürcher Zeitung*:

> Getragen von einer Tenorstimme, die sich in der Schlagermelodie betörend auszusingen wußte, ging »Ein Lied um die Welt«. […] Schmidts Tenor gehört freilich zu denen,

> die durch die Übertragung nur gewinnen. Im Konzertsaal, in den starmäßig aufgezogenen Programmen, die ein Sammelsurium von Altitalienischem, Französischem, von Mozart, Smetana, Puccini und Schlagerhaftem bilden, wird man seiner wenig froh. Wie vor zwei Jahren, so war es diesmal wieder: das fast dauernd gleichsam unter »Überdruck« gehaltene Organ scheint – so glänzende Momente ihm zuweilen noch beschieden sind – doch recht ermüdet, um nicht zu sagen verbraucht. Hauchiger Beiklang, matte Tiefe, vor allem aber die Neigung zum reinen Stimmprunk trüben das Gesamtbild so stark, daß man auch am gelungenen Einzelnen keine rechte Freude gewinnt. Eine bewunderungswürdige Atemführung erlaubt Schmidt noch, aus den Arien der Scarlatti, Cesti, Carissimi schön geschlossene Wirkungen zu ziehen. Mozarts »Halleluja«, als Paradestück hingelegt, weckte zufolge des viel zu voluminösen Tones in stilempfindlichen Ohren schon eher Unbehagen, und der hochpathetische statt jugendlich überschwengliche Vortrag der Kuß-Arie von Smetana wirkte ebenso unerquicklich wie der schmachtende der allzu gefälligen Tosti- und Buzzi-Peccia-Melodien. Immerhin wußte Schmidt hier durch feinere tonliche Stufung zu wirken als etwa in der berühmten Arie aus Massenets »Manon«, die ein sensitiveres Mitschwingen, aber auch sorgsamere Diktion verlangt, als sie der Sänger zu geben hat. Ansprechender war der Vortrag der Kalaf-Arie »Non piangere più« aus Puccinis »Turandot«, wie denn überhaupt im Verlaufe des Konzertes einiges Gute mit vielem weniger Guten und einem ganz Unbefriedigenden ständig wechselte.

Schmidts Debüt im Kostüm hatte Signalwirkung und schien weitere Opernpläne zur Folge zu haben, konkrete Vorhaben lassen sich jedoch nicht nachweisen. Obwohl seine Mutter sich an den Eleazar in Halévys Oper »Die Jüdin« zu erinnern glaubte, ist diese Annahme unrealistisch. Als Gesangspartie für Schmidt zweifellos von Interesse, doch diese heroische Figur szenisch glaubhaft darzustellen lag keinesfalls im Bereich seiner Möglichkeiten. Nur wenige Sängerpersönlichkeiten hatten ihr standzuhalten vermocht: Enrico Caruso, Leo Slezak, Josef Mann und, zu Schmidts Zeiten, Giovanni Martinelli. Viel plausibler scheint die Aussage von Mary Solnik, die sich eines Kartengrußes Schmidts aus Brüssel erinnerte, wo er mehr beiläufig vermerkte, dass die Proben zum »Bajazzo« begonnen hätten. Eine Partie, die nicht nur stimmlich auf ihn zugeschnitten gewesen wäre; als Canio hätte er gleichzeitig seine ureigensten Schmerzen einbringen können – das stete Verstecken hinter einer Maske des Lächelns. Schmidts kurzer Wuchs hätte die Tragik des betrogenen Gauklers womöglich zusätzlich unterstützt.

Joseph Schmidt war keinesfalls der erste Tenor von Bedeutung, dessen Äußeres im Missverhältnis zu den stimmlichen Mitteln stand. Demselben Problem gegenüber sahen sich so bedeutende Sänger wie Bernardo de Muro. Nur wenige Rollen hatte er auf der Bühne verkörpert und eine seiner besten Leistungen, den Othello, konnte er nur der Schallplatte anvertrauen. Auch der Grieche Costa Milona haderte mit seiner Körpergröße und erlangte wie Schmidt seine Popularität vorwiegend durch unzählige Plattenaufnahmen. Der Amerikaner Jan Peerce war einem Millionenpublikum seit Jahren ein Begriff, bis er endlich mit 35 Jahren den Schritt auf die Bühne wagte. Letztes bedeutendes Beispiel dieser Gattung dürfte der Andalusier Tony Poncet sein: Eine heldisch aufblitzende Prachtsstimme, aber einem wesentlich zu klein geratenen Mann gehörend.

*

Mit Sicherheit lassen sich nur noch wenige Auftritte Schmidts in Belgien nachweisen: am 3. März die Mitwirkung innerhalb eines »Bunten Programms« am Rundfunk Brüssel und am 17. März in Gent eine letzte Vorstellung als Rudolf. Scheinbar ergebnislos verlaufen war auch ein Gespräch zwischen Schmidt und dem Chef der holländischen Polydor-Gesellschaft, der den Sänger, seit zwei Jahren ohne Schallplattenvertrag, zu einem Treffen ins Hotel Metropole bat, um die Möglichkeiten eines neuen Vertragsabschlusses zu diskutieren. Die Frage, weshalb sich die beiden Gesprächspartner nicht einigen konnten, ist ebenso unbeantwortet geblieben wie die, weshalb Schmidt den Amerikavertrag von Sol Hurok nie unterzeichnet hat.

Nicht zu klären ist auch, ob es für Schmidt wirklich beschlossene Sache war, nach den letzten Verpflichtungen Belgien sofort in Richtung Frankreich zu verlassen. Oder ob er sich von Onkel Leo, der nach wie vor gegen jeglichen Ausreiseplan opponierte, mit Aussicht auf neue Engagements vertrösten ließ.

*

Schmidt hatte sich ganz besonders darauf gefreut, sich seinem Brüsseler Publikum wieder in einem Konzert zu präsentieren. Zusammen mit dem Pianisten Norbert Stern hatte er für den 10. Mai 1940 ein neues Programm ausgearbeitet, doch die Politik wollte es anders: Am besagten Datum überfiel Deutschland die Beneluxländer. Schmidt bemühte sich intensiv um eine Ausreise, was durch erhaltene Visa belegt ist. Am 24. Juli erhielt er ein Visum zur Einreise nach Bulgarien, drei Tage später stempelte man ihm eine Bewilligung auch zur Einreise nach Rumä-

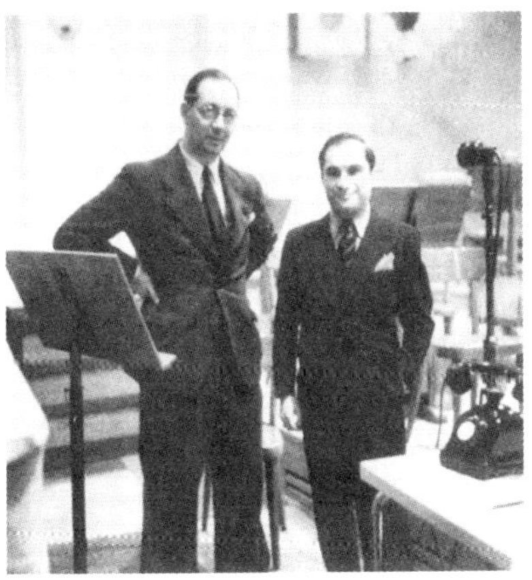

Live-Konzert im Radiostudio Zürich mit dem Dirigenten und Komponisten Hans Haug, 5. Februar 1940

nien in seinen Pass. Doch erwiesen sich diese Papiere als nutzlos; Belgien verweigerte ihm die Ausreise. Schmidt versuchte es ein drittes Mal, erhielt am 19. September die Einreisebewilligung für Portugal. Aber auch diesmal scheiterte er an der fehlenden belgischen Ausreiseerlaubnis. Ein schwacher Trost in all dem Unglück: Lotte war es gelungen, sich mit dem inzwischen fünfjährigen Otto rechtzeitig nach Frankreich abzusetzen.

Mittlerweile hallte auch in den Beneluxstaaten der deutsche Marschtritt; die von der braunen Besetzungsmacht verordnete ideologische Gleichschaltung betraf auch Schmidts Liebeserklärung an Holland: Sein Lied »Ik hou van Holland« wurde umgehend verboten. Schmidt war von seiner Umwelt, vor allem von seiner Verwandtschaft total abgeschnitten, seit auch der Postverkehr mit dem Ausland eingestellt worden war. Konsul Stanescu von der rumänischen Botschaft gelang es immerhin, einen Brief vom 28. September 1940 an seine Schwester Betty nach Bukarest zu schmuggeln, in dem Schmidt seine Verzweiflung nicht zurück hielt.

> Liebe Betty, lieber Elias,
>
> ich habe schon dreimal Karten an Euch geschrieben, seitdem der Verkehr mit Rumänien von hier wiederaufgenommen wurde, habe aber leider noch keine Antwort von Euch. Natürlich habe ich auch an die liebe Mama geschrieben, aber dort zweifle ich sehr, ob die Post ankommt. Wie ich Euch schrieb, habe ich alles getan, um zu Euch zu kommen. Ich habe alles erreicht, was nötig war, aber leider gibt hier die Besatzungsbehörde nicht die Ausreiseerlaubnis. Die Vertreter hier sind schrecklich, sie wüßten nichts, sie könnten nichts tun usw. Wenn die liebe Mama dort irgendwie was tun könnte, vielleicht daß mich meine Stadt »offiziell« einlädt oder dergleichen? Ich habe auch Einladungen nach Zagreb und Sofia und inzwischen die Einreisevisa, aber eben – die Ausreise von hier …

Auf einem separaten Blatt fügte Schmidt auch einige Zeilen an seine Mutter bei. Wobei er den Ton spürbar veränderte; nichts sollte sie beunruhigen:

> Liebstes Mamitschka!
>
> Ich schreibe Dir mit der Hoffnung, daß Du vielleicht doch diese Zeilen bekommst, Du siehst, daß alles Gott sei Dank in bester Ordnung ist und ich nur auf die Möglichkeit warte, zu Dir zu fahren. Helfe der Ewige zu einem baldigen, frohen, glücklichen Wiedersehen. Meinetwegen sollst Du also in jeder Beziehung vollkommen beruhigt sein. Ich verbringe hier die Zeit wie im Frieden, bin viel eingeladen, fast alle Bekannten sind hier, und bis auf die wehmütige Sehnsucht, die ich im Herzen trage, fühle ich mich sehr gut …

Sicherheitshalber schrieb er der Schwester, dass sie alle ihre Post »weiterhin an den Onkel« senden möge, da sie »scheinbar dort eher ankomme«. In Brüssel hatte Arthur Hohenberg derweil versucht, Konzerttermine für Schmidt in Portugal zu fixieren. Sie scheinen nicht zustande gekommen zu sein; jedenfalls reiste Schmidt nicht nach Portugal, sondern nach Lyon. Die Beweggründe dafür, überhaupt die näheren Umstände der Ausreise aus Belgien, bleiben undurchsichtig. Es kann nur vermutet werden, weshalb Schmidt bei der Ausreise anstelle seines Reisepasses ein sogenanntes »Fremdlings-Zertifikat« benutzte. Womöglich wusste er um die zu erwartenden Schikanen.

Die nächste gesicherte Spur ist ein Stempeleintrag des Polizeipräfekten von Lyon. Dieser weist den Inhaber des Passes Nr. 279058 als am 15. November 1940 eingereist aus. Grund des derzeitigen Aufenthaltes: die Weiterreise nach Bolivien, und zwar über Spanien und Portugal. In Wirklichkeit aber hatte Joseph Schmidt auf seiner Reise ins Verderben nur den Wartesaal gewechselt, das Unglück längst zum Sprung auf ihn angesetzt.

10
Flucht nach Frankreich (1940–1942)

Ein drittes Mal unterlag Schmidt dem Irrtum, beim Überschreiten von Grenzen seine Probleme hinter sich lassen zu können. Seine Absicht, zu Freunden nach Paris zu gelangen, war mit der Besetzung der Stadt am 14. Juni 1940 hinfällig geworden. Auch der Südosten war ihm – spätestens seit dem Kriegseintritt Italiens am 10. Juni – definitiv verschlossen. Schmidt saß in Lyon fest. Zusehends mangelte es ihm an Geld, und bald sollte wieder jener Kampf um die pure Existenz beginnen, den er aus den harten Armutsjahren seiner Kindheit noch in lebhafter Erinnerung hatte.

Ebenfalls im Juni 1940 verlor Rumänien den Nordteil der Bukowina und Bessarabien an die UdSSR sowie den Norden Siebenbürgens an Ungarn. Was bedeutete, dass Schmidts Heimatstadt dem Riesenreich Stalins einverleibt worden war. Jetzt verstand er auch, weshalb seine Briefe an die Mutter in Czernowitz sowie an seine Schwester Betty in Gura Humorului stets als »unzustellbar« zurückgesandt wurden. Den Zeitungen war zu entnehmen, dass die Rote Armee am 28. Juni in Czernowitz einmarschiert war; sogleich wurde ein Großteil der bukowinischen Bevölkerung in die

Ukraine umgesiedelt. Und die noch verbliebenen der ursprünglich über 700 000 Juden des Landes waren auf der Flucht, unter ihnen auch Schmidts Mutter Sara. Für sich selber hatte der Sänger zwar Vorsorge treffen können: Dank der Bemühungen des bolivianischen Generalkonsuls hatte er ein Visum für Bolivien erhalten, gültig ab 29. August für genau ein Jahr. Doch Schmidt ließ diese Frist verstreichen: Europa den Rücken zu kehren, ohne seine Mutter in Sicherheit zu wissen, war für ihn undenkbar.

*

Die unruhige Zeit hatte auch das Leben der Familie Solnik grundlegend verändert. Ihre herrschaftliche Villa in der Rue des Carrières in Mülhausen war längst zweckentfremdet, war zum Administrationsquartier der Besetzungsmacht umfunktioniert worden. Mary-Rose und Willy Solnik bewegten sich mit ihren Kindern Reine, Yvonne und Marcel in jenem endlosen Flüchtlingsstrom, der sich aus den bereits besetzten Gebieten Frankreichs in Richtung Süden wälzte. In Nizza fand sich schließlich ein kleines Mietshaus, das vorübergehend Unterschlupf bot. Aus allen Teilen Frankreichs trafen damals jüdische Flüchtlinge im Süden ein – Emigranten, heimatlos, ins Exil getrieben. Auch die Familie Frisch, die Ferienbekannten der Vorjahre, schlug sich von Toulouse nach Nizza durch und ließ sich in unmittelbarer Nähe der Solniks nieder. Schließlich machte sich Joseph Schmidt ebenfalls auf den Weg in den Süden. Groß war die Freude über das Wiedersehen seiner Freunde in Nizza, und dass er nun im schäbigen Hotel Maccarani Wohnsitz nehmen musste statt wie früher im luxuriösen Golf-Hotel in Juan-les-Pins, vermochte ihn nicht zu betrüben. Wohl nichts hätte ihn glücklicher machen können, als in Marys Nähe zu sein. Noch immer faszinierten ihn ihre sprechenden Augen, obwohl nun alles anders war: einen »verfahrenen Karren« hatte er selbst diese Beziehung genannt und sich in das Unabänderliche gefügt. Mary entsann sich bestens der Ankunft Josephs aus Lyon: »Wir hatten ihn in sein Hotel in der Rue Maccarani Nr. 2 begleitet. Herr Frisch, der mehr als einen Kopf größer war, zeigte sich beim Auspacken der Koffer behilflich. Als er die Hüte auf das oberste Tablar des Schrankes legt, meinte Joseph: ›So einen ‚hohen Blick' wie Sie möchte ich auch haben.‹«

Für einige Monate, so schien es zumindest, konnte sich Schmidt in Nizza einigermaßen frei und unbehelligt bewegen. Angst und Schrecken machten sich jedoch breit, als offenkundig wurde, dass die Vichy-Regierung unter Marschall Pétain bereits im August 1940, also noch bevor die Kollaboration mit Hitler beschlossene Sache war, erste Flüchtlinge nach Deutschland auszuliefern begann. Von nun an hieß es auf der Hut sein; als jüdischer Exilant durfte man in keiner Weise auffallen. Entsprechend schwierig wurde es, eine Reisegenehmigung zu erhalten. Und eine solche war bereits nötig, um von Nizza aus in eine der benachbarten Städte zu gelangen. Seine einstige Popularität nützte Schmidt nichts, den endlosen Verhören durch die Regierungsbeamten konnte er sich nicht entziehen und den bürokratischen Schikanen war er genauso ausgesetzt wie alle Leidensgenossen. Dennoch, der Mutter gegenüber versuchte er, den Ernst der Lage nach wie vor zu bagatellisieren:

> »Liebstes Mamitschka«, schrieb er am 2. Oktober 1941, »meine vorige Karte hast Du hoffentlich erhalten. Ich bin sehr glücklich, hier mit Solniks zu sein. Wegen Onkel Leo tut es mir nicht leid, und ich bin froh, mich endlich zu einem Entschluß ohne ihn durchgerungen zu haben. Er will Belgien nicht verlassen. Ansonsten alles in bester Ordnung ...«

Doch auch dieser Brief erreichte seine Adressantin nicht, sondern kehrte zurück an den Absender: Schmidt c/o Familie Ernst Mayer, Avenue Cuvier 142, Lyon.

»Ansonsten alles in bester Ordnung« ... Dass sein Pass beim Betreten Frankreichs eingezogen wurde ist kein Thema. Noch weniger, dass jede noch so kleine Ortsveränderung eines »Sauf-Conduits« bedurfte – einer Reisegenehmigung, und seine jetzigen, nur kurzfristig gültigen Papiere mit einem unübersehbaren Zusatz versehen wurden: »JUIF-JOOD«.

Inzwischen war es dem New Yorker Rechtsanwaltsbüro Taub & Geller auf Betreiben des Künstleragenten Sol Hurok gelungen, für Joseph Schmidt eine Einreisegenehmigung für Kuba zu erwirken. Am 3. Dezember 1941 sandte Leo Taub einen entsprechenden Brief nach Nizza, Hotel Maccarani.

Für Joseph Schmidt war die Sachlage klar. Rücksichten brauchte er keine mehr zu nehmen, weder auf seinen Onkel noch auf Lotte und seinen Sohn Otto, Letztere wusste er inzwischen in Lissabon aufgehoben; Lajos Ernst, ein langjähriger Bekannter, sorgte für sie. Und was seine Mutter, was die Sorge um die Familie betraf – was hätte ihr, vor allem der Mutter, eine größere Beruhigung verschaffen können, als zu wissen, dass er endgültig in Sicherheit sei. Also setzte Schmidt nun alles in Bewegung, um nach Marseille zu reisen und sein Visum in Empfang zu nehmen. Doch die französischen Behörden verweigerten ihm die Reiseerlaubnis; also meldete er sich mit einem persönlichen Schreiben beim kubanischen Generalkonsul in Marseille:

> Monsieur le Consul Général,
>
> Ich wurde per Telegramm aus New York informiert, dass mein Visum für Kuba bei Ihrem Konsulat in Marseille unter der Nummer 11005 eingetroffen ist. Ich wäre Ihnen sehr dankbar, Herr Konsul, wenn Sie die Güte hätten, dieses Visum an das Konsulat in Nizza zu transferieren, da ich nicht die Möglichkeit habe, nach Marseille zu kommen wegen der Schwierigkeit, eine Reiseerlaubnis zu erhalten. Da ich die Überfahrt schon für den 20. Dezember reserviert habe, wäre ich Ihnen sehr verbunden, wenn Sie mir umgehend Ihre Zusage bezüglich meines Anliegens zusenden würden.
>
> Nizza, 7. Dezember 1941
> Joseph Schmidt

Der Wunsch ging in Erfüllung; wenige Tage später hielt Schmidt das überlebenswichtige Papier in Händen, gültig bis 29. Dezember 1941. Letzte Besuche bei Mary und Willy, Freude mischte sich mit Abschiedsschmerz; ein letzter Anruf nach Lissabon, der mit einem gefassten »auf Wiedersehen in ruhigeren Zeiten« beendet wurde; schließlich eine letzte, schlaflose Nacht: Nur noch 24 Stunden durchhalten, dann sollte er endgültig in die Freiheit entlassen werden.

Frühzeitig fand er sich am Samstag, dem 20. Dezember, im Hafengelände ein. Doch die Quaianlagen waren von einer seltsamen Hektik erfüllt; überall saßen Menschen zu Hunderten zwischen Gepäckstücken herum, viele von ihnen fassungslos weinend. Den Grund erfuhr Schmidt bald: In Folge des japanischen Überfalls auf Pearl Harbor und der damit verbundenen Kriegserklärung Deutschlands und Italiens an die USA, war Kuba in der vergangenen Nacht ebenfalls in den Krieg getreten und der gesamte Schiffsverkehr nach Übersee eingestellt worden.

*

Wiederum saß Schmidt in Nizza im Hotel Maccarani fest, überraschend war auch Lotte mit Sohn Otto gekommen. Später behauptete Lotte – und sie machte ihre Behauptungen schließlich auch vor Gericht geltend –, dass sie sich am 13. Januar 1942 in Nizza mit Schmidt vermählt habe. Mary-Rose Solnik, die über das unverhoffte Auftauchen Lottes aus verständlichen Gründen nicht erbaut war, bestätigte ihrerseits deren Behauptung. Allerdings mit der Einschränkung, dass die beiden nur »nach jüdischen Ritus« verheiratet gewesen seien. Und sie wies später auch darauf hin, dass Schmidt bereits am folgenden Tag auf die Annullierung dieser Trauung bestanden habe, weil seine Angetraute noch am Abend jenes 13. Januars zu Lajos Ernst zurückgekehrt sei. Wie auch immer: Die Heiratsurkunde, die Lotte später dem Gericht vorwies, wurde aufgrund der falschen Angaben über Schmidts Geburtsort und

Wohnadresse sowie wegen des fehlenden Namenszugs eines Rabbiners nicht anerkannt.

An diesem für Schmidts Zukunft so entscheidenden Punkt darf einmal mehr Mary Solnik zitiert werden: »Joseph brauchte Wochen, um einigermaßen über den Schock seiner vereitelten Ausreise nach Kuba hinwegzukommen. Er war ein gebrochener Mann, tagelang fast unansprechbar.« Aus Deutschland, überhaupt aus den kriegführenden Ländern Europas trafen die niederschmetterndsten Meldungen ein. Ausgerechnet in Rumänien, 1942 dem Dreimächtepakt beigetreten und im Krieg an der Seite Deutschlands, waren die Juden schrecklichsten Pogromen ausgeliefert: Die Gräueltaten von Bukarest, Jassy und Dorohai, unweit der Bukowina, sind in die Geschichte des Völkermordes eingegangen. Am 20. Januar 1942 wurde in der Berliner Wannsee-Konferenz die »Endlösung der Judenfrage« beschlossen. Eines der ersten prominenten Opfer der nun unverblümten Tyrannei war der Komponist Leon Jessel, der Schöpfer der volkstümlichen deutschen Operette »Das Schwarzwaldmädel«. Am 4. Februar erlag er den Verletzungen, die man dem 73-Jährigen, seit 18 Monaten im Keller des Polizeigefängnisses am Alexanderplatz, zugefügt hatte.

Im Warschauer Ghetto warteten bereits die ersten 9000 Menschen auf den Abtransport nach Treblinka. Während im Schloss Hartheim bei Linz seit 1940 das »Programm T4« lief – die Liquidation von insgesamt 30 000 körperlich und geistig behinderten Menschen. Das davon überlieferte »Geleitwort der betreuenden Schwestern« ist Geschichte: »Betet, Kinder, denn heute kommt ihr durch den Schornstein zum lieben Gott.« Auch in Brüssel, das erhaltene »Judenregister« der Stadt beweist es, wurden inzwischen Juden zusammengetrieben; Anfang 1942 auch in der Avenue Brugmann 93, Schmidts ehemaliger Wohnadresse. Ihr Weg: Durchgangslager Mecheln; ihr Ziel: Endstation Treblinka. Onkel Leo hatte Glück, er war frühzeitig vor dem Zugriff gewarnt worden.

*

Auch Schmidt bemühte sich, trotz der unsicheren Lebensumstände den Glauben an eine sorgenfreiere Zukunft nicht zu verlieren. Nachdem er sich mehrmals erfolglos um eine Auftrittsbewilligung für Nizza bemüht hatte, brachte ein Brief aus Avignon einen willkommenen Lichtblick:

> Lieber Herr Schmidt,
>
> Sie werden erstaunt sein, von mir zu hören. Ich suchte schon lange, Ihre Adresse in Erfahrung zu bringen. Dies ist mir aber erst jetzt gelungen. Ich hoffe, daß es Ihnen – den Umständen entsprechend – gutgeht. Wie Sie aus dem Briefkopf ersehen, bin ich beim Réfugiés-Comité tätig und bin Leiter des hiesigen Ausschusses.
>
> Wie mir Frau Michaelis (Nizza) mitteilte, wollten Sie dort auftreten, bekamen aber behördlicherseits keine Bewilligung. Nun ist eine Konzerttournee in Aussicht genommen, und ich schlug Sie zur Mitwirkung vor, womit man einverstanden ist. Es handelt sich um die Städte Avignon, Nímes, Arles, Montpellier. Ich habe erreicht, daß ein Teil der Einnahmen an uns, d.h. an unser jüdisches Comité, abgegeben wird, und ich denke, den Überschuß hauptsächlich unseren Internierten in Gurs, Rivesaltes etc. zugute kommen zu lassen. Sie brauchen den Abend nicht alleine zu bestreiten, sondern nur etwa 15 bis 20 Minuten zu singen. Es wirken noch ein Orchester, ein Pianist und eine Sängerin mit.
>
> Nun die finanzielle Seite: Wie schon erwähnt, sind die Abende zugunsten der Secours National, und in diesem Falle kann natürlich Ihre übliche Gage nicht gegeben werden. Bedenken Sie aber, daß ein Auftreten in diesem Rahmen auch für Sie von unschätzbarem Wert sein kann und sie außerdem den jüdischen Flüchtlingen durch Ihre Mitwirkung helfen. Unter Berücksichtigung dieser Gesichtspunkte bitte ich um Ihre Mitteilung, ob Sie außer Ihren Fahrspesen, Verpflegung und Unterkunft noch eine zusätzliche Vergütung beanspruchen.
>
> Indem ich Ihrer sofortigen Antwort entgegensehe, grüßt sie freundschaftlichst
>
> Max Neumann
> Avignon, 10. Februar 1942

Max Neumann hatte die glanzvolle Berliner Zeit Schmidts miterlebt, war bereits Zaungast bei der Filmpremiere »Ein Lied geht um die Welt« gewesen und hatte sich später maßgeblich für die letzten Auftritte Schmidts 1936 und 1937 in Frankfurt und Berlin eingesetzt. Er war es auch, der die Worte Goebbels von 1933 überlieferte: »Mag in Deutschland kommen, was will, Schmidt wird immer der Unsrige sein.« Nun meldete er sich erneut, nach neun Jahren: »Ich versuchte, für Schmidt Auftritte in Lissabon zu organisieren, damit er aus seiner Verzweiflung wieder herauskäme«, so Neumann später. »Es gelang mir, für den 26. März 1942 ein Konzert zugunsten des ›Comité d'Assistence aux Réfugiés‹ in Marseille vorzubereiten. Der Saal war einige Tage nach der Ankündigung des Konzerts schon vollständig ausverkauft. Als Schmidt aber einen Tag vorher zur Probe kam, da verbot die Préfecture der Stadt diese künstlerische ›Manifestation‹, wie sie es nannte – mit jener Begründung, die bereits Jahre zuvor die Gestapo in Deutschland angeführt hatte: Es sei untragbar, daß jüdische und arische Künstler zusammen auftreten bzw. daß jüdisches und arisches Publikum in einem Saal versammelt sei. Wir alle und insbesondere Joseph waren fassungslos.«

Noch eine Woche vorher war Schmidt aus besonderem Grund aufgeräumter Stimmung: Am 18. März 1942 wurde ihm vom portugiesischen Vizekonsul ein Transitvisum nach Kuba ausgestellt, und zwar via Portugal. Mit etwas Glück gäbe es vielleicht doch noch eine Möglichkeit, nach Amerika zu entkommen. 30 Tage wären ihm dafür verblieben. Doch die Préfecture entschied auch hier gegen Schmidt, sie entzog ihm umgehend die Aufenthaltsbewilligung für Nizza und verfügte eine Zwangsversetzung nach La Bourboule, einem kleinen, 850 Meter hoch gelegenen Luftkurort unweit von Clermont-Ferrand. Damit waren die ohnehin geringen Chancen, Frankreich verlassen zu können, endgültig dahin, und auch dieser letzte Eintrag in Schmidts Reisepass war so nutzlos wie der vorangegangene.

*

Nur ein einziger Auftritt im Rahmen der von Neumann organisierten Konzerte kam zustande: am 14. Mai 1942 in der Städtischen Oper von Avignon. Schmidt sang drei Opernarien – aus Massenets »Le Cid«, Lalos' »Le Roi d'Ys« sowie »Pourquoi me reveiller« aus Massenets »Werther«–, französische Arien selbstverständlich, um den Funktionären, die in großer Anzahl im Publikum saßen, möglichst keinen Grund zur Verstimmung oder zu Missfallenskundgebungen zu geben.

Neben unzähligen Funktionären sah Schmidt auch bekannte Gesichter im Publikum. Max Neumann bestätigt in den 1950er-Jahren gegenüber der Gründerin des nachmaligen Joseph-Schmidt-Archives ausdrücklich, dass bei diesem letzten Konzert »auch die Frau mit dem Kind anwesend war«. Unmittelbar nach dem Konzert gingen alle Beteiligten wieder getrennte Wege. Lotte glaubte ihren Platz zusammen mit Otto an der Seite von Lajos Ernst in Nizza zu haben, und Joseph Schmidt zog sich zurück nach La Bourboule zur Familie Sniadover.

Die Presse befasste sich ausführlich mit den Umständen des Konzertes, die privaten Probleme Schmidts blieben ihr aber unbekannt. *Les Tablettes du soir* wies in großer Aufmachung auf dieses Konzert hin, wobei sich der Satz über Schmidt wie bewusst inszenierter Hohn ausnimmt: »Joseph Schmidt, der weltberühmte Tenor und Filmstar, hat freundlicherweise vor seiner Abreise nach Amerika seine Mitwirkung zugesagt.«

Zweifellos brachte das Konzert Schmidt Ehre ein, nicht aber die so dringend benötigten Einnahmen. Seine finanzielle Situation war bedenklich; inzwischen fast mittellos, sah er sich gezwungen, sich von Bekannten, auch unliebsamen, Geld zu borgen. Ausgerechnet jener Mann, der schon seit längerer Zeit seinen Platz bei Lotte eingenommen hatte, erklärte sich mit einem Darlehen einverstanden. Lajos Ernst mag darin eine Möglichkeit erhofft haben, die Frau enger an sich zu binden. Für Schmidt wiederum hätte es Anlass sein können, unter die ohnehin längst erloschenen Gefühle einen Schlussstrich zu ziehen.

> Ich bestätige hiermit, bei Herrn Lajos Ernst $200.– (zweihundert Dollar) geliehen zu haben, und verpflichte mich, ihm denselben Betrag rückzuerstatten.
>
> Joseph Schmidt
>
> Nice, 10. Mai 1942

Wie zu erwarten, fand das Konzert in der Städtischen Oper von Avignon viel Beachtung. *Les Tablettes du soir* bezeichnete es gar als Sensation. Aus dem Text von Achille Rey:

> Maestro Neumann wurde mit Beifall überschüttet. Die Wagnerstimme von seltener Kraft Ernst Mosbachers wirkte herrlich in den Arien aus Herodiade, Werther und Walküre. Lilly Müller, eine wundervolle Koloratursängerin, deren Triller und Staccati mit den größten italienischen Spezialistinnen rivalisieren können, sang aus dem Barbier von Sevilla und die Glöckchenarie aus Lakmé. Der ergreifendste Augenblick der Soirée war aber das Auftreten des berühmten Tenors Joseph Schmidt. Das ist ein echter lyrischer Tenor mit einer bezaubernd vollen Stimme, der ein natürliches hohes H und C mit [...] Leichtigkeit singt. Er sang das Gebet aus Le Cid, das Morgenlied aus Le Roi d'Ys und die Ossianverse aus Werther. Es gab einen Beifallssturm. Als Zugabe sang er »O Paradies« aus der Afrikanerin und ein Lied aus seinem Film »Ein Lied geht um die Welt«, das er selber begleitete.

Ähnlich wie die Arie des Eleazar aus der »Jüdin« von Halévy, zählt auch das Gebet aus Massenets »Le Cid« zu den eindrücklichsten Plattenaufnahmen Schmidts. Von geradezu suggestiver Intensität, hätte wohl keine Arie seines gesamten Repertoires eindringlicher die Not dieser »bösen Zeit« zu untermalen vermocht, in der sich der Sänger befand. Gleich dem Held von Massenet vertraute auch Schmidt seinem Gott, vielleicht wie Rodrigo das Ende seines Weges ahnend:

Ach, alles sinkt hinab, in den Abgrund der Nächte
Du Traum von Glanz und Glück, wie schwandest du so jäh
Meine Liebe, mein Sieg, nur ein Spiel dunkler Mächte
Dein Wille Herr gescheh.
Du, den ich stets im Sinn getragen
Dir sei, o Gott, geklagt mein Leid.
Du warst mir nah in guten Tagen
Nun steh mir bei in böser Zeit.
Was immer dein Wille befehle,
Sags, ohne Murren folg ich dir
O gnäd'ger Gott, mein Richter, mein Vater
Mein Streiter für gerechte Sache
Wart' ohne Furcht auf dein Gebot
O gnäd'ger Gott, o Vater, o Herr.

Zwei Tenöre – ein gemeinsamer Erfolg. Beide ahnten nicht, dass dies ihr Schwanengesang sein sollte, beide standen unmittelbar davor, ihrem Unglück direkt in die Arme laufen. Das Schicksal von Ernst Mosbacher, Jahrgang 1900, fand kaum Beachtung: Der einstige erste Heldentenor an den Häusern von Bern, Basel, Zürich und Monte Carlo flüchtete wie Schmidt kurz darauf Richtung Schweiz, musste das Land aber wieder verlassen. In seiner Heimatstadt München als Jude unerwünscht,

Schuldschein von Joseph Schmidt über 200 Dollar gegenüber Lajos Ernst, um in die Schweiz zu gelangen, Nizza, 10. Mai 1942

Ich bestätige hiermit, bei Herrn Lajos Ernst $ 200.- (zweihundert Dollar) geliehen zu haben und verpflichte mich ihm denselben Betrag rückzuerstatten.

Nice 10.5.1942

Joseph Schmidt

wurde er ins Konzentrationslager Auschwitz verschleppt und endete 1944 in der Gaskammer. Zusätzlich tragisch ist, dass sich nicht ein einziger Ton seiner Stimme erhalten hat.

*

Fünf Tage lang durfte Schmidt mit behördlicher Erlaubnis in Avignon bei Neumann bleiben, dann erforderten die Papiere seine Rückkehr nach La Bourboule, wo eine Vorladung der Gendarmerie Nationale auf ihn wartete. Ein entsprechendes Protokoll, datiert vom 20. Mai, orientiert über den Sachverhalt:

> Wir, die Kommandantur der Polizeibrigade von La Bourboule, bestätigen, besagtem Joseph Schmidt – geboren am 4. März 1904 in Davideny (Rumänien) – die Identitätskarten-Empfangsbescheinigung Nr. 0078, ausgestellt am 8. Januar 1942 durch das Bürgermeisteramt von Nizza, entzogen zu haben. Dieses Papier muß dem Präfekten von Péry de Dôme, Clermont-Ferrand, übermittelt werden – betreffend Überprüfung der territorialen Rechtsgültigkeit.

Im Klartext hieß das, dass Schmidt aufgrund seiner wiederholten Ausreiseanträge »fluchtverdächtig« war. Um zu verhindern, dass sich verdächtige Personen unbemerkt absetzen konnten, hatte die Vichy-Regierung eine besonders schikanöse Weisung erlassen: Fluchtverdächtigen wurden die Personalausweise entzogen; ab sofort hatten sie sich alle 48 Stunden bei der Gendarmerie zu melden. Anderweitig hatte Schmidt in La Bourboule allerdings Glück: Von der Behörde war er in ein Auffanglager verwiesen worden, entsprechend staunte er nicht schlecht, als er bei seinem Eintreffen von alten Bekannten begrüßt wurde, an ihrer Spitze Ernst Mayer-Sniadover mit seiner Frau Lucie. Sie war die Schwester des Dirigenten Hermann Schildberger, unter dessen Leitung Joseph Schmidt 1929 in Berlin seine religiösen Schallplattenaufnahmen gemacht hatte. Sofort war sich das Ehepaar Mayer-Sniadover einig, dass man Schmidt in ihrem Haus, in der Villa Phoebus, unterbringen wolle. Die Gendarmerie erklärte sich erstaunlicherweise damit einverstanden, eisern hielt sie hingegen an der zweitägigen Meldepflicht für Schmidt fest.

»Joseph war stets hungrig«, erzählte Lucie Sniadover beim jährlichen Treffen mit dem Verfasser in Evian am Genfersee. »Wobei er sehr bescheiden im Essen war. Die größte Freude machte es ihm, wenn ich eine alte französische Spezialität, eine Art Kartoffelpuffer, zubereitete. Kaum war ich in der Küche, stand er auch in der Nähe und strahlte vor lauter Erwartung: ›Meine Mamitschka kannte ein ähnliches Rezept ...‹ Wir hatten damals selber nicht mehr viel, so daß ich die Besucher zeitweilig bitten mußte, Kartoffeln mitzubringen. Seit Joseph bei uns wohnte, war Hotelbetrieb angesagt – alle wollten ihn sehen und singen hören. Auch unser kleiner Sohn Guy war von dem neuen ›Onkel‹ sehr begeistert.«

Die Atmosphäre in der Villa Phoebus wirkte sich auf Schmidt positiv aus: »Er schrieb mir von dort aus oft«, so der Dirigent Max Neumann in einem Brief, »und bat mich, ich sollte auch ganz dorthin kommen, da es ihm sehr gut ginge.« Schmidt konnte sich im Hause der Familie Mayer-Sniadover verhältnismäßig si-

Joseph Schmidt mit Lucie Mayer-Sniadover (auf dem Arm: Sohn Guy, geboren 1940), der Zimmerwirtin in La Bourboule, Südfrankreich, Sommer 1942. (Sammlung Sniadover)

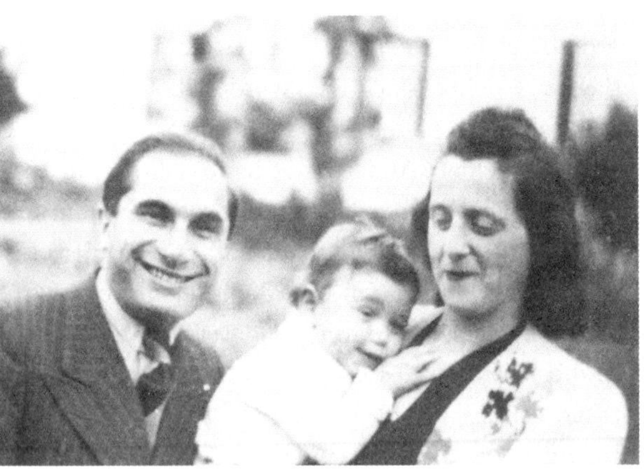

cher fühlen; dennoch spürten alle, wie das politische Klima auch in den bislang noch unbesetzten Zonen Frankreichs zusehends angespannter wurde. Was für die Juden in Deutschland längst an der Tagesordnung war, wurde nun auch in Frankreich sowie in den Beneluxländern zur Pflicht: das Tragen des gelben »Judensterns«. Die deutschen Truppen verbuchten in diesem Sommer ihre wohl größten militärischen Siege – »Endsieg«-Stimmung begann sich allenthalben breitzumachen. Zudem entschied die französische Regierung, einem Verlangen Nazideutschlands Rechnung tragend, dass jüdische Personen mit französischem Pass vorläufig noch geschont werden sollten, dass umgekehrt aber alle ausländischen sowie staatenlosen Juden »geopfert« würden. Immer enger zog sich das Netz zusammen, auch um Joseph Schmidt. Jeden Tag musste er damit rechnen, »abgeholt« zu werden. Diese Ungewissheit lastete schwer auf ihm; ratlos sagte er seinen Freunden, dass er es nicht mehr aushalte, dass die Grenzen des Erträglichen erreicht seien. Nur Flucht könne ihn noch vor dem drohenden Verderben retten.

*

Mit dem Gedanken an ein Verlassen Frankreichs trug sich auch Schmidts Zimmernachbarin Selma Wolkenheim, ebenfalls seit Wochen schon Gast in der Villa Phoebus. Und seit Wochen Schmidt zugetan: Aus der anfänglichen Schicksalsgemeinschaft war eine persönliche Beziehung erwachsen. Entsprechend ließ Schmidt Mary Solnik, die ihren Besuch angesagt hatte, wissen, dass sie hier »noch jemanden« antreffen würde. Schroffe Ablehnung war denn auch ihre erste Reaktion, »da ich um Josephs Ungeschicklichkeit im Umgang mit Frauen wusste. Vor allem von seiner Unfähigkeit, sich weiblicher List gegenüber rechtzeitig in Acht zu nehmen, war ich über seine neue ›Flamme‹ nicht sehr erbaut«, so Mary Solnik. »Als ich Frau Wolkenheim dann aber kennenlernte, legten sich meine Befürchtungen. Besonders überzeugte mich ihre Absicht, zusammen mit Joseph in die Schweiz zu fliehen. Allerdings konnte ich es mir beim Verabschieden doch nicht verkneifen, Joseph zu bitten, mich bei einem nächsten Besuch doch wieder in einem ›wolkenlosen Heim‹ zu empfangen ...«

Schnell nahm der Fluchtplan konkrete Formen an. Mittlerweile war eine Gruppe von Gleichgesinnten zusammengekommen, und man beriet nächtelang das konkrete Vorgehen; treibende Kraft war Selma. Sie hatte einen Bruder in Zürich, Inhaber einer weltbekannten Zigarrenfirma; ihn wollten sie erreichen, er würde ihnen zweifellos weiterhelfen. Die Sniadovers standen diesem Plan allerdings skeptisch gegenüber, zumal nicht alle der Fluchtwilligen über einen französischen Pass verfügten und für sie demzufolge, wie für Schmidt, die zweitägige Meldepflicht galt. Auf keinen Fall durfte etwas schiefgehen; ein Zurück gab es nicht. Schmidts letzter Kontrolleintrag bei der Gendarmerie von La Bourboule ist mit dem Datum 3. Juni 1942 versehen. Von da an zählte er endgültig zu den Flüchtigen, den Gesuchten.

Mary Solnik erinnerte sich an dieses letzte Zusammensein mit Schmidt im Kreise seiner Fluchtgefährten: »Ich fürchtete mich vor diesem ›Au revoir‹. Es wurde denn auch ein sehr bedrückender Abend in der Villa Phoebus. Alle waren hin und her

Das letzte bekannte Foto von Joseph Schmidt, Ende Sommer 1942, La Bourboule Ganz rechts im Bild: Hausherr Ernst Mayer-Sniadover (Sammlung Sniadover)

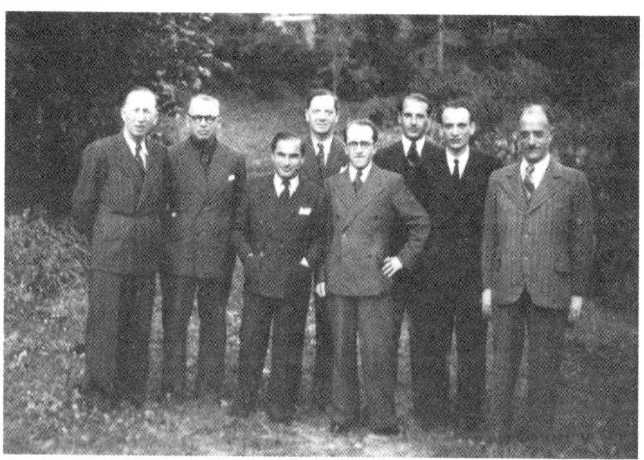

gerissen – zwischen Hoffnung auf Freiheit, Angst und Traurigkeit. Sehr spät noch setzte sich Joseph ans Klavier. Die Vorhänge waren gezogen, das Licht gedämpft, und ganz leise, nur mit halber Stimme begann er zu singen, und unmittelbar fühlte ich, daß uns ein großer Abschied bevorstand:

> O Frühling, längst vergangene Tage,
> Grüne Jahreszeiten, ihr seid für immer entschwunden!
> Ich sehe den blauen
> Himmel nicht mehr,
> ich höre den frohen Gesang der Vögel nicht mehr.
> O Geliebte, du bist fortgegangen
> und hast mein Glück mitgenommen.
> Und vergeblich ist die Hoffnung, daß der Frühling zurückkommt!
> Ja, ohne daß du, heitere Sonne, zurückkehrst, sind die lachenden Tage vorbei.
> Wie in meinem Herzen, ist alles düster und frostig.
> Alles ist welk! Für immer!
> (»Elégie« von Jules Massenet)

Mit größter Vorsicht hatte man Freunde in Clermont-Ferrand und Lyon als Zwischenstation gewählt. Von da schrieb Schmidt am 21. September einige Zeilen in Französisch, um Lotte nicht der Ungewissheit zu überlassen. Die Aussage der gewählten Worte war gering, vielmehr geht es ihm wohl darum, die in Nizza Zurückgebliebenen zu beruhigen. Um keinen Verdacht aufkommen zu lassen, verwendete er als Absender die altbekannte Adresse »Villa Phoebus, la Bourboule«.

> Zum neuen Jahr schicke ich viele Grüße und Euch Gesundheit und Glück. Ich bin hier, um Kantorowitz zu besuchen. Er ist sehr leidend, und der Doktor läßt niemanden zu ihm. Ich hoffe, daß ihr alle gesund seid, verstehe aber nicht, warum du und Mama nicht außerhalb der Stadt ein bißchen ausruht. Vielleicht in Mont-Doré oder anderswo. Das würde euch bestimmt guttun. Bei mir gibt es nichts Neues.
>
> Alles Gute für Euch, Euer Joseph

Gewissenhaft waren sämtliche Vorbereitungen für den Weg in die Schweiz getroffen worden; allen Beteiligten war klar, dass es ein Höchstmaß an Durchhaltekraft brauchen würde, um die Reise bis zum Genfersee, bis an die Schweizer Grenze, durchzustehen, zumal nur bei Nacht an ein Fortkommen zu denken war. Gepäck sandte man zum Teil an Freunde und Bekannte voraus; die zurückbleibende Habe wollte man sich später in die neugewonnene Freiheit nachsenden lassen. Zusätzliches Geld für die Reise musste Schmidt sich wiederum borgen: 20 000 Franc überließ ihm der Hausherr Mayer-Sniadover, eine relativ hohe Summe, die aber auch reichen musste, um nötigenfalls Fluchthelfer zu bezahlen.

Über den genauen Fluchtweg der Gruppe ist nichts bekannt. Jedoch steht mit Sicherheit fest, dass man Schmidt an der Schweizer Grenze zweimal zurückgewiesen hat. Tagelang suchte er darauf nach einer Möglichkeit, illegal Schweizerboden zu erreichen. Max Neumann wusste sich eines Briefes von Schmidt zu erinnern, worin er ihm mitteilte, dass er einen Chauffeur zur Hand habe, der gewillt sei, ihn gegen Geld über die Grenze zu bringen. Eine etwas gewagte Aussage, muss-

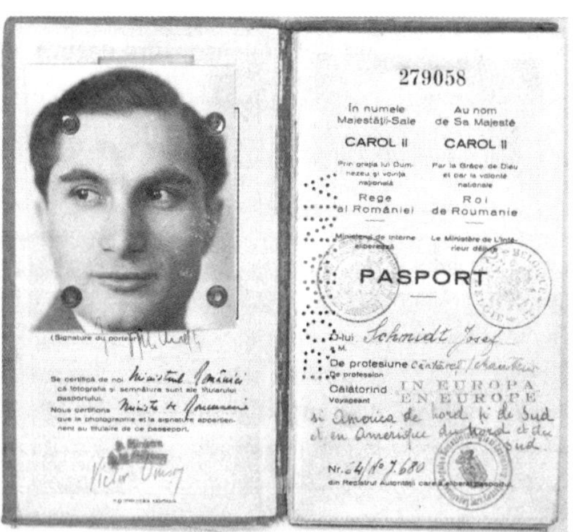

(Signature du porteur)

Se certifică de noi Ministrul României
că fotografia şi semnătura sunt ale titularului paşaportului.
Nous certifions Ministre de Roumanie
que la photographie et la signature appartiennent au titulaire de ce passeport.

279058

În numele Majestăţii-Sale
CAROL II
Prin graţia lui Dumnezeu şi voinţa naţională
Rege al României

Au nom de Sa Majesté
CAROL II
Par la Grâce de Dieu et par la volonté nationale
Roi de Roumanie

Ministerul de Interne eliberează
Le Ministère de l'Intérieur délivre

PASPORT

D-lui Schmidt Josef
à M.
De profesiune cântăreţ / chanteur
De profession
Călătorind IN EUROPA
Voyageant EN EUROPE
şi America de Nord şi de Sud
et en Amérique du Nord et du Sud

Nr. 64/No 7.680
din Registrul Autorităţii care a eliberat paşaportul

Reisepass von Joseph Schmidt, ausgestellt in Brüssel am 31. August 1939 – einen Tag vor Kriegsausbruch

te Schmidt doch gewusst haben, dass jegliche Post den Weg durch die Zensur ging.

In der Nacht vom 6. auf den 7. Oktober gelang es ihm und Selma schließlich, unbemerkt die Schweizergrenze zu überqueren, bei Annemasse am Genfersee erreichten sie das rettende »Land der Freiheit«.

11
Gerettet – Zürich (1942)

Erschöpft in Genf angekommen, setzte sich Schmidt sogleich in den Zug Richtung Zürich. Er reiste, wie er sich fühlte – allein, Selma hatte sich auf der Flucht derart erkältet, dass sie die Weiterreise erst in einigen Tagen auf sich nehmen konnte. Plötzlich sah Schmidt durchs Fenster seines Zugabteils ein bekanntes Gesicht vor sich, das ihn an die goldenen Tage seiner früheren Erfolge erinnerte. Tatsächlich, es war Ernst Neubach, der Textdichter seiner sämtlichen Filmerfolge, der vor ihm stand. Doch Schmidt gab sich wortkarg, mochte kaum sprechen. Weder auf die Frage nach seiner finanziellen Situation noch nach seinen zukünftigen Plänen erhielt Neubach eine Antwort. Mit einer müden Handbewegung brach Schmidt das Gespräch schließlich ab. »Die großen Augen im fahlen Rund ihres Antlitzes«, schrieb Neubach 1945 in seinen Memoiren, »die mich durch die Scheiben der Abteiltür anblickten, verrieten innere Unruhe, Angst und eine Gehetztheit, die nur der kennt, der selbst gehetzt ist. Der zwerghafte Mann mit dem beinahe häßlich zu nennenden Gesicht war der vergötterte Sänger Joseph Schmidt, dem Millionen begeistert gelauscht hatten. Wo war das Jahr 1933, da Joseph Schmidt nach der Uraufführung seines berühmt gewordenen Filmes ›Ein Lied geht um die Welt‹ vor 3000 sich wie rasend gebärdenden Berlinerinnen und Berliner auf der riesigen Bühne des Ufa-Palastes am Zoo sein ›Lied, das um die Welt ging‹, immer wieder singen mußte, während ihm gegenüber, in der Mittelloge, von niemandem beachtet, der Propagandachef Goebbels saß, der angesichts der jubelnden Menge giftig auch den auf ihn selbst anzuwendenden Satz zischte: ›Was so ein Zwerg doch anrichten kann.‹ Da stand er nun, der verfemte Sänger, bleich und verängstigt auf der Flucht vor den gleichen Menschen, die ihm vor einigen Jahren zugejubelt hatten.«

Im Nobelhotel Schweizerhof am Bahnhofplatz 7, Zürich, einer der teuersten Adressen im ganzen Land, hatte Schmidt noch im Februar 1940 gewohnt, nun aber gab es hier für ihn keinen Platz mehr. Bekannte hatten ihm empfohlen, an der Löwenstraße 24 vorzusprechen, nur etwa 400 Meter vom Schweizerhof entfernt; dort gäbe es eine bescheidene Unterkunft, die Pension Karmel. Die Wirtin sei in Emigrantenkreisen dafür bekannt, dass sie auch jenen ein Dach über dem Kopf biete, die »vorübergehend« nicht bezahlen konnten. In derselben Straße, nur wenige Schritte von der Pension entfernt, steht auch die Synagoge. Ihr galt Schmidts erster Gang; er wollte seinem Gott für die geglückte Flucht danken. Der zweite Gang fiel ihm – staatenlos, nur mit einem ungültigen Pass, ohne Visum, ohne Geld und somit angewiesen auf die Fürsprache von Referenzpersönlichkeiten – indes schwer: der Gang zu den Ämtern. Erste Station: Polizeikaserne Kasernenstraße 29, Zürich 1.

Der diensthabende Soldat:
Zürich, den 8. Oktober 1942

Schmidt Joseph, Sänger, gewesener rumänischer Staatsangehöriger, jetzt staatenlos, geboren zu Davideny, Rumänien, am 4. März 1904, Sohn des Wolf und der Sara, geb. Engel, ledig, zuletzt in Bourboule, Frankreich, jetzt unbestimmten Aufenthaltes, erklärt auf polizeiliche Befragung:

Ich hatte ursprünglich meinen Wohnsitz in Wien. Ich bin von Beruf Sänger und war in dieser Eigenschaft dort tätig. Im Jahre 1938 im Zusammenhang mit den politischen Geschehnissen habe ich Wien und Österreich überhaupt verlassen. Ich wandte mich nach Belgien und zwar nach Brüssel. Dort habe ich mich bis glaublich Ende August 1941 aufgehalten. Dann sah ich mich als Jude genötigt, Belgien zu verlassen und mich nach Frankreich zu begeben. Zur Einreise in Belgien besaß ich ein Visum. Frankreich dagegen habe ich auf illegalem Wege betreten. In Frankreich hatte ich zuerst in Nizza und dann in Bourboule Aufenthalt. Meinem Beruf als Sänger konnte ich während meines Aufenthaltes in Frankreich nicht nachgehen. Ich bestritt meinen Lebensunterhalt aus von Belgien mitgebrachten eigenen Mitteln.

Ich sah mich nun gezwungen, auch Frankreich zu verlassen, denn es stand mir als Jude die Deportation nach dem Osten bevor. Dieser Maßnahme wollte ich mich nicht ohne weiteres unterziehen, und ich entschloß mich daher, nach der Schweiz zu flüchten. Ich kenne die Schweiz, denn ich war schon oft sowohl als Sänger als auch zur Erholung hier. Schon vor zirka 6 Wochen habe ich Bourboule verlassen. Ich hielt mich vorerst in Lyon versteckt. Nachdem ich mich dort nicht mehr sicher fühlte, flüchtete ich weiter in der Richtung gegen die Schweizergrenze. Diese habe ich dann in der Nacht vom 6. auf den 7. dieses Monats vor Tagesanbruch in der Nähe Genfs an mir weiter nicht bekannter Stelle überschritten. Gestern im Laufe des Tages erreichte ich dann Genf und von dort mit der Bahn Zürich. Beim Überschreiten der Grenze war mir niemand behülflich. Auf französischer Seite habe ich mich lediglich bei einem Bauern nach dem Weg zur Grenze erkundigt.

Mit mir hat Frau Selma Wolkenheim die Grenze überschritten. Wir sind zusammen von Bourboule aus geflüchtet. Ich habe zu dieser Dame freundschaftliche Beziehungen. Sie ist polnische Staatsangehörige. Sie ist wie ich jüdischer Konfession.

Ich war früher rumänischer Staatsangehöriger. Ich besitze noch einen rumänischen Pass, der aber, trotzdem er noch Gültigkeit besitzt, nicht mehr anerkannt wird. Ich weise den Paß, dessen Gültigkeit am 27. Januar 1943 abläuft, vor. Ich verfüge gegenwärtig noch über 200 Dollar. An Schweizergeld besitze ich lediglich zirka 70 Franken.

Ich möchte hier lediglich das Asylrecht genießen, das ist mein einziger Wunsch. Wenn ich mit meinen Fähigkeiten als Sänger irgendwie dienen kann, dann stelle ich mich selbstverständlich jederzeit zur Verfügung. In anderer Weise denn als Sänger war ich bis jetzt nie tätig.

Bis jetzt habe ich in Zürich kein bestimmtes Logis. Ich bin im Begriffe, mir ein solches zu suchen. Ich gebe eine Bestätigung des Herrn Julius Orlow, wohnhaft Unversitätsstraße 101, Zürich 6, zu den Akten, in welcher erklärt wird, daß Herr Orlow für allfällige aus meiner Anwesenheit entstehende Kosten aufkommen wird. Außer Orlow kenne ich in Zürich Herrn Kantorowitz, Torgasse 6, Zürich 1.

Vorgelesen und bestätigt:
Joseph Schmidt
Soldat

Unerlaubter Grenzübertritt.

Der ehemals rumänische Staatsangehörige, jetzt staatenlose Joseph Schmidt hat seiner Darstellung gemäß in der Nacht vom 6. auf den 7. dieses Monats a.c., von Frankreich kommend, an ihm näher nicht bekannter Stelle in der Nähe Genfs unter Umgehung der Grenzkontrolle die Grenze nach der Schweiz überschritten. Schmidt macht geltend, daß ihm als Jude in Frankreich die Deportation nach dem Osten bevorstand. Er entschloß sich, dieser Maßnahme durch die Flucht nach der Schweiz zu entgehen. Schmid (sic) erklärt, seiner rumänischen Staatszugehörigkeit als Jude verlustig gegangen zu sein. Er ist zwar noch im Besitze eines rumänischen Passes, welcher bis am 27. Januar 1943 Gültigkeit hat. Der Zugereiste wurde einvernommen, und es wird auf seine in der anliegenden Einvernahme enthaltenen Depositionen verwiesen.

Polizeikommando Zürich
Sold. (Unterschrift)

Was dem wackeren Eidgenossen nicht entgangen war und er als so bedeutend empfand, dass er es am Briefrand mit Ausrufzeichen versah: »Hat Effekten und Barschaft auf sich!« Damit war »der Fall Schmidt« offiziell registriert, und das Protokoll ging als G.Nr. 37557 an das Armeekommando der Polizeisektion: Schmidt Josef, geb. 4. März 1904 in Davideny, Rumänien, staatenlos, ledig, Sänger.

Das Schreiben enthält die Namen von weiteren Personen, die am selben Tag illegal die Schweiz erreicht hatten – Robert Bieler, Pinkas Herzog und Schmidts Begleiterin: Wolkenheim, geb. Orlow, Selma, geb. 31. Dez. 1912 in Berlin, von Polen, verheiratet, Hausfrau. Die Bestätigung der Aktennotiz schließt mit dem Hinweis: »Diese Personen sind unter ihrer Kontrolle zu behalten, bis ein Entscheid über sie getroffen wird.«

Zurück in der Pension Karmel, hatte Schmidt einen einzigen Wunsch; nur noch schlafen, schlafen. Besorgt über sein blasses Aussehen, über seine »bleierne« Müdigkeit, zog die Wirtin einen Arzt bei. Die Diagnose war offensichtlich: Zustand absoluter Erschöpfung, verordnet wurde strikte Bettruhe. Nach einigen Tagen erst wagte Schmidt einen ersten, kurzen Spaziergang. Auf offener Straße, am Bleicherweg, passierte das Unerwartete: Er brach zusammen. Als die Sanität eintraf, war er bereits von einer neugierigen Menschenmenge umringt; ab da begann das beamtenbetriebene Räderwerk der Gesetzesmühlen zu mahlen. Schmidts Aussichten standen schlecht, und das in dreierlei Hinsicht: Erstens war er einer von jenen insgesamt 1056 Flüchtlingen, die im Laufe des Jahres 1942 an der Grenze angehalten und zurückgewiesen wurden, die dann doch illegal den Weg in die Schweiz schafften. Zweitens war er mittellos. Und drittens – besonders fatal – war er der berühmte Joseph Schmidt, einer der Meistgehassten des Naziregimes; dass dieser Mann nun ausgerechnet in der Schweiz auftauchte, darüber waren die Behörden alles andere als erfreut.

Das Schweizervolk, noch immer darauf eingestimmt, einem eventuellen Angriff Hitlers standhalten zu müssen, hatte eigene

Probleme, und ein Einzelschicksal vermochte zu der Zeit nicht die ihm gebührende Aufmerksamkeit zu finden. Einige Zahlen sprechen für sich: Allein 1942 waren 12 000 Menschen illegal eingereist; 2200 von ihnen kamen im Oktober und November allein aus Frankreich – unter ihnen Schmidt. Grundsätzlich wurden alle vorerst in ein von der Abteilung für Territorialdienst im Armeekommando geführtes Auffanglager verwiesen. Eine Quarantäne also, die laut Auskunft des Eidgenössischen Justiz- und Polizeidepartements in Bern »vor allem auch aus sanitätspolizeilichen Gründen notwendig« war. Dennoch, von den 556 Personen, die im genannten Zeitraum Zürich erreichten, mussten 110 »aus gesundheitlichen Gründen« nicht ins Lager, unter ihnen auch Selma Wolkenheim. Joseph Schmidt hingegen blieb dieser bittere Weg nicht erspart. Sein Hinweis, dass er bald wieder singen könne und somit dem Staat in keiner Weise zur Last fallen werde, interessierte die zuständigen Beamten nicht. Die Konzertdirektion Kantorowitz hatte sich bereits am 17. Oktober dafür verwendet, dass »Schmidt auf freien Fuß gesetzt werde«, da man ihm »ein Engagement am Corso-Palais in Zürich bestätigen möchte«. Dazu der behördliche Bescheid:

> Die in den Auffanglagern befindlichen Flüchtlinge haben in der Regel dort zu bleiben, bis über ihre weitere Behandlung entschieden wird. Die arbeitsfähigen Männer werden in der Regel in Arbeitslagern untergebracht, wo sie zu Arbeiten von nationalem Interesse herangezogen werden sollen. Freier Aufenthalt in einem Kanton kommt nur in Frage, wenn der betreffende Kanton bereit ist, Flüchtlingen im Einzelfall Toleranzbewilligung zu erteilen und sich außerdem Bekannte oder Verwandte des Flüchtlings verpflichten, für dessen Unterhalt aufzukommen.
>
> Dr Jezler, Chef der Polizeiabteilung Bern

Weitere Anfragen gingen auch bei Dr. Düby, Chef des Emigrantenbüros an der Schwanengasse 8 in Bern, ein: ob Schmidt bei der einen oder anderen Veranstaltung, meistens für wohltätige Zwecke, singen dürfe. Einer dieser Briefe, vom »Comité International des Intellectuels Réfugiés«, datiert vom 13. Oktober 1942:

> Sehr geehrter Herr Doktor,
>
> wie Ihnen vielleicht schon bekannt sein dürfte, veranstalten zum ersten Male vereint die Flüchtlingskomitees am 25. ds. im Kursaal von Genf einen großen Bazar zugunsten der Flüchtlinge. Im Rahmen dieser Veranstaltung findet auch nachmittags um 5 Uhr ein Cabaret statt, zu dem wir gern die Mitwirkung des berühmten Tenors Joseph Schmidt hätten, der vor einigen Tagen in Zürich eingetroffen ist und dort in der Pension Karmel, Löwenstraße, wohnt.
>
> Wir bitten Sie, Herrn Joseph Schmidt gütigst die Erlaubnis zur honorarfreien Mitwirkung für diesen Nachmittag erteilen zu wollen, und hoffen, daß Sie unsere Bitte in Anbetracht des humanitären Zweckes bewilligen werden.
>
> Mit vorzüglicher Hochachtung,
> Fanny Schulthess

Der Wortlaut des Antwortschreibens vom 22. Oktober 1942:

> Aus grundsätzlichen Erwägungen können wir den in der Schweiz aufgenommenen Flüchtlingen weder gestatten, irgendwelche Erwerbstätigkeit auszuüben, noch, ohne Entgelt zu arbeiten oder sonstwie in der Öffentlichkeit aufzutreten. Wenn wir bei Joseph Schmidt eine Ausnahme machen würden, würde das, weil er in den Flüchtlingskreisen sehr bekannt ist, weitere und weitergehende Begehren und Gesuche rufen. Es ist uns daher leider nicht möglich, Ihrem an sich begreiflichen Wunsche nachzukommen …

Selbstverständlich hatte Schmidt sofort nach seiner Ankunft in Zürich seine Familie und Freunde über die geglückte Flucht unterrichtet. Am 8. Oktober hatte er Onkel Leo in Brüssel informiert; eine Woche später hielt er dessen Antwort, die teilweise einer Maßregelung gleichkommt, in Händen:

Lieber Joseph,

eben erhalte ich Deine Karte vom 8. Oktober und kann es noch gar nicht fassen, ob das auch wahr ist, nun danke ich dem Himmel, daß er Dich bis jetzt so beschützt hat, und Dir für die gute Nachricht. Ascher wird Dir gewiß schon gesagt haben, daß ich nicht mehr wußte, was ich über Dich denken sollte, vielleicht wirst Du mir jetzt erklären können, warum Du seit vielen Monaten von Dir nichts hast hören lassen, obwohl Dir die Post zur Verfügung stand. Hoffentlich wirst Du den Postweg jetzt öfter benutzen. Ich möchte jetzt vor allem wissen, wie und was und wieso ...

Von der Mama vor vier Wochen noch eine Karte bekommen, mit der Nachricht »Alles beim alten«. Schreibe baldmöglichst ausführlich und sei herzlich gegrüßt und geküßt

Leo

Zwei Tage später schrieb Schmidt jenen Leuten, die ihn unter großen Schwierigkeiten ein halbes Jahr lang beherbergt hatten: den Mayer-Sniadovers in La Bourboule. Wobei er, auch in künftigen Briefen, von sich selbst stets als Jossale schrieb und seine Mitteilungen oft noch anderweitig verschlüsselte:

Meine Lieben,

nachdem wir uns etwas erholt haben, schreiben wir Euch endlich ausführlich. Wie wir uns auch zu schonen versuchten, konnten wir es doch nicht verhindern, daß wir ziemlich schwer erkrankten. Dank einer guten Behandlung sind wir gottlob ziemlich rasch wieder gesundet und fühlen uns jetzt gottlob sehr gut. Ich bin froh, daß Lucie und ihre Lieben davon verschont blieben. Sie hätten es kaum ertragen, und das rauhe Herbstwetter hier würde ihnen vielleicht nicht zuträglich sein. Selmas Bruder ist sehr, sehr nett, und wir sind glücklich, ihn zu haben. Ich habe natürlich viele alte Freunde gefunden, die sich mit mir sehr freuen. Leider haben wir nicht viel anzuziehen und wären glücklich, uns abwechslungsreicher anziehen zu können. Wenn Lucies Mann sich darum kümmern wollte, wären wir ihm natürlich sehr dankbar. Allerdings müßte er sich genau erkundigen, z.B. bei der Transportgesellschaft in Lyon, 3 Place Morand, oder bei Danzas und Co. franco Bahnhof Annemasse. Lucies Liebster wird dort wohl alles hören und gut erledigen. Er wird auch sehen, ob er an uns oder an Selmas Bruder schicken soll. Wie wir ihm dafür danken und alles vergüten, brauche ich wohl nicht erst zu sagen. Nun, meine Lieben, baldigst schreibe ich Euch wieder ausführlich, nachdem ich meine Freunde ein bißchen gesprochen habe. Jetzt sage ich Euch nur: Gott segne Euch und vergelte es Euch tausendmal, wie rührend gut Ihr zu Jossale gewesen seid. Daß er es Euch nie vergessen wird, brauche ich Euch wohl nicht zu sagen. Möge er baldigst in Freude wieder mit Euch sein und in guter, froher Stimmung »Akawju« für Euch singen. Ich hätte Euch tausend Fragen zu stellen. Ich bitte Euch, uns baldigst alles, alles von Euch, Gigi und allen Lieben und Freunden zu schreiben. Bald hört Ihr wieder von uns. Inzwischen seid innigst umarmt von Eurem dankbaren

J. Sch.

Die Koffer, von denen Schmidt hier schrieb, sollten ihren Bestimmungsort nie erreichen, was er als besonders schmerzlich empfand, denn der eine enthielt sämtliche Klavierauszüge, anhand deren er seine Opernpartien studiert hatte. Stets hatte er sie von einem Domizil zum nächsten mitgenommen. Nun, auf ihrer letzten Reise, waren sie verlorengegangen; sie sind nie wiederaufgetaucht.

12
Lagerleben (1942)

Mit einem schweren Reisekoffer und einem kleinen Toilettenkoffer in der Hand fuhr Schmidt seiner ihm behördlich zugewiesenen Destination entgegen: Flüchtlingslager Girenbad, oberhalb von Hinwil gelegen, nur 30 Kilometer von Zürich entfernt. Um wenigsten etwas Geld bei sich zu haben, hatte er Tage zuvor das einzige ihm verbliebene Wertstück an einen Pfandleiher verhökert: die goldene Taschenuhr, die man ihm 1932, damals zum beliebtesten Rundfunkstar Berlins gekürt, überreicht hatte. 100 Schweizerfranken bekam er dafür ausgezahlt; damit würde er sich eine Weile über Wasser halten können. Am Bahnhof Hinwil wartete bereits ein Auto auf ihn; bis zum Lager waren es weitere vier Kilometer. Girenbad, ein freundlicher Ort, auf knapp 800 Metern an den bewaldeten Hängen des Bachtels gelegen, für die Städter ein beliebtes Wander- und Ausflugsgebiet, bekannt auch wegen seiner Schwefel-Lithium-Quelle, wird optisch vom Kurhaus dominiert. Die meisten der damals knapp 200 Einwohner waren Bauern; regelmäßig traf man sich im Waldegg, dem kleinen, gemütlichen Wirtshaus am Straßendreieck, wo die Zufahrtsstraße zum Flüchtlingslager abzweigt.

*

Über 200 Lager und Heime hatten die Schweizer Behörden bis 1942 eingerichtet, um den kriegsbedingten Strom von Asylsuchenden einigermaßen zu bewältigen. Fünf verschiedene Lagertypen sah die behördliche Einteilung vor: die sogenannten Sammellager, erste Station nach dem Grenzübertritt, wo über Rückweisung oder Aufnahme der Flüchtlinge und ihre entsprechende Weiterleitung an die zuständigen Stellen entschieden wurde; die Quarantänelager zur sanitätsdienstlichen Untersuchung; die Auffanglager zur Unterbringung von Flüchtlingen, über deren definitive Lagerzuteilung beziehungsweise Weiterleitung erst entschieden werden musste; die Arbeitslager schließlich, wo arbeitsfähige Männer und Frauen im Alter von 20 bis 60 Jahren Dienst zu tun hatten, sowie die Ausbildungslager für Jugendliche unter 19 Jahren. Gesamtschweizerisch galt für alle Lager, dass sie von der Bevölkerung mehr oder weniger abgeschirmt waren, ein Kontakt der Lagerinsassen mit der lokalen Bevölkerung war nur in beschränktem Maße möglich, aber auch nicht sonderlich erwünscht.

Das Flüchtlingslager Girenbad, eine 1932 stillgelegte, ehemalige Textilfabrik, war bei der Ankunft Schmidts mit 300 Internierten belegt. Als eines der größten im Lande unterstand es dem Territorialdienst des Armeekommandos 6, für die Bewachung waren 10 Soldaten zuständig.

Die meist jüdischen Insassen waren in drei großen Räumen untergebracht. Die medizinische Betreuung der Männer lag in der Hand von sechs Ärzten, allesamt ebenfalls Emigranten. Für die kleinen alltäglichen Bagatellfälle war Philippe Storch zuständig, ein aus Hannover geflüchteter Deutscher. Er war einer der Glücklichen, denen der Luxus eines eigenen Nachtlagers vergönnt war; untergebracht in der »Enfermerie«, einem winzigen Vorraum in der ersten Etage des Lagergebäudes. Zwei Betten hatten in diesem kleinen Zimmer Platz, das zweite bekam Joseph Schmidt zugeteilt. Trotz der Kälte im Raum war er glücklich, sich hier neugierigern Blicken entziehen zu können. Gleich beim Lagereintritt hatte er ein ihm bekanntes Gesicht entdeckt – den Schauspieler Max Strassberg, einst Komparse am Filmset von »Ein Stern fällt vom Himmel«.

Beschäftigung und allgemeine Stimmung waren wesentlich vom jeweiligen Lagerkommandanten abhängig. Nicht über das den grauen Zeiten entsprechende Essen beklagten sich viele Internierte, sondern über die rechtlose Behandlung durch Teile der Obrigkeit. So war es beispielsweise dem »Verein schweizerischer Jüdischer Flüchtlingshilfen« nicht gestattet, das Lager zu besichtigen.

Trotz der unwürdigen Zustände im Lager beklagte Schmidt sich nie, zumindest ließ er nichts nach außen verlauten. Mehrere seiner Schicksalsgenossen bezeugten später, dass er selbst so harten Situationen standhielt wie etwa unsinnigen nächtlichen Appellen. Noch immer hatte er für andere ein aufmunterndes Wort übrig. Das größte Anliegen schien ihm, die Mutter nichts von seinem Pech wissen zu lassen, sie sollte sich keine Sorgen um ihn machen. Deshalb ließ er sie ihre Post nach wie vor an die Pension Karmel adressieren – nur der Teuren nicht die Illusion zerstören, dass er immer noch dort logiere und also alles »in bester Ordnung« sei.

Dass ziemlich genau das Gegenteil zutraf, wusste zumindest Mary Solnik; in einem Brief hatte ihr Schmidt geschrieben, dass einer der Lagerleiter »ein Kelef« (Hund) sei. »Ein fürchterlicher Geselle, in der Tat«, bezeugte Philippe Storch, der Lagersanitäter, 1991 gegenüber dem Verfasser. Ein weiterer Leidensgenosse Schmidts (Name dem Autor bekannt), erzählte über diesen Mann:

> Er entstammte einer alten, betont katholischen Patrizierfamilie, deren Reihen gar Papstgardisten entwuchsen. Das war ein Sadist! Wir hatten weder taugliches Schuhwerk noch entsprechende Kleidung, was uns den Winter in Girenbad erträglicher gemacht hätte. Dessen ungeachtet befahl er uns eines Nachts einen Marsch auf den ver-

> schneiten Bachtelberg. Plötzlich ließ er anhalten; einige Männer mußten eine lange Stange, die vor einem Bauernhof lag, aufstellen. Nun verlangte er den braunen Lodenhut, den ich trug, und setzte ihn oben darauf. Mit Schneebällen mußten nun alle dieses ›Ziel‹ treffen [...] Ein anderes Erlebnis: Nur mit Mühe vermochten Schweizer Soldaten, die das Lager zu bewachen hatten, diesen Lagerleiter davon abzuhalten, einen jungen Polen zu erschießen. Der Mann war einem Nervenzusammenbruch nahe und hatte in seiner Verzweiflung versucht, über den Lagerzaun zu klettern. ›Merkt euch‹, brüllte der Herr Oberst, ›Gewehre sind zum Schießen da!‹ Mit diesen Worten ging er wutentbrannt ins Haus. Aus meiner Sicht war dieser Mann ein Verrückter. Er wurde wegen seines skandalösen Benehmens Gott sei Dank aber bald abgesetzt. [...] Was man auch tat, das Auge des Militärs war allgegenwärtig. Unter Zahnschmerzen leidend, brachte man mich zur Behandlung nach Hinwil [...] selbst das war nicht ohne Wachsoldat möglich.

Der Zustände im Lager hatte sich später auch der Schriftsteller und Philosoph Manès Sperber in eindrücklichen Worten erinnert; er war am gleichen Tag wie Joseph Schmidt nach Girenbad eingewiesen worden. In seinem Buch »All das Vergan-

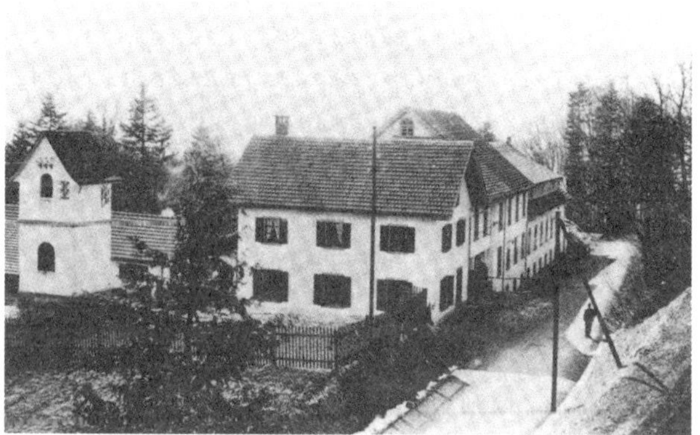

Das Flüchtlingslager Girenbad, eine ehemalige Textilfabrik. Joseph Schmidts Schlafraum war im quer zur Straße stehenden Gebäudeteil, der heute noch erhalten ist. Die zur Straße verlaufenden Hallen sind 1949 abgebrannt. (Sammlung Antiquarische Gesellschaft Hinwil)

gene« schrieb er 1983: »Wir lagen auf Stroh, das wir manchmal auf den verschneiten oder verregneten Hof hinaustragen mussten, um es zu lüften; war es ausreichend feucht und schmutzig, so trugen wir es wieder in die Schlafräume hinauf, wo kaum eine Armlänge die Schläfer voneinander trennte. Der Rest war ganz danach: Die Nahrung, die Waschgelegenheiten, die Latrinen im Hof, am schlimmsten aber der auf Geringschätzung, auf brutale Verachtung der Flüchtlinge abgestellte Ton der Soldaten, der Unteroffiziere und der meisten Offiziere; zweifellos war der Mannschaft anbefohlen worden, uns wie Aussätzige zu behandeln. Jene, die diese Lager so gewollt und geleitet haben, handelten im Sinne Adolf Hitlers.«

In bester Erinnerung dagegen blieb der Jüngste unter den Lagerkommandanten, Hauptmann Rudolf Rüegg – immer darauf bedacht, den Lagerinsassen ihren Aufenthalt so angenehm wie nur möglich zu machen. Philippe Storch betonte mit Nachdruck, dass Rüegg als Einziger gut war zu »uns armen Teufeln«, und bezeichnete ihn als »außergewöhnlich feinen Mann«. Storch fügt abschließend hinzu: »Es war nicht schön, es war nicht gut, die Zustände unmenschlich, aber schließlich hat uns diese Zeit im Lager das Leben gerettet.«

Auch die lokale Bevölkerung war den Menschen im Lager freundlich gesinnt, ahnend, dass dort große Not herrschte. »Ich war als Postordonnanz eingesetzt«, erzählte Robert Ranzenhofer, selbst ehemaliger Lagerinsasse. »Täglich fuhr ich an der Bäckerei in Hinwil vorbei. Oft wurde ich vom Ladenbesitzer angehalten, der mir dann jeweils einen Sack voll Brot unter meinen Postberg mischte. Der Mann wusste, wie knapp Brot im Lager war.« In kleinen Gruppen waren den Internierten zudem Spaziergänge erlaubt. Viele nutzten diese »Freiheit« – im Winter, um sich im nahegelegenen Wirtshaus Waldegg aufzuwärmen, während den warmen Sommerwochen, um die umliegende Waldlandschaft zu genießen.

Wenige Tage nach seiner Ankunft im Lager hatte Schmidt über Halsschmerzen geklagt. Da er fürchtete, dass die andauernde Kälte seinen Zustand verschlimmern könnte, vertraute er sich dem Lagerarzt Kurt Müller an, einem aus Österreich geflohenen Juden, verheiratet mit einer Schweizerin, genauer gesagt mit einer Baslerin, just jener Ruth Hofmann, die 1932 den berühmten Sänger Joseph Schmidt um ein Autogramm gebeten und von ihrem Idol daraufhin eine Briefkarte zugeschickt bekommen hatte. Kurt Müller diagnostizierte eine Halsentzündung. Weiter nicht alarmierend, doch für Müller und seine Berufskollegen ein willkommener Grund, um Schmidt das Lagerleben in Girenbad zumindest für eine gewisse Zeit zu ersparen, indem sie ihn zur Pflege und Rekonvaleszenz ins Spital in Zürich einweisen ließen. Bessere Unterkunft und eine Speisekarte, die nicht nur aus Kohl und Kartoffeln bestand, würden ihm seine Kräfte schnell wieder zurückbringen. Unausgesprochen blieb die Hoffnung, dass man ihn bis zu dem Tag behalten möge, an dem ihn ein amtlicher Entscheid in die »Freiheit« entlassen würde.

Am Dienstag, den 27. Oktober 1942, bestieg Schmidt voller Hoffnung ein Auto der Gemeinde Hinwil, das ihn nach Zürich brachte.

13
»Man hält mich wohl für einen Simulanten« (1942)

Kantonsspital Zürich, Klinik für Ohren-, Nasen- und Halskrankheiten an der Sonneggstraße 16: Der fachärztliche Befund, Laryngitis und Tracheitis, gab keinen Anlass zu ernsthafter Besorgnis, eindeutig eine Folge der langen, schweren Erkältung, meinten die Ärzte. Und als Schmidt wiederholt auf den krampfartigen Schmerz in der Brustgegend aufmerksam machte, beruhigten sie ihn: das sei eine Reaktion der Nerven, seien Schmerzen neuralgischer Art. Alles deutete darauf hin, dass der Patient bald wieder gesund entlassen werden könne. Zu Schmidts Freude war auch Selma im gleichen Trakt der Klinik untergebracht, täglich konnten sich die beiden sehen und gemeinsam die ankommende Post lesen. Am 24. Oktober schrieb Mary, wobei Absenderadresse und Poststempel – Chez Marin, Le Montcel, Savoi – sofort verrieten, dass auch die Familie Solnik umgezogen war. Der Brief an »Peperl« war nicht frei von Vorwürfen:

Lieber Joseph,

nach langem Warten haben wir nun endlich Nachricht von Ihnen, denn wir wußten nicht, was aus Ihnen geworden ist. Herr Mayer hat es nicht nur unterlassen, uns Ihre neue Adresse zu geben – mehr noch –, ich habe ihn vor einigen Wochen danach angefragt, und er ist mir noch heute die Antwort auf meinen Brief schuldig. Ich verstehe so ein Vorgehen gar nicht, obgleich ich es Ihnen zum Vorwurf mache, nicht gleich geschrieben zu haben.

Jedenfalls freuen wir uns ungemein, Sie wohlauf in Ihrer Heimat »par prédilection« zu wissen. Hoffentlich bleibt dort alles ruhig. Die jetzige Polemik bei Ihnen in Bezug auf den »Kelef« könnte Schwierigkeiten bringen. Jedenfalls, Peperl, halte ich es für unklug zu konzertieren. Es wäre entschieden besser, wenn Sie sich ruhig verhielten und Ihre Stimme schonen würden. Uns geht es im großen ganzen gut. Wir haben jetzt die Kinder bei uns und wohnen in der Savoi, neun Kilometer von Aix-les-Bains, 650 Meter hoch. Hier ist es sehr schön, und wir hoffen, hier ruhig das Kriegsende abwarten zu können. Wo sind Lotte und ihr Junge? Bitte schreiben Sie uns darüber. Haben Sie Nachricht von Ihrer Mama und Onkel Leo? Bitte beantworten Sie alle unsere Fragen. Sehen Sie zu, sich nach all den Strapazen gut zu erholen. Jetzt haben Sie Gelegenheit dazu. Willy hat die bewegte Zeit auch müde gemacht, aber er ruht hier aus, denn es fehlt uns an nichts. Wir erwarten nun einen langen, ausführlichen Brief von Ihnen.

Viele herzliche Grüße von uns und den Kindern
M. Solnik

Nachricht von seiner Mutter bekam Schmidt ebenfalls; eine Briefkarte an ihren »Jaki«, 30. Oktober, wie sie ihn zärtlich nannte. Es war das letzte Lebenszeichen, das er von ihr erhalten sollte.

Geliebtes, teuerstes Kind,

nach Deinen ersten zwei lieben Karten, die ich Dir bereits bestätigte, habe ich auch schon die vom 15. d. M. zugeschickt bekommen. Gott sei Dank, und segne er Dich für jedes liebe Wort an mich mit allem Besten, was nur das Leben sich wünschen kann, bis 120 glückliche Jahre. – Hoffentlich hast Du meine Karte bereits und mir auch schon geschrieben, wie es Jaki geht, ob Kantorowitz wohlwollend zu ihm ist usw. usw. Ist schon Post von Leo oder Hermann gekommen? Ich habe nichts von denen …

In Liebe und Treue küßt Dich tausendmal
Mama

Post von Leo oder Hermann? Tatsächlich hatte er Post von Onkel Leo bekommen, wobei sich Leo nicht einmal mehr um einen höflichen Tonfall bemühte, wie dessen Postkarte vom 7. November zeigt:

Lieber Joseph,

Deine Karte vom 29. erhalten und schicke ich gleich am Anfang voraus, daß ich jetzt wenigstens mit Bestimmtheit auf regelmäßige Post rechne. Die Begründung Deines früheren Stillschweigens mit Tante Bertha kann ich nicht begreifen. Ich glaube, Du hast geirrt, Du solltest Tante »Lotte« schreiben. Das leuchtet mir eher ein. Ich kann Dir verraten, daß ich die ganze Zeit wußte, da es aber ein Geheimnis vor mir bleiben sollte, so habe ich Dir den Gefallen getan. Nun, der Ausgang überrascht mich keinesfalls, wie hätte es auch anders sein können. Von Lasters weiß ich sogar, daß die gute Lotte jetzt in Barcelona ist. Nun Strich darunter. Kannst Du mir nicht andeuten, wie Du auf die Idee gekommen bist, unseren Freund Kantorowitz zu besuchen? Das interessiert mich doch sehr …

Ich habe Dir von hier nichts mitzuteilen. Wir leben, wie man halt jetzt leben kann. Übrigens wirst Du selbst ein wenig informiert sein, erwarte also nichts von Belang von meiner Seite. Du hingegen kannst mir manches Wertvolle mitteilen, und zwar bald.

Alles Liebe von mir und den Hohenbergs,
Dein Leo

Dass Joseph Schmidt sein Leben neuerdings selber in die Hand nehmen wollte, eigenständig berufliche Kontakte mit Kantorowitz aufnahm, das alles konnte bei Leo Engel nur Missbilligung hervorrufen. Hinzu die Seitenhiebe gegen Lotte, wobei sich diesbezüglich auch Mary Solnik keinerlei Zurückhaltung schuldig zu sein glaubte:

> [...] Was Ihren Passus bezüglich Lotte anbelangt, so lehnen wir es ebenso höflich wie entschieden ab, Erkundungen über sie einzuziehen. Wenn Sie nichts von ihr und der ganzen Sippe wissen, so bleibt es eben dabei. Lotte ist neben meiner Stiefmutter das verlogenste und heuchlerischste Geschöpf, dem ich jemals begegnet bin. Ich bin sonst den Fehlern meiner Mitmenschen gegenüber sehr nachsichtig, denn wir haben alle Fehler. Aber bei Lotte bin ich ebenso wie Willy unerbittlich. Sie wäre als Komödiantin eine wertvolle Errungenschaft fürs Theater, nämlich ihrer Krokodilstränen wegen – da spart man Glyzerin. Daß Sie, Joseph, einer solchen Nummer auf den Leim gingen, schmerzt mich und auch Willy noch heute tief. Sie sagen, an ein Zusammenkommen sei nicht mehr zu denken, und wir bemühen uns, Ihnen zu glauben, obwohl wir im tiefsten Innern wissen, daß jene es ist, die die Fäden Ihres Schicksals in der Hand hat. Wenn sie nach dem Krieg ohne Geld und ohne stabilen Freund dasteht, wird sie schon wieder den Weg zu Ihnen zurückfinden. Sie wird Ihnen erzählen, daß dieser Krieg sie ins Elend stürzte etc. etc. Und wer dann siegt, das hat die Erfahrung bereits bewiesen. Peperl, wir sind Menschenkenner und sagen Ihnen, daß Sie der Lotte mit ihrem süßlichen, falschen Gehabe noch lange nicht gewachsen sind. Wir raten Ihnen, einen anständigen Menschen zu heiraten, bevor jene wieder ihren Weg kreuzt ...

Mittlerweile war die Meldung, dass der berühmte Tenor Joseph Schmidt zurzeit im größten städtischen Krankenhaus liege, auch an die Öffentlichkeit gedrungen. Deshalb entschlossen sich zwei prominente Sänger des Zürcher Stadttheaters (heutiges Opernhaus), zu einem Besuch: der in Polen geborene

Max Lichtegg, populärster Tenor des Landes, vergötterter Publikumsliebling mit Gastverpflichtungen in Wien und San Francisco, in München und Monte Carlo, sowie sein Baritonkollege Marko Rothmüller, dessen Karriere nach dem Krieg bis an die New Yorker Met und nach Buenos Aires führen sollte. »Wie einfach und freundlich Joseph Schmidt mit uns war! Gar nicht wie ein berühmter Sänger, der mit Kollegen aus der ›Provinz‹ zusammentraf. Uns fiel auch auf, wie sehr nervös der Mann wirkte. Immer wieder sagte er: ›Ich halte es einfach nicht mehr aus‹, wobei er im Zimmer auf und ab ging«, so Max Lichtegg. Erst als die beiden Sängerkollegen ein bereits angesetztes Konzert zugunsten von Flüchtlingen in der Schweiz erwähnten, wurde Schmidt für Augenblicke ruhiger. Und er bat sie, ihm doch eine Auftrittserlaubnis zu besorgen. Nur nicht weiter untätig herumsitzen müssen …

Schmidt erzählte seinen Besuchern auch von seinen Brustschmerzen. Und dass man seine Bitte, doch auch sein Herz zu untersuchen, einfach ignoriere. Er sei wegen einer Halsentzündung hier und nicht wegen Herzproblemen, das habe ihm der Chefarzt Professor Brunner unmissverständlich zu verstehen gegeben. Verständnis und Hilfe wurden ihm indessen von anderer Seite in Aussicht gestellt: Dr. Josef Wyler, ein jüdischer Privatarzt, von Bekannten über Schmidts Schicksal informiert, ließ den Sänger wissen, dass er sich persönlich für ihn einsetzen wolle. In seinem Brief vom 1. November ist Schmidts Erleichterung darüber, endlich ernst genommen zu werden, unüberhörbar:

> Sehr geehrter Herr Doktor,
>
> soeben vernehme ich, daß Sie meinen Fall in so hochherziger Weise in die Hand nehmen. Ihnen zu schildern, welch neuen Mut mir diese Nachricht eingeflößt hat, wäre kaum möglich. Im Lager in Girenbad verschlimmerte sich mein Zustand derart, daß ich hierher ins Kantonsspital eingeliefert werden mußte. Es geht mir nun etwas besser, und ich werde wohl nach der Behandlung ins Lager zurückgeschickt. Da nun der Winter vor der Tür steht

und die Erkältungsgefahr um so größer ist, können sie sich meine tiefe Sorge und Verzweiflung ungefähr vorstellen. Da vernahm ich die so frohe Kunde Ihres so edelmütigen Eintretens für mich. Ich kann nun nicht umhin, Ihnen, sehr geehrter Herr Doktor, meinen aus tiefstem Herzen kommenden Dank auszusprechen. Ich kann nur wiederholen, daß es mir vergönnt sein möge, meine Kunst in den edlen Dienst der Wohltätigkeit dieses Landes stellen zu dürfen, um damit halbwegs meine Dankbarkeit abzutragen und ein Scherflein zur Linderung der allgemeinen Not beizutragen.

Mit vorzüglicher Hochachtung zeichne ich als Ihr ergebener, dankbarster
Joseph Schmidt

Teilweise unleserlich ist die Briefkarte, die Schmidt einen Tag zuvor an seinen früheren Filmkollegen in Girenbad, an Max Strassberg, schrieb.

Lieber Herr Strassberg,

für Ihre Zeilen danke ich Ihnen herzlich, ebenso allen lieben Freunden für die so netten Grüße. Ich bin ganz erstaunt über die Plattenangelegenheit. Was für Platten von mir waren es, woher hatten Sie diese? Ich weiß von nichts. Nun, mir geht es etwas besser. Aber der Katarrh sitzt leider ziemlich tief, ich bin noch immer heiser. Hoffentlich hat man es auf den Platten nicht gehört. Tja, Schulz usw. Sie wissen, lieber Freund, zusagen kostet nichts. Bis jetzt leider noch nichts als Zusagen, Hoffnungen etc. Hoffen wir das Beste. Ich bin ja zum erstenmal in einem Lager und weiß nicht, ob ein Lagerist dem Herrn Kommandanten eine Grußkarte schreiben darf [...] Seien Sie so freundlich [...] grüßen Sie bitte herzlichst alle so netten [...] von mir [...] seien Sie selbst herzlich gegrüßt von Ihrem

Joseph Schmidt

Drei Wochen nach seiner Ankunft in der Schweiz zeigte Schmidt sich beunruhigt über den Verbleib seiner Koffer. Wiederholt erkundigte er sich nach ihnen, so im Brief vom 6. November 1942 an Lucie Sniadover. Ein aufgrund der zittrigen Schrift nicht restlos zu entzifferndes Dokument:

> Jossale geht es hier soweit ganz gut. Es wird alles getan, um ihn aus dem Lager herauszubekommen. Selma ist leider nicht am Posten, behandelt sich aber, und hoffen wir, daß es bald besser wird. Wenigstens braucht sie deshalb nicht ins Lager. Nun, wegen Jossales Reise ist es schwer, alles wiederzugeben [...] Nun endlich drüben, sind wir sehr nachdenklich über das Gepäck. Bis jetzt hat Jossale einen Koffer mit Mantel, zwei Anzügen, Winterschuhen, Hemden usw. erhalten. Sind nun außerdem noch zwei Koffer abgegangen, oder zusammen mit oben erwähnten noch ein Koffer von Selma?
>
> Ist aus Nizza nichts für Jossale gekommen? Jene soll schon in Spanien oder Portugal sein.
>
> Seid alle herzlich gegrüßt von Eurem
> Joseph Schmidt

»Jene«, Schmidts Bezeichnung für Lotte, zeigt unmissverständlich die geringe Wertschätzung gegenüber der Mutter des gemeinsamen Kindes. Auf der Rückseite des Papiers fügte Selma einige Zeilen hinzu:

> Dir, liebe Lucie, danke ich besonders für Deine lieben Zeilen. Auch Du fehlst mir sehr. Ich werde wohl so schnell nicht wieder eine so liebe Freundin finden, wie ich sie in Dir gehabt habe. Ich bin, wie Euch der liebe Joschi schon geschrieben hat, noch immer sehr krank und muß im Bett bleiben. Ich habe mich auf dem Wege hierher sehr erkältet und habe eine schlimme eitrige Halsentzündung. Was Joschi anbetrifft, tut mein Bruder alles, um ihn aus dem Lager herauszubekommen, aber es ist sehr schwer. Ich sehe Joschi jeden Tag, denn er kommt mich immer um die Mittagszeit besuchen. Gestern hat er hier Klavier gespielt. Im Lager hat er auch gesungen. Auch er bekommt Besuch, die größten Künstler waren schon bei ihm ...

Fragebogen für Flüchtlinge der Polizeiabteilung des Eidgenössischen Justiz- und Polizeidepartementes. Von Joseph Schmidt im Kantonsspital Zürich ausgefüllt; insgesamt 90 Fragen auf 15 Seiten.

Polizeiabteilung des eidg. Justiz- und Polizeidepartements
Division de police du Département fédéral de justice et police

Dossier Dossier Nr. N 5370 — **Flüchtlingslager Girenbad (Hinwil)** den le 5. November 1942

Gestorben 16.11.42 in Girenbad

Fragebogen - Questionnaire

(Art. 17, Abs. 1, des Bundesratsbeschlusses vom 17. Oktober 1939 über Aenderungen der fremdenpolizeilichen Regelung)

(Art. 17, al. 1, de l'arrêté du Conseil fédéral du 17 octobre 1939 modifiant les prescriptions sur la police des étrangers)

Der Fragebogen ist in einer schweizerischen Amtssprache (Deutsch, Französisch, Italienisch) wahrheitsgetreu vollständig und in gut leserlicher Schrift (nach Möglichkeit Maschinenschrift) auszufüllen.

Le questionnaire doit être rempli très lisiblement (si possible à la machine à écrire) complètement et conformément à la vérité dans une des trois langues nationales (allemand, français, italien).

I. Personalien a) eigene — **I. Etat personnel** a) du signataire

1. Familienname: / Nom de famille: Schmidt — (Mädchenname*): / (Nom de l'épouse avant le mariage)*:
2. Vornamen: / Prénoms: Josef
3. Geburtsdatum: / Date de naissance: 4. III. 1904
4. Geburtsort: / Lieu de naissance: Davideni — Geburtsland: / Pays: Rumänien
5. Nationalität: / Etat d'origine: Staatenlos
6. Allfällige frühere Nationalität: / Ancien Etat d'origine: Rumänische

(Bei Staatenlosen: Seit wann und weshalb staatenlos?) (s'il s'agit d'un apatride, indiquer depuis quand et pourquoi) Entziehung der Staatsbürgerschaft

*) Bei verheirateten, verwitweten und geschiedenen Frauen.
*) Pour les femmes mariées, les veuves et les femmes divorcées.

1

420 - 64 657

Schmidt war nicht nur mit privater Korrespondenz beschäftigt, es galt noch eine offizielle Sache zu erledigen: Ein 15 Seiten starker Fragebogen der Polizeiabteilung des eidgenössischen Justiz- und Polizeidepartement verlangte vom Flüchtling Nr. 37557 in 90 Punkten Auskunft, darunter zu Fragen wie:

> Zivilstand? »Ledig.«
>
> Passnummer? »Nicht erinnerlich, da Pass im Lager eingezogen.«
>
> Wann sind Sie letztmals in die Schweiz eingereist? »Oktober 1942.«
>
> Legal oder illegal? »Illegal.«
>
> Wer hat Ihnen dabei geholfen? »Niemand.«
>
> Wo wurden Sie nach der ersten Einvernahme untergebracht? »Freigelassen.«
>
> Werden Sie unterstützt, von wem? »Von Julius Orlow, Direktor der Sullana Zigarettenfabrik, Sihlquai 268, Zürich. Garant für meinen gänzlichen Unterhalt.«
>
> Befinden Sie sich in einem Lager? In welchem – seit wann? »Girenbad – seit 16. Oktober 1942.«
>
> Aus welchen Gründen sind Sie hier? »Um meiner Deportation zu entgehen.«
>
> Besaßen Sie eine (jetzt verfallene) Einreisebewilligung für ein Land? Für welches?
>
> »Ja – USA 1940, Bolivien 1941, Cuba Juni 1942.«
>
> Leiden Sie an Krankheiten dauernder Art? »Die spezialärztliche Untersuchung ergab einen Katarrh der oberen Atemwege, ein Schwäche des inneren Stimmbandmuskels sowie Stimmbandknötchen.«
>
> Joseph Schmidt
> 5. November 1942

Eine Woche später gab man Schmidt zu verstehen, dass er in den nächsten Tagen aus dem Spital entlassen werde. Mit andern Worten: Die Ärzte erachteten ihn wieder als »lagerfähig«.

Schmidts engste Freunde wussten keinen Rat, sie konnten gegen diesen ärztlichen Bescheid nichts unternehmen. Auch Dr. Wyler vermochte mit seinem Einspruch nichts zu bewirken. Da der Patient in einem öffentlichen Krankenhaus behandelt worden sei, könne ein privates Gutachten nicht anerkannt werden, hieß es. Sollte er bei befreundeten Menschen untertauchen? Sogar Mary Solnik gab ihm den zweifelhaften Rat, doch gemeinsame Freunde aufzusuchen, etwa Hilde und David Ascher in Lugano. Doch Schmidt war der Meinung, er könne »doch nicht die Gesetze jenes Landes verletzen, das ihn vor dem sicheren Tod errettet habe«.

*

Zur bevorstehenden Entlassung des Patienten Schmidt schickte die Direktion des Kantonsspital, Abteilung Otolarynologische Klinik und Poliklinik der Universität, am 12. November ein Begleitschreiben an den übergeordneten Arzt des Emigrantenlagers Girenbad, Herrn Dr. med. W. Amstad, Hinwil.

> Schmidt Josef, Lager Girenbad.
>
> Sehr geehrter Herr Kollege
>
> Der Patient wurde uns am 27.10. als Notfall in die Klinik eingewiesen. Er wies eine leichte Laryngitis und Tracheitis auf, die heute abgeklungen ist. Die spezielle Stimmuntersuchung in der phoniaterischen Poliklinik ergab ein normales Funktionieren der Stimmbänder. Der Patient zeigt aber noch eine deutliche Press-Stimme, welche nicht entzündlich, sondern mehr nervös bedingt ist.
>
> Der Patient ist Sänger. Es wurden Bemühungen unternommen, daß man ihn direkt von der Klinik entlasse. Herr Dr. Bollag hat uns telefoniert, daß für den Patienten hier in Zürich gesorgt würde.
>
> Vom medizinischen Standpunkt aus ist ein weiterer Klinikaufenthalt nicht notwendig. Es ist auch keine Indikation vorhanden, den Patienten nicht lagertauglich zu

erklären. Wir werden ihn deshalb entsprechend den militärischen Weisungen wieder ins Lager entlassen. Falls von privater Seite seine Entlassung aus dem Lager unterstützt und gefördert wird, ist dies nicht mehr unsere Sache, sondern wäre mit der Lagerleitung direkt zu vereinbaren.

In kollegialer Hochachtung
Sig. Dr. Escher

Dieser ärztliche Bericht erwähnte mit keinem Wort die Schmerzen in der Brustgegend, auf die Schmidt so eindringlich hingewiesen hatte. Die Bemerkung einer möglichen Entlassung in eine private Unterkunft, die angeblich die Lagerleitung hätte erwirken können, wirkt absurd. Hatte Schmidt nicht bereits bei der polizeilichen Vernehmung am 8. Oktober ausdrücklich bekundet, dass Julius Orlow wie Dr. Kantorowitz bereit wären, vollumfänglich für seinen Unterhalt aufzukommen? Abgesehen davon hatte der Bruder von Selma Wolkenheim, besagter Herr Orlow, die damals stolze Summe von 10 000 Franken als Kaution hinterlegt, damit Schmidt möglichst schnell freigelassen würde. Alle Voraussetzungen für eine »Entlassung in die Freiheit« des Flüchtlings Nr. 37557 wären damit erfüllt gewesen …

*

Für den 14. November war seine Rückkehr ins Lager angeordnet worden. Um die Mittagszeit verabschiedete er sich vom Pflegepersonal; Schmidt schien Angst zu haben, die Verzweiflung stand ihm ins Gesicht geschrieben. Ein flüchtiger Händedruck, nicht mehr; der Mann im weißen Kittel verabschiedete ihn regungslos: »Seien Sie froh, hier zu sein, in Ihrer Heimat müßten Sie jetzt Gruben graben.« Mit dieser »tröstenden Erkenntnis« verließ Schmidt das Krankenhaus. Am Abend musste er sich in Girenbad zurückmelden, für die noch verbleibenden Stunden hatte er allerdings noch Erfreuliches eingeplant: Dem jüdischen Kulturverein Omanut war es dank dem Einsatz von Max Lichtegg und Marko Rothmüller gelungen, Schmidt eine Auftrittsbewilligung zu beschaffen. Marko Rothmüller, einer der Organisatoren des Konzerts und auch selber auftretender Künstler, erzählte dem Verfasser: »Für das Konzert vom 21. November fand am 14. November in der Wohnung des Herrn Aktuaryus eine Besprechung statt. Joseph Schmidt und ich vereinbarten, uns beim Bahnhof Enge zu treffen und dann zusammen zu Aktuaryus zu gehen. Ich stand an der Straßenbahnhaltestelle unten beim Bahnhof. Als Herr Schmidt nach langem Warten immer noch nicht eingetroffen war, ging ich zu Herrn Aktuaryus, um zu sehen, ob er vielleicht schon dort sei. Doch er kam erst später und entschuldigte sich: ›Als ich ausstieg, sah ich Sie, konnte aber nicht schnell genug gehen, um Sie einzuholen. Auf der rechten Seite fühlte ich einen Schmerz. Ich bin nur froh, dass es nicht links war, denn sonst würde ich befürchten, es sei das Herz.‹« Die Bemerkung des Herrn Professor Brunners wiederholend »seien Sie froh, hier zu sein ...«, fügte Joseph Schmidt mutlos hinzu: »Man hält mich wohl für einen Simulanten.«

Aus der geplanten Besprechung wurde allerdings nichts, Schmidts Zustand war besorgniserregend. Sicherheitshalber wurde ein Arzt herbeigerufen. Zu Schmidts Überraschung hatte Dr. Josef Wyler Notfalldienst, der Mann, der ihm schon im Krankenhaus zugesagt hatte, sich privat seines Falles anzunehmen. Seit 1934 praktizierte er an der Falkenstraße 14 direkt hinter dem Opernhaus und war als Hauptmann einer Sanitätskompanie wie als Theaterarzt stadtbekannt; auch finanziell schwache Patienten durften seine Dienste in Anspruch nehmen. Dieses edle, selbstlose Wirken im Quartier hatte ihm einen ungewöhnlichen Beinamen eingebracht: Die Menschen nannten ihn respektvoll den »Heiland vom Seefeld«.

Dr. Wyler hatte sofort erkannt, dass Schmidt kaum mehr transportfähig war, dass er jedenfalls nicht ins Lager zurückkehren könne. Unverzüglich rief er in Girenbad an: »Der Mann ist gefährlich krank, er darf sein Bett nicht verlassen ...« – »Er muss«, lautete die lakonische Antwort; die Rückkehr sei zwingend angeordnet. »Aber Schmidt kann kaum gehen …!« – »Dann werden wir ihn mit einem Auto am Bahnhof in Hinwil abholen lassen.« In seiner Verzweiflung telefonierte Dr. Wyler schließlich mit Dr. Brunner vom Kantonsspital. Nur er hätte die Situation zu entschärfen vermocht, doch da stieß Dr. Wyler auf Granit: »Nein, den habe ich heute Vormittag entlassen, der simuliert bloß, der will nur nicht zurück ins Lager!«, schrie dieser in den Apparat. Der dramatische Dialog zwischen den beiden Medizinern hatte einen unverhofften Zeugen: Jacques Hagenauer, ein junger Assistenzarzt, Anfang zwanzig, der in unmittelbarer Nähe seines Chefs beschäftigt war, erinnerte sich dieses lautstarken Telefonats. »Mein Vorgesetzter war außer sich vor Erregung. Im Moment verstand ich nicht, was der Grund der Diskussion war. Erst als ich am Montag vom Tod des Sängers hörte, wurde mir klar, dass es sich um Joseph Schmidt gehandelt hatte.«

Schließlich gelang es Josef Wyler, wenigsten einen Tag Aufschub bewilligt zu bekommen, Schmidt müsse erst am Sonntag nach Girenbad zurück.

14
Ein Stern erlischt (1942)

Sonntag, 15. November 1942: Schmidt hatte eine ruhige Nacht verbracht, beim Erwachen kehrte jedoch der Alptraum zurück: Heute geht's wieder ins Lager ... der riesige Schornstein der Fabrik, der wie ein steinerner Wächter dastand ... der kalte Bretterverschlag, den man Toilette nannte ... diese Atmosphäre, die Gewissheit, nur ein Sänger ohne jeglichen »Marktwert« zu sein. Trotz dieser Last gab Schmidt sich zuversichtlich und meinte: »Ich fühle mich heute wesentlich besser und bin bereit, ins Lager zurückzukehren.«

Gegen 13.30 Uhr traf Joseph Schmidt wieder in Girenbad ein. Wie vereinbart, holte man ihn am Bahnhof Hinwil ab. Mit freundlichem Applaus wurde er im Lager willkommen geheißen. Obwohl er, wie so oft, seinen wahren Gemütszustand mit einem Scherz zu überdecken versuchte, war seine Resignation nicht zu übersehen. Dies vermochte auch sein Spruch: »Nun hat man mir doch Höhenluft verordnet«, nicht zu ändern. Abermals überkam Schmidt die Angst, sich bei den nächtlichen Temperaturen zu erkälten. Kommandant Rüegg kam ihm überraschenderweise mit einem Vorschlag entgegen: »Sprechen Sie doch mit Frau Hartmann, der Wirtin des Restaurants Waldegg. Sie wird Ihnen sicherlich erlauben, sich jeweils morgens da etwas auszuruhen.« Dankbar nahm Schmidt an und machte sich umgehend auf den Weg. »Aber selbstverständlich«, meinte die junge, freundliche Frau. »Kommen Sie morgen, so gegen neun Uhr. Ich werde für Sie auch warmes Wasser bereithalten ...«

*

Montag, 16. November 1942: Schmidt war froh, die kalte Nacht überstanden zu haben. Es waren durchaus positive Gedanken, mit denen er den neuen Tag anging. Sollte es nicht Glück bedeuten, sich in einem warmen Zimmer waschen und rasieren zu dürfen? Nachmittags würde er nach Zürich fahren, um die verpasste Probe vom vergangenen Samstag nachzuholen. Dementsprechend fröhlich verabschiedete er sich von Philippe Storch, seinem Bettnachbarn.

Frau Hartmann zum Verfasser:

> Unser Gasthaus war immer voll von Lagerinsassen. Dabei bemerkte ich eines Tages auch einen auffallend kleinen, freundlichen Mann. Der sei ein berühmter Sänger, ließ ich mir sagen. Ich hatte mich nie für klassische Musik interessiert, nie eine Oper gehört. So war ich mir seiner Berühmtheit gar nicht bewusst ... Pünktlich wie ausgemacht, erschien er an diesem Morgen. Er war in Begleitung von Max Strassberg und einem Wachsoldaten namens Fighière.
> Nun denn, so dachte ich, wenn es ihm schon gestattet wird, hier zu sein, so soll er sich auch richtig wohl fühlen. Schon früh heizte ich den Ofen unserer kleinen Stube ein. Über die steile Holztreppe führte ich die Männer in den ersten Stock. Wie ich die Türe öffnete und Schmidt Wärme entgegenkam, da strahlte er und meinte: ›Ach, *hier* möchte ich schlafen.‹ Dann ließ ich die Herren allein. Wenig später kam Strassberg nach unten und bestellte für Schmidt zwei Gläser heiße Milch. Nachdem sich Schmidt wohl etwas frisch gemacht hatte, ertönte plötzlich eine wunderbare Stimme durch das Haus. Ich muss schon bekennen, dass ich niemals in mei-

nem Leben einen Menschen so schön habe singen hören. Ich ließ meine Küchenarbeit ruhen, um ganz weltvergessen seinen Tönen zu lauschen. Wie war es nur möglich, dass ein so kleiner Mensch eine derartige Stimme haben kann [...] Gegen 10.30 Uhr stand Strassberg plötzlich wieder in der Türe und bat mich, nach dem Lagerarzt zu rufen, denn Joseph Schmidt fühle sich nicht gut. Innerhalb von Minuten war Dr. Handelsmann zur Stelle. Ich ging mit ihm nach oben, wo Schmidt regungslos auf dem Sofa lag, er war kreidebleich. Dr. Handelsmann verabreichte ihm einige Injektionen und ging dann wieder. Er konnte aber das Lager noch nicht wieder erreicht haben, als Strassberg erneut nach unten kam. ›Die Lage ist katastrophal, der Doktor muss sofort wieder her!‹ Diesmal kam auch Dr. Kurt Müller mit sowie Philippe Storch, der Sanitäter. Schmidt lag ganz ruhig da, sein Gesicht strahlte einen unendlichen Frieden aus. Die beiden Mediziner aber machten einen eher verzweifelten Eindruck ... Die Blicke, die sie austauschten, ließen nichts Gutes vermuten. Der eine beklagte sich über die schlecht dotierte medizinische Ausrüstung, so dass es sinnvoll wäre, auch den Dorfarzt Dr. Amstad herbeizurufen. Ganz vorsichtig setzte ich mich zu Schmidts Füßen aufs Sofa. ›Es wird bestimmt gleich wieder bessergehen‹, sagte ich leise. Wie hätte ich zu ahnen vermocht, dass ich mit

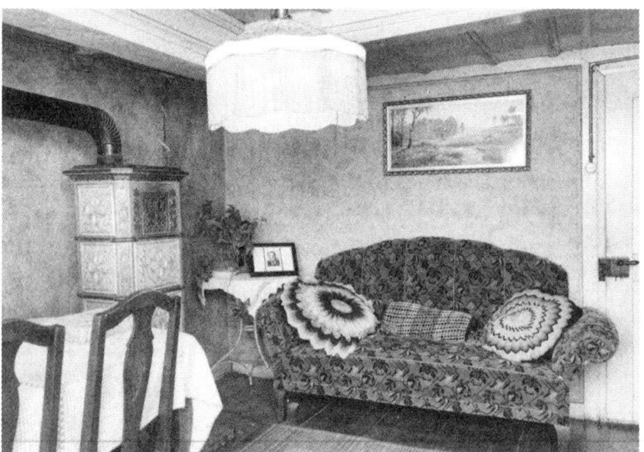

Der Raum, in dem Joseph Schmidt starb – das Wohnzimmer der Wirtsleute Hartmann, im ehemaligen Gasthaus Waldegg in Girenbad, Zürich (Foto: Walder, Hinwil)

> diesen Worten einen Sterbenden belog? Meine Blicke glitten durch den Raum. Irgendwann sah ich auf den Tisch, da lag eine ganze Reihe leerer Ampullen, und plötzlich bekam ich Angst. Ich betrachtete den reglosen Körper des Kranken: ›Er atmet ja gar nicht mehr‹, bemerkte ich. ›Nein, nein‹, beruhigte mich einer der Männer, das sei gewiss nur die Wirkung der Beruhigungsspritzen. ›Erzählen Sie mir, was Sie wollen, er atmet nicht mehr!‹ Verlegen griff ich nach seiner Hand: ›Herr Schmidt … Herr Schmidt …‹ Doch er hörte es nicht mehr …

Um 11.10 Uhr stellte Dr. Handelsmann den Tod durch Herzversagen fest. Still, ohne jeglichen sichtbaren Kampf, hatte Joseph Schmidt diese Welt verlassen, jenen Spiegel durchschritten, der keine Bilder mehr zurückwirft. Sein Wunsch, hier zu schlafen, war erfüllt worden …

»Ich konnte es kaum glauben«, so Frau Hartmann, »dass ein so großer Künstler in meinem einfachen Stübchen sein Leben aushauchte. Er blieb bei uns bis zu seiner Überführung nach Zürich. Rabbiner, ebenfalls Internierte, hielten bei Joseph Schmidt Totenwache. Mitten im Raum bettete man ihn auf Stroh und legte ihm nach alter, jüdischer Sitte ein Stück Brot mit Salz auf die Brust und deckte ihn mit einem Leintuch zu. Dann wurden Kerzen angezündet, und bis zum Abend blieben sie bei ihm.«

Allen 350 Lagerinsassen war es erlaubt, vom Toten Abschied zu nehmen. Philippe Storch erinnerte sich, »dass unser Rabbiner, Herr Mendel Huss, zum Abschied eine Ansprache hielt«.

Ebenso lebendig blieb die Erinnerung von Frau Hartmann an den Abschied Joseph Schmidts von Girenbad:

> Der Abend kam, es hatte stark geregnet. Als um 19 Uhr das Leichenauto am Lager vorbeifuhr, rissen die Flüchtlinge das Tor auf und eilten vor unser Haus. Joseph Schmidt wurde in einen einfachen, rohen Sarg gelegt und ins Auto getragen. Während ein letztes Gebet gesprochen wurde, ertönten plötzlich schreckliche Schreie: Ein Mann hatte einen Nervenzusammenbruch erlitten und musste ins Lager ge-

> tragen werden. Den letzten Augenblick werde ich nie vergessen: Etwa 15 Mann hatten die Bewilligung, den Wagen mit dem Leichnam etwa einen Kilometer dorfauswärts, Richtung Hinwil zu begleiten. Als sich dieser in Bewegung setzte, gingen aber alle 350 mit ... Diese stumme Tragödie hatte selbst die Schweizer Wachsoldaten ergriffen, keiner rief die Männer zurück. Joseph Schmidt hatte ein Geleit wie ein König ... Als sich die Nacht über Girenbad senkte, war kaum ein Mensch zu sehen. Wir hatten unsere Gaststube geschlossen. Alles in unserem kleinen Ort schien wie durch einen starken Frost erstarrt.

Philippe Storch war es aufgetragen, die Effekten des berühmten Sängers aufzunehmen: ein Kamelhaarmantel, zwei Anzüge, Schuhe, ein zerschlissener kleiner Toilettenkoffer, die letzte Karte der Mutter, sein Ring mit den Initialen JS, den er von ihr einst geschenkt bekommen hatte, und ein kleines Notizbuch mit Adressen aus aller Welt. Der Mann, der so wahllos Unsummen seiner Einnahmen verschenkt hatte, trug ganze 50 Schweizerfranken bei sich ...

*

Der Tod von Joseph Schmidt sorgte nicht für Schlagzeilen. Die Presse jedenfalls wusste nicht so recht, was sie mit der Meldung vom »Tod eines berühmten Tenors« anfangen sollte. Die *Neue Zürcher Zeitung* informierte am 17. November unter »Kleine Meldungen«:

> Am Montag ist in einem schweizerischen Internierungslager der durch den Film »Ein Lied geht um die Welt« bekannt gewordene Tenor Joseph Schmidt, der vor einigen Jahren in der Tonhalle mit großem Publikumserfolg auch als Konzertsänger auftrat, gestorben.

Unter der Rubrik »Bestattungen« fand sich in einem anderen Blatt vom 18. November die Notiz:

> Schmidt Joseph, geboren 1904,
> Konzertsänger – 11.10 Uhr im Friedhof Friesenberg

Der Schweizerische Landessender Beromünster spielte an jenem Mittwoch noch das Lied, das »um die Welt geht«; einen Hinweis, dass dessen Interpret am selben Tag begraben wurde, gab es nicht.

Neun Menschen waren bei strömendem Regen versammelt, um Joseph Schmidt am Grab Nr. 2231 des Israelitischen Friedhofs Unterer Friesenberg in Zürich die letzte Ehre zu erweisen. Unter ihnen Max Lichtegg und Marko Rothmüller als Vertreter des Stadttheaters sowie Wolfgang Langhoff, Eugen Jensen und Ernst Ginsberg vom Schauspielhaus Zürich. Über die Beisetzung berichtete das *Israelitische Wochenblatt*: »Die Grausamkeit und Tragik dieses Schicksals wurde in der die Trauergemeinde sichtlich erschütternden Grabrede von Rabbiner Dr. Taubes lebendig.«

Anfänglich zögernd, dann aber umso heftiger reagierte die Presse, als bekannt wurde, was mit Joseph Schmidt geschehen war. Fritz Heberlein endete seinen landesweit erschienenen Artikel: »Am nächsten Samstag hätte er in Zürich zugunsten der Flüchtlinge singen sollen. Doch das Lied, das heute um die Welt geht, ist die Weise von Elend und Not, von Verfolgung,

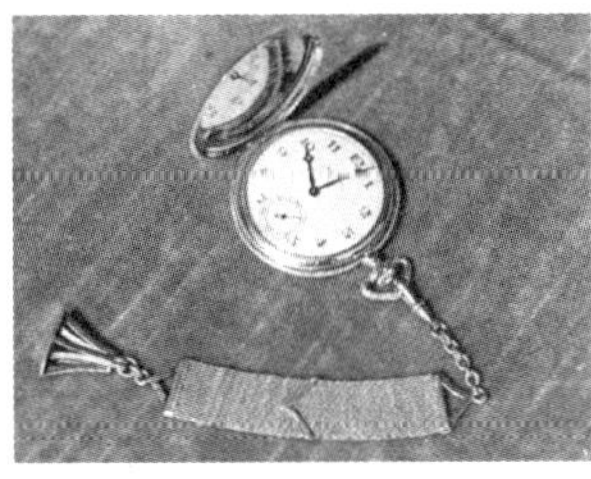

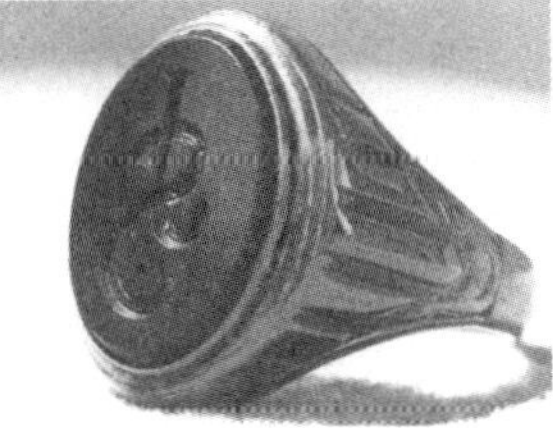

Die Uhr, die Joseph Schmidt im Mai 1932 in Berlin als beliebtester Künstler des Monats geschenkt bekam (seit 1985 verschollen)

Ein Geschenk der Mutter an ihren Sohn: goldener Siegelring mit den Initialen JS in schwarzem Karneol (seit 1985 verschollen)

Hass und Tod.« Unter dem Titel »Eine Schande für die Schweiz« schrieb die *Basler-*, wie die *Thurgauer-Arbeiterzeitung:* »Der Antisemitismus ist ein aus dem Ausland eingeführter Modeartikel, der in den Köpfen einiger hoher Beamten unseres Landes Eingang gefunden hat.« In ähnlichem Ton schloss ein weiterer, bitterer Nachruf jener Tage: »Joseph Schmidt – gestorben an der Referenz der Schweiz gegenüber dem Nationalsozialismus.«

Den schweizerischen Amtsschimmel konnte der Sänger fortan nicht mehr belästigen, der Fall war erledigt. Im Gegensatz zu Schmidts Ankunft, fünf Wochen zuvor, erfolgte seine »Abmeldung« ordnungsgemäß und korrekt. Der Eintrag im Sterberegister der jüdischen Gemeinde Zürich:

Montag, 16. November 1942
Schmidt, Joseph
38 Jahre, 8 Monate, 12 Tage
staatenlos

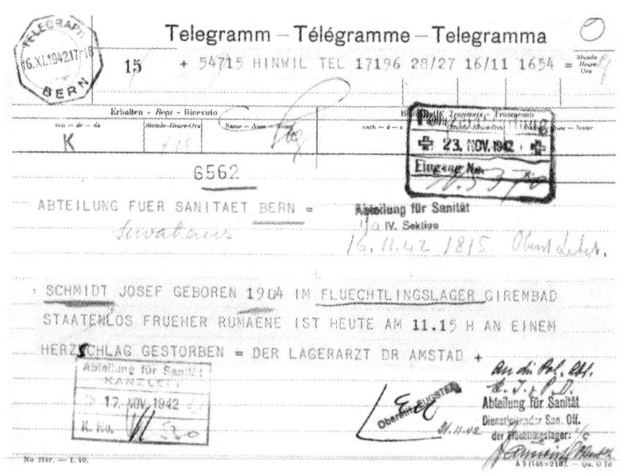

Telegramm – Télégramme – Telegramma

TELEGRAPH BERN 16.XI.1942

15 + 54715 HINWIL TEL 17196 28/27 16/11 1654 =

Erhalten – Reçu – Ricevuto

K

6562

23. NOV. 1942

ABTEILUNG FUER SANITAET BERN =

Abteilung für Sanität IV. Sektion

SCHMIDT JOSEF GEBOREN 1904 IM FLUECHTLINGSLAGER GIRENBAD STAATENLOS FRUEHER RUMAENE IST HEUTE AM 11.15 H AN EINEM HERZSCHLAG GESTORBEN = DER LAGERARZT DR AMSTAD +

Abteilung für Sanität KANZLEI 17. NOV. 1942 K. No.

Abteilung für Sanität

Telegramm des Hinwiler Dorfarztes Dr. Walter Amstad an die Abteilung Sanität der Polizeiabteilung Bern: »Schmidt Josef 1904 im Flüchtlingslager Girenbad staatenlos früher Rumäne ist heute um 11.15 h an einem Herzschlag gestorben.«

Epilog – die wichtigsten Personen betreffend

Zur Familie:

Nach Einmarsch der Roten Armee gehörte Czernowitz ab dem 28. Juni 1940 zu Russland. Bereits am 6. Juli 1941 wurde die Stadt von deutschen Truppen zurückerobert. Zwei Töchter der Familie Schmidt, Regina und Mariem, waren von Oktober 1941 bis Juli 1945 nach Transnistrien zwangsumgesiedelt worden, während Mutter Sara in der Hauptstadt bleiben konnte. Vom einstigen Wohlstand an der Strada Mircea Voda 12 war ihr nichts geblieben, unter bescheidensten Umständen wohnte sie an der Straße U. Josif. Durch die kriegsbedingten Erlebnisse hatte ihre Gesundheit sehr gelitten. Aussichtslos, sah sie sich der zunehmenden Zuckerkrankheit ausgeliefert. Zudem ließ die Politik noch immer keine Normalität zu, 1945 wurde die Familie erneut aus Czernowitz ausgewiesen. Enkelin Renée, geboren 1934, erinnert sich in diesem Zusammenhang:

> Meine Eltern und ich, meine Großmutter und Tante Mariem mußten plötzlich aus Czernowitz nach Tereblecea umsiedeln. Nahe der Grenze waren russische Offiziere und Soldaten, die uns kontrollierten. Dabei fanden sie im Gepäck der

> armen Großmutter etwa 90–100 Platten von Joseph. Ein Offizier sagte, daß man Schallplatten nicht mitnehmen dürfe, und befahl einem Soldaten, alle Platten zu zerbrechen. Der nahm sie und warf sie zur Erde. Sara Schmidt, meine Mutter Regina und Tante Mariem Fuchs knieten und bettelten, wenigsten 1–2 Platten übrigzulassen. Doch der Offizier lachte nur, während der Soldat alle Platten zerbrach. Mein Vater, Apotheker Leon Heringer, sagte ihnen, daß es sich um Platten des größten Sängers aus Czernowitz handle, um Joseph Schmidt, der in der ganzen Welt berühmt sei. Der Offizier sagte, daß er von so einem Sänger noch nie gehört habe. Das war im Juli 1945 – ich war elf Jahre alt, aber dieses Ereignis steht mir noch immer vor den Augen.

Nur drei Monate später musste Sara Schmidt mit einem weiteren Schicksalsschlag fertig werden; ihre zweite Tochter Betty verstarb kurz nach ihrer Rückkehr aus dem Lager in Transnistrien.

Einziger Lichtblick wurde der Familie durch die humanitäre Hilfe der Wienerin Gertrud Ney-Nowotny zuteil. Seit der Kindheit körperlich behindert, litt sie zunehmend unter schweren Depressionen. 1934 ließ sie die Stimme Schmidts aus einem Kinolautsprecher aufhorchen; diese Stimme gab ihr neuen Lebensmut und legte den Grundstein für den selbstlosen Einsatz für diesen Künstler und dessen Familie. Persönlich hatte sie Joseph Schmidt erst bei dessen letztem Wiener Konzert am 18. Juli 1936 kennengelernt. Sie brachte große finanzielle Opfer, vermittelte über Hilfsorganisationen Kleider, Lebensmittel und Insulin für die kranke Mutter Schmidt. Deren Armut war indessen so groß, dass sie selbst die Zollgebühren für Medikamentensendungen nicht aufbringen konnte. Die Bürokratie der noch Jahre anhaltenden Zensur nach Osteuropa erschwerte Brief-, wie Paketpost zusätzlich. In einem der Brief verdeutlichte Sara Schmidt die Hoffnungslosigkeit ihrer Situation: »Meine Augen […] habe meine Brille seit 1937, hier keine Möglichkeit einer neuen […]« – »Elektrisches Licht gibt es nach dem Krieg in Rumänien erst ab 21.30 Uhr. Bei Nachbarn versuchte ich, da selbst keinen Apparat, am 28. Mai 1948 eine Sendung über meinen Sohn aus Wien zu empfangen, doch das Radio blieb stumm ...«

Den größten Wunsch vermochte Gertrud Ney-Nowotny der alten Frau nicht zu erfüllen: Das Grab ihres Sohnes in Zürich besuchen zu dürfen. Auch der Einsatz des »Vereines Schweizerischer Jüdischer Fürsorgen« vermochte an der Sturheit der Schweizer Behörden nichts zu ändern. Seit 1945 lebte Sara Schmidt in dem kleinen Dorf Gura Humorului. Ab April 1949 sah es so aus, als würde ihr Leben eine glückliche Wendung nehmen. Nach einem zweijährigen Kampf mit den Behörden war es der Wienerin Ney-Nowotny gelungen, für die 74-Jährige eine Einreiseerlaubnis nach Österreich zu erlangen. Doch Sara Schmidts Gesundheitszustand ließ es nicht mehr zu, sie verstarb am 31. Mai 1950. Auf dem hochgelegenen Friedhof gegenüber dem Bori-Berg wurde sie beerdigt – 1600 Kilometer vom Grab ihres Sohnes entfernt. In einem der unzähligen Briefe hatte sie ihre Gönnerin in Wien als »das teuerste Vermächtnis meines Sohnes« bezeichnet.

Die Geschwister:

Regina, geboren 1900, verheiratet mit dem Apotheker Leon Heringer, litt wie Joseph an einer Angina Pectoris. Sie verstarb am Silvesterabend des Jahres 1966 in Cîmpulung Moldovenesc.

Betty, geboren 1902, verheiratet mit dem Arzt Dr. Elias Stein, erlag am 8. November 1945 in Cernowitz, im Alter von nur 43 Jahren einem Leberleiden.

Mariem, (auch Maly oder Mirly genannt), geboren 1909, verheiratete Fuchs, erkrankte um 1950 an Krebs. Unter nie restlos geklärten Umständen wurde sie am 5. Februar 1955 in einem Teich in Gura Humorului ertrunken aufgefunden.

Schlomo, geboren 1906, kam 1960 durch Vermittlung von Gertrud Ney-Nowotny nach Israel, wo er als Advokat tätig war. Bei seinem Tod am 21. August 1971 hinterließ er nebst seiner Frau Betty eine Tochter – Sara.

Leo Engel:

Erstaunlicherweise war er in Belgien von politischer Verfolgung verschont geblieben. Seine Beziehung zu Ully Hohenberg erwies sich als dauerhaft. Nachdem er seit Jahren unter Rheuma gelitten hatte, kam schließlich eine Herzkrankheit dazu, was die Einlieferung in ein Brüsseler Krankenhaus nötig machte. Dort ist er am 7. Januar 1943 verstorben. Ully Hohenberg veranlasste, dass seine persönliche Hinterlassenschaft 1949 an den älteren Bruder Hermann übergeben wurde, der in Ramat Gan, Israel, ausfindig gemacht werden konnte.

Obwohl der Familie bekannt war, dass Leo Engel Konten in Bern, London, New York und Tel Aviv angelegt hatte, sind mit Ausnahme eines minimalen Guthabens in der Schweiz nie irgendwelche Belege über die Vermögenswerte von Joseph Schmidt aufgetaucht.

Lotte Kohn und Sohn Otto:

Die Geschichte dieser Frau, die zehn Jahre an der Seite des Künstlers verbrachte, ist ebenso undurchsichtig wie verwirrend. Ihre Beweggründe, sich ab 1958 im Zusammenhang mit Ernst Neubachs »Joseph-Schmidt-Story« in der Presse als »Witwe Schmidt« zu bezeichnen, hatten zweifellos einen finanziellen Hintergrund. Die »Heiratsurkunde« vom 13. Januar 1942 – von einem Hamburger Anwalt 15 Jahre später »nachlegalisiert«, ist aufgrund der unzureichenden, teils sogar falschen Angaben äußerst unglaubwürdig. Wäre Schmidt beim Aufsetzen des Dokumentes tatsächlich dabei gewesen, hätte er wohl kaum seinen Geburtsort mit »Wyznice bei Czernowitz« angegeben. Die Behauptung, dass ihr, als Nichtjüdin, eine offizielle, standesamtliche Heirat mit Joseph Schmidt 1942 in Südfrankreich nicht möglich gewesen sei, entspricht nicht den tatsächlichen Verhältnissen. Warum hatte sie niemals, auch in Interviews nicht, den offensichtlichsten Beweis ihrer Verbindung zu Schmidt erwähnt, den gemeinsamen Sohn Otto? Die unübersehbare Ähnlichkeit mit dem leiblichen Vater hätte ihr den Kampf um Anerkennung bestimmt leichter machen können. Zwar hatte auch Mary Solnik bestätigt, dass die beiden »nach jüdischer Tradition« verheiratet gewesen seien. Sie wusste von Schmidt aber auch, dass er bereits am Tag darauf die Annullierung beantragt hatte, weil »die Lotte« schon am besagten 13. Januar bei Lajos Ernst die Nacht verbrachte. Andererseits wiederum erstaunt ein Brief, den sie als »Frau Kohn« am 25. November 1942 aus dem Hotel France in Lissabon an die Israelitische Kultusgemeinde Zürich schrieb:

> Geehrte Direktion,
>
> Wollen Sie bitte so freundlich sein und meinem Mann die Adresse von mir mitzuteilen u. gleichzeitig bitte ich Sie mir seine einzusenden. Es handelt sich um den Tenor Joseph Schmidt, der nach Auskunft der Hicem in der Schweiz sein soll. Nach den jüngsten Ereignissen haben wir uns verloren.

Nach dem Krieg legalisierte Frau Kohn ihre jahrelange Beziehung zu Lajos Ernst durch Heirat. Dessen Darlehen von 200 Dollar an Joseph Schmidt wurde ihm 1946 von der Berner Kantonalbank zurückbezahlt.

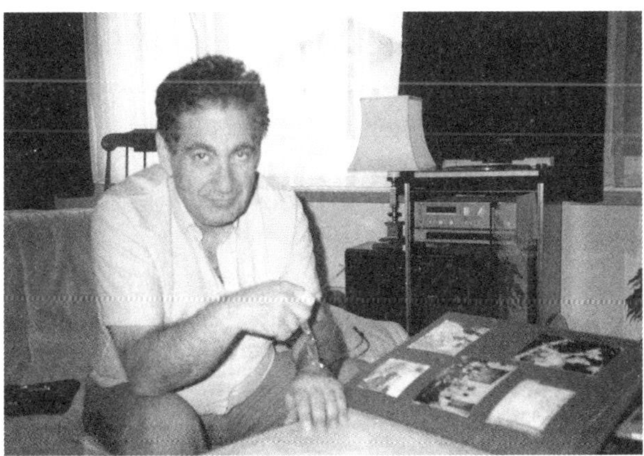

Otto Kohn (1935–2003), Sohn aus der Verbindung Joseph Schmidts mit Lotte Kohn, im Joseph-Schmidt-Archiv im August 1990 (Foto: Alfred A. Fassbind, 1990)

Gemeinsam mit Gertrud Ney-Nowotny und mit Unterstützung der Geschwister von Joseph Schmidt hatte Ernst Neubach einen Prozess gegen Lotte Kohn angestrebt, aus dem sie als Verliererin hervorging. Die Verhandlungsprotokolle beinhalten Worte wie »meineidig« oder »reif für den Staatsanwalt«. Das hinderte sie jedoch keineswegs daran, sich bis Mitte der 1960er-Jahre bei Presse und den beteiligten Parteien immer wieder in Erinnerung zu rufen.

Ihre letzten Jahre verbrachte Lotte Ernst bei ihrem Sohn Otto in Antwerpen, wo sie am 25. März 1987 verstarb.

Bei einem Besuch im Joseph-Schmidt-Archiv im August 1990 zeigte sich Otto Kohn sehr bewegt. Seine Bemerkung, »ob ich der Sohn von Joseph Schmidt bin, weiß ich nicht, aber meine Mutter hat es mir so erzählt«, birgt eine gewisse Tragik. An den einzigen Auftritt seines Vaters, den er zusammen mit der Mutter als 7-Jähriger 1942 in Avignon erlebt hatte, erinnerte er sich vor allem wegen des »ungeheuren Menschenauflaufs«. Beim Thema »Herzprobleme« gab Otto eine Aussage seiner Mutter wieder. Sie hatte ihm erzählt, dass Joseph bereits Mitte der 1930er-Jahre über Beschwerden solcher Art gesprochen habe, alles Zureden aber hätte nichts gebracht, Joseph Schmidt argumentierte stets: »Ich habe keine Zeit zum Arzt zu gehen – ich muss singen.«

Ohne Einwand hatte Otto Kohn es dem Verfasser erlaubt, im Archiv fotografiert zu werden, nur am Grabe seines Vaters bat er: »Bitte lassen Sie mich für ein paar Minuten allein.«

Otto Kohn, sein Leben lang im Diamanthandel tätig, verstarb unerwartet am 26. Juni 2003.

Mary Solnik:

Die wichtigste Zeugin von Schmidts Emigrationsjahren überlebte den Krieg zusammen mit Ehemann Willy in den Bergen der Haute Savoie. Die Umstände schilderte sie so:

> Den Kindern drohte weniger Gefahr, wenn sie von uns getrennt leben konnten. So waren wir Bauernleuten sehr dankbar, wenn sie einige Wochen bleiben durften. An eine Razzia erinnere ich mich ganz besonders. Ein Bauer erlaubte uns, hier waren die Kinder dabei, in seinem Stall zu übernachten. Plötzlich erschienen Nazis. Der Mann bestritt denen gegenüber, »verdächtige Personen« gesehen zu haben. Nur mit Mühe ließen sich die Lederstiefel abwimmeln. Einer davon bemerkte: »Wenn Sie Juden beherbergen, brennen wir Ihren Hof nieder.« Und ein anderer rief zurück: »Wir kommen wieder, verlassen Sie sich darauf.« Mein Mann hatte sogenannte »Kriegspässe« besorgt. Als Yvonne und Jean-Pierre Martin, Bildhauer, überlebten wir die Zeit. Nach dem Krieg besichtigten wir unsere Villa an der Rue des Carrières in Mühlhausen. Ein Bild des Grauens empfing uns. Sämtliches Mobiliar war verschwunden. Das einzige, das an uns erinnerte, war ein Ölgemälde, das ein Künstler von mir gemalt hatte. Es stand im Keller und war in der Form eines Hakenkreuzes zerschnitten.

Das Ehepaar Solnik baute Ende der 1940er-Jahre, nun in Paris, wieder ein Rohtextil-Unternehmen auf. Nach dem Tode ihres Mannes 1955 kam Mary Solnik über Köln nach Zürich, wo sie 1967 den Atomphysiker Otto Herz heiratete. Seit 1971 wieder Witwe, ist sie im September 1990 verstorben.

Selma Wolkenheim:

Joseph Schmidts letzte Freundin vermochte als Zeugin dessen letzte Lebenstage sehr eindrücklich zu beschreiben. An Lucie Sniadover, von deren Domizil in La Bourboule sie mit Schmidt in Richtung Schweiz geflüchtet war, schrieb sie am 6. Dezember 1942 (auszugsweise):

> Liebste Freunde!
>
> […] wollte Euch nicht wie den andern durch Freunde die traurige Nachricht senden. Noch am Montag um 9.30 Uhr

hatte ich mit ihm telefoniert. Er sagte: »Weißt du, es ist ein Glück, daß der Schmerz rechts war, sonst hätte ich gedacht, es ist das Herz.« Mein Bruder hatte für Joschi 10 000 Franken hinterlegt, um seine Freilassung zu erwirken. Dienstags würde er frei – zu spät, Mittwoch war die Beerdigung.

Eure Selma

Nach dem Krieg hat Selma Wolkenheim die Schweiz wieder verlassen und lebte in derselben Stadt wie Mary Solnik, in Paris. »Ich erinnere mich nur an eine einzige flüchtige Begegnung, zu einem richtigen Gespräch kam es nicht«, so Mary. Als letzte Adresse von Selma ist das Hotel Prima, Rue de Trevise, Paris 9 bekannt. Ende 1947 verliert sich ihre Spur.

Das Joseph-Schmidt-Archiv

1962 erschien im Wiener Verlag Gerlach und Wiedling die Biografie von Gertrud Ney-Nowotny, »Ein Stern fällt vom Himmel«, die sie zusammen mit ihrem Vater veröffentlichte. Obwohl sie zahlreiche Fakten richtigstellte, ist die bedingungslose Bewunderung für ihren Star offensichtlich, und sie lässt weder privat noch künstlerisch eine kritische Betrachtung zu.

Der uneigennützigen Gertrud Ney-Nowotny ist allerdings die Existenz des heutigen Joseph-Schmidt-Archivs zu verdanken. Schon als 15-Jährige hatte sie begonnen, alles über den von ihr verehrten Sänger zu sammeln. Durch jahrelanges körperliches Leiden gezeichnet, übertrug sie bereits zu Lebzeiten den größten Teil ihrer umfangreichen Sammlung an die Treueste ihrer Korrespondentinnen, Frau Berty Rossetti in Zürich. Geboren 1916, hatte Frau Rossetti Joseph Schmidt nicht persönlich gekannt, führte aber mit Leidenschaft das Werk im Sinne ihrer Vorgängerin fort. Sie pflegte das Grab auf dem Friedhof Unterer Friesenberg, organisierte Ausstellungen, verfasste Radiosendungen und war eine der Initiantinnen, die 1967 eine Gedenktafel am Sterbehaus in Girenbad ermöglichte.

Im November 1984 – Berty Rossetti verstarb im darauffolgenden Januar – trennte sie sich von ihren Schätzen und übergab bis auf Siegelring und Uhr (heute verschollen) alles dem Verfasser dieses Buches, der die Sammlung neu ordnete, ergänzte und erweiterte. Schon seit Kindheitstagen von der Stimme Schmidts fasziniert, entstand aufgrund eines Fernsehbeitrages über Joseph Schmidt der Kontakt des damals 17-Jährigen zu Frau Rossetti. Seine Vorträge in Berlin, Wien, Basel, Zürich und anderen Städten, nicht zuletzt aber auch Beiträge über das Archiv in Radio und Fernsehen vermochten das Interesse an Joseph Schmidt wachzuhalten.

Anhang

Die wichtigsten Daten (1904–1942)

1904	4. März	Geboren in Davideny, Bukowina (damals Österreich)
1924	November	Erstes eigenes Konzert in Czernowitz (Rumänien)
1925/26		Gesangsstudium in Berlin bei Prof. Hermann Weissenborn
1929	10. Februar	Erstes Konzert im Ausland, Bondsgebouw, Antwerpen
	18. April	Debüt im Berliner Rundfunk in Meyerbeers »Afrikanerin«
	28. Mai	Erste Schallplattenaufnahme (Duett aus »Tosca« mit Gota Ljungberg)
	31. August	Erster Bühnenauftritt in Berlin (»Die 3 Musketiere«)
1930	7. März	Erster Konzertauftritt in Berlin (Philharmonie) mit Margherita Perras
1931	5. Mai	Filmdebüt Schmidts in »Der Liebesexpreß«, Filmpremiere in Berlin
1933	20. Februar	Letzter Auftritt Schmidts an einem deutschen Sender (Nureddin in »Barbier von Bagdad« von Peter Cornelius)
	9. Mai	»Ein Lied geht um die Welt«, Filmpremiere in Berlin
	20. Dezember	Übersiedlung nach Wien
1934	31. Januar	»Wenn du jung bist ...«, Filmpremiere in Wien
	9. April	Beginn der Konzerttournee durch Palästina
	6. August	Erste Konzertübertragung von Wien nach Amerika
	22. September	»My Song Goes Round the World«, Filmpremiere in London
	28. Dezember	»Ein Stern fällt vom Himmel«, Filmpremiere in Wien
1935	29. Oktober	Geburt von Sohn Otto, aus der Verbindung mit Lotte Kohn
1936	22. Mai	»Heut' ist der schönste Tag ...«, Filmpremiere in Wien
	9. Juni	»A Star Fell From Heaven«, Filmpremiere in London
	18. Juni	Letztes Konzert in Wien, Musikvereinssaal
	5. Juli	Auftritt vor 100 000 Menschen in Birkhoven (Holland)
	10. November	Letztes Konzert in Schmidts Heimatstadt Czernowitz
1937	24. Januar	Berlin: Letztes erlaubtes Konzert in Deutschland
	7. März	US-Debüt in der Carnegie Hall, New York
	27. August	Letzte Schallplattenaufnahme von Joseph Schmidt in Wien

1938	20. Februar	Rückkehr von New York nach Wien
	7. März	Schmidt verlässt Wien Richtung Brüssel
1939	19. Januar	Erster Opernauftritt im Kostüm in »La Bohème« in Brüssel
1940	5. Februar	Radiokonzert unter dem Dirigenten Hans Haug in Zürich
	3. März	Letzte Radioübertragung mit Joseph Schmidt, Brüssel
	11. März	Konzert in London mit Gitta Alpar
	Oktober	Flucht nach Frankreich
1941	27. November	Visum Nr. 11005 via Kuba, gültig bis 29. Dezember. Überfahrt wegen Seekrieg nicht mehr möglich
1942	14. Mai	Letzter öffentlicher Auftritt in der Oper von Avignon
	6. / 7. Oktober	Illegaler Grenzübertritt in die Schweiz
	16. Oktober	Internierung ins Lager Girenbad, Kanton Zürich
	27. Oktober	Überweisung ins Kantonsspital Zürich
	14. November	Entlassung aus dem Kantonsspital Zürich
	16. November	Tod des Sängers im Restaurant Waldegg, Girenbad

Nachruhm (1955–2013)

Nach dem Krieg erinnerte man sich nicht nur in Deutschland an die Lieder und die Filme des einstigen Stars, seine Stimme fand international wieder ihren Platz in vokalen Radioprogrammen – an die 100 Gedenksendungen sind nachweisbar. Mit dem musikalischen Vermächtnis von Joseph Schmidt schrieb die Plattenindustrie Rekordzahlen; noch vor dem 20. Todestag im Jahre 1962 waren 5 Millionen Langspielplatten und mehr als 600 000 kleine 45-tourige EPs verkauft worden. Viele Menschen aber wollten mehr über das Leben des Künstlers wissen, vor allem über seinen geheimnisumwitterten Tod im Exil. Im Chaos der Zeit war sein Ende nur lückenhaft bekannt geworden und deshalb Nährboden für teils unglaubliche »Storys«.

Diese »Marktlücke« füllte 1955 ein gewisser Carl Ritter. Er verbreitete zahllose Klischees, die im Leben Schmidts nicht existierten. Geradezu ungeheuerlich liest sich Ritters Darstellung, Joseph Schmidt wäre freiwillig aus dem Leben geschieden. Leider überdauerten Lügengebilde solcher Art fast ein halbes Jahrhundert. Michael Jürgs, Verfasser eines Buches über Richard Tauber, wiederholte noch im Jahr 2000 die Mär über Schmidts angeblichen Suizid. Zeitgleich erschien auf dem Büchermarkt die Geschichte des Lehár-Librettisten Fritz Löhner-Beda von Günter Schwaberg. Was Joseph Schmidt betrifft, übersteigt dieser Autor das Zumutbare an Erfindungen derart, dass sie es nicht wert sind, an dieser Stelle auch nur auszugsweise zitiert zu werden.

Nicht viel mehr Respekt vor dem wahren Sachverhalt hatte leider auch Schmidts Textdichter Ernst Neubach, der 1958 mit dem Film »Ein Lied geht um die Welt« den Filmtitel von 1933 wieder aufgriff. Unbegreiflich, wie Neubach darin das Privatleben Schmidts darstellte. Um im Film eine Liebesgeschichte einzubauen, erfand er die Person einer »Brigitte von Hilden« – von Beruf Balletttänzerin und auch noch Tochter eines SS-Mannes ... Einziges Lob, das diese angebliche Biografie verdient – laut Vorspann »dem Leben nacherzählt« –, gebührt Hans Reiser in der Rolle des Joseph Schmidt. Beachtenswert die schauspielerische Leistung, mit der er den Sänger in den Gesangsaufnahmen im Playback zum Originalton mimt. Gerechterweise war dem Film nur ein mäßiger Publikumserfolg beschieden.

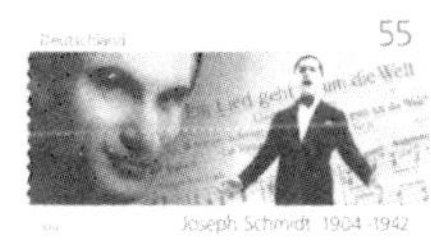

Zum 100. Geburtstag von Joseph Schmidt: Die 55-Cent-Briefmarke der Deutschen Bundespost

Nach den 1960er-Jahren setzte sich die Reihe an Erinnerungsaktivitäten bis in die jüngste Zeit fort.

1962	Erstausgabe der Biografie »Ein Stern viel vom Himmel. Joseph Schmidt – Sein Leben und Sterben« von Gertrud und Karl Ney-Nowotny, Wien; 2. Auflage 1967
1967	Joseph-Schmidt-Ausstellung in der Galerie Kleeweid, Zürich (Berty Rossetti) Einweihung der Gedenktafel am Sterbehaus »Waldegg« in Girenbad (mit Fernsehbeitrag in *Die Antenne*, SRG, 1′20″) Fernsehdokumentation »Ein Stern fiel« mit den Zeitzeugen Charlotte Ander, Victor de Kowa, Ernst Neubach, Robert Ranzenhofer, Irma Hartmann u. a., Gemeinschaftsproduktion (Wolfgang Korruhn und Emanuel Schillig), SRG/ORF/ZDF, 56′00″
1977	Einweihung der »Joseph-Schmidt-Straße« in Berlin-Neukölln
1980	LP »Auf den Spuren von Joseph Schmidt« (zwölf Titel), Interpret: Hans Werner Aurin, Tenor, mit dem Norddeutschen Sinfonieorchester, Leitung: Ernst R. Barthel
1981	Buchveröffentlichung »Ik hou van Holland – Een levensbeeld van Joseph Schmidt in feiten, gebeurtenissen en herinneringen« von Fred Bredschneyder, Hilversum
1985	Fernsehporträt »Ein Lied ging um die Welt« (Fred Gehler und Ullrich Kasten), DDR, 55′00″
Ab 1987	Vorträge und Radiosendungen von Alfred Fassbind in Berlin, Wien, Zürich, Basel, Chur und anderen Städten
1987	Fernsehbeitrag »Joseph-Schmidt-Archiv in Rüti« in *Karussell*, SRG, 8′00″
1992	Erstausgabe der Biografie »Ein Lied geht um die Welt – Spuren einer Legende« von Alfred A. Fassbind, Zürich, zum 50. Todestag Ausstellung des Joseph-Schmidt-Archives in Hinwil ZH, (mit Fernsehbeitrag in *Schweiz aktuell*, SRG, 6′00″) Fernsehpotrait »Joseph Schmidt zum 50. Todestag« (Marcel Prawy), ORF, 30′00″
1994	Joseph-Schmidt-Ausstellung zum 90. Geburtstag in der Bank Austria, Wien (mit Fernsehbeitrag in *Wien-Bild*) 3′00″ Benefiz-Konzert für Rumänien in der Ref. Kirche Hinwil ZH. Ausführende: Orchesterverein Rüti, Dirigent Gerhard Wieser, Teamchor Jona, Leitung Max Aeberli, Alfred Fassbind (Tenor), Daniel Bosshard (Klavier) Sonderstempel »Joseph Schmidt« der Österreichischen Bundespost Fernseh-Ratesendung »Ich trage einen großen Namen – Renée Abramovici« (Nichte von Joseph Schmidt), SDR Stuttgart, 14′00″ Fernsehbeitrag »Verfolgte Musiker – Joseph Schmidt« in *NZZ Format*, SRG, 8′00″
1995	Einweihung des »Joseph-Schmidt-Platz« in Wien
1996	Fernsehbeitrag »Belcanto – Die Tenöre des Schellack-Zeitalters«, Folge 12: »Joseph Schmidt« (Pars Medien, München), 30′00″

1998	Fernsehdokumentation »Wenn nicht die Hoffnung wär' – die Joseph Schmidt Story« (Dr. Helene Maimann), ORF, 53′00″
2004	Sonderbriefmarke (55 Cent) der Deutschen Bundespost zum 100. Geburtstag DVD-Veröffentlichung mit drei Joseph-Schmidt-Filmen bei der Edition Salzgeber, Berlin
2005	Fernsehportait »Joseph Schmidt – Das kurze Leben« (Marejke Schröder, München), 55′00″
2008	Einweihung eines Gedenksteines für Joseph Schmidt vor der Oper in Tel Aviv Einweihung eines goldfarbenen »Stolpersteins« vor der Staatsoper Hamburg in Erinnerung an Joseph Schmidt Ernennung des Asteroiden »Joseph-Schmidt«. Markus Griesser, Leiter der Sternwarte Eschenberg bei Winterthur, entdeckt Asteroiden Nr. 168 321. Die International Astronomical Union akzeptierte seinen Vorschlag, dem kleinen Himmelskörper den Namen des Sängers zu verleihen.
2010	Vortrag von Gottfried R. Cervenka vom ORF Wien: »Joseph Schmidt und das Wiener Opernumfeld der 1930er-Jahre« in Moskau (Simultanübersetzung)
2011	Fernsehbeitrag »Erinnerungen an den deutschen Caruso« (Nicole Dreifus) in Schweiz aktuell, SRG, zum 69. Todestag Joseph Schmidts, 6′00″ Australien Broadcast ABC: »Remembering Joseph Schmidt« (Natalie Kestecher) (60′)
2012	Neuauflage der Biografie »Joseph Schmidt – Sein Lied ging um die Welt« von Alfred A. Fassbind, Römerhof Verlag, Zürich Joseph-Schmidt-Ausstellung im »Haus der Heimat«, Stuttgart. Träger: Land Baden-Württemberg. Eröffnung 15. November 2012 – 6. März 2013, WWW.HDHBW.DE
2013	Joseph-Schmidt-Ausstellung im »Haus des deutschen Ostens«, München, 2. Mai – 28. Juni 2013 (Ausstellung aus Stuttgart, 2012), WWW.HDO.BAYERN.DE ORF und Deutschlandfunk: »Die lange Nacht« Schmidt und Tauber (Andreas Kloner)
2014	Ausstellung – Vortragsabende und Filmvorführung im »Gerhart-Hauptmann-Haus«, Düsseldorf, April/Mai in Zusammenarbeit mit dem »Haus der Heimat« Stuttgart Ausstellung im »Museum oft he History« Czernowitz, Ukraine (Oktober)
2017	zum 75.Todestag: 3 Sendungen – MDR (Sky Nonhoff), WDR (Uwe Jens Völmecke) BR (Xaver Frühbeis)
2018	Ausstellung und Vortrag im »Augustinum« Meersburg (April/Mai)
2019	Radiointerview Zürich-Köln, Ulrich Biermann mit Alfred Fassbind (März, 30′) Moskau, Bolshaya Ordynka, März/April »The Triumph and Tragedy of Joseph Schmidt« (Leonid Fleyderman, Moscow Musical Society) Filmarchiv Wien, Ausstellung »Unerwünschtes Kino – Vertriebene Filmschaffende« Exponate Joseph Schmidt-Archiv – Oktober bis Januar 2020
2020	Servus-TV, Salzburg – KulTOUR mit Holender – »Tenor-Legende Joseph Schmidt«, mit Ioan Holender, Barrie Kosky, Alfred Fassbind (30′)
2021	Filmausschnitte mit Joseph Schmidt in Farbe, abrufbar auf YouTube

Repertoire (43 Partien)

KOMPONIST	WERK	ROLLE
Adam, Adolphe	»Der Postillon von Lonjumeau«	Chapelou
Auber, Daniel F. E.	»Die Stumme von Portici«	Masaniello
Bellini, Vincenzo	»Die Puritaner«	Arturo
Benatzky, Ralph	»Die drei Musketiere«	Laredo
Berlioz, Hector	»Benvenuto Cellini«	Cellini
Boieldieu, Adrien	»Johann von Paris«	Johann
Boito, Arrigo	»Mefistofele«	Faust
Charpentier, Gustave	»Louise«	Julien
Cornelius, Peter	»Der Barbier von Bagdad«	Nureddin
Donizetti, Gaetano	»Der Liebestrank« »Dom Sébastien«	Nemorino Sébastien
Erkel, Ferenc	»Bánk Bán«	Banus Bánk
Flotow, Friedrich von	»Martha«	Lionel
Grétry, André E.M.	»Liebe gut – alles gut«	Phillint
Künneke, Eduard	»Nadja«	Wladimir Markow
Liszt, Franz	»Faust-Sinfonie«	Tenorsoli
Meyerbeer, Giacomo	»Die Afrikanerin« »Dinorah« »Robert, der Teufel«	Vasco da Gama Corentin Robert
Mozart, Wolfgang A.	»Idomeneo« »Die Zauberflöte«	Idomeneo Tamino
Mussorgski, Modest P.	»Boris Godunow«	Griorij
Offenbach, Jacques	»Fortunios Lied« »Hoffmanns Erzählungen«	Valentin Hoffmann
Puccini, Giacomo	»La Bohème« »Das Mädchen aus dem goldenen Westen«	Rudolf Dick Johnson
Rossini, Gioacchino	»Der Barbier von Sevilla« »Semiramis« »Wilhelm Tell« »Stabat Mater«	Almaviva Idreno Arnold Tenorsoli

KOMPONIST	WERK	ROLLE
Schubert, Franz	»Der häusliche Krieg« (»Die Verschworenen«)	Astolf
Strauss, Johann (jun.)	»1001 Nacht«	Kiossim
Strauss, Richard	»Salome«	Narraboth
Tschaikowsky, Peter I.	»Die Pantoffeln der Zarin«	Nikita
Verdi, Giuseppe	»Don Carlos« »Die beiden Foscari« »Ein Maskenball« »Die Räuber« »Rigoletto« »Die sizilianische Vesper« »La Traviata« »Der Troubadour«	Don Carlos Jacopo Richard Carlo Herzog Arrigo Alfred Manrico
Weber, Carl Maria von	»Euryanthe«	Adolar

Im Verband des Jüdischen Kulturbundes wirkte Schmidt 1934 in Shakespeares »Was ihr wollt« mit.

Literatur

Bickel, Shlomo: *Rumania,* Buenos Aires 1962

De Rensis, Raffaello: *Benjamino Gigli. Sein Leben, seine Kunst, seine Persönlichkeit,* München 1936

Firner, Walter (Hrsg.): *Wir von der Oper. Kritisches Theaterbuch,* 1932 München

Neubach, Ernst: *Flugsand. Dokumentarischer Roman eines Heimatlosen,* Zürich 1945

Neumann, Carl: *Film-»Kunst«, Film-Kohn, Film-Korruption. Ein Streifzug durch vier Film-Jahrzehnte,* Berlin 1937

Ney-Nowotny, Gertrud und Karl: *Ein Stern fiel vom Himmel,* Wien 1962 und 1967

Sieben, Hansfried: *Herbert Grenzebach. Ein Leben für die Telefunken-Schallplatte,* Düsseldorf 1991

Sperber, Manès: *All das Vergangene,* Wien 1983

Zuckmayer, Carl: *Als wär's ein Stück von mir. Horen der Freundschaft,* Frankfurt am Main 1966

Diskografie

Auf Hinweise zur inzwischen kaum überschaubaren Menge an CD-Veröffentlichungen (mehr als 60) wird in diesem Buch verzichtet. Außer im Fachhandel und Internet sind sämtliche Aufnahmen auch über das Joseph-Schmidt-Archiv erhältlich. www.josephschmidt-archiv.ch

Eine Gesamtedition sämtlicher Schmidt-Aufnahmen ist in Planung.

Dank

Der Verfasser ist vielen Personen zu Dank verpflichtet, ohne deren Hilfe dieses Buch nicht möglich gewesen wäre.
Dazu kommt eine Reihe von Ungenannten, deren Beiträge nicht minder wertvoll waren, um die Spuren von Joseph Schmidt deutlicher zu zeichnen. – *Alfred A. Fassbind*

Australien
Mr. Ken Daley, Sydney / Mrs. Ruth Müller-Hoffmann, Sydney / Mr. Michael Schildberger, Canterbury

Belgien
Herr Rudi V.D. Bulck, Brüssel / Frau Lisa Goltermann, Wilrijk (†) / Frau Bertha Gouzu (»Baby Pola«), Brüssel (†)

Brasilien
Herr Philippe Storch, Sao Paulo

Deutschland
Vorstand der Adass-Jisroel-Gemeinde Berlin, Frau Ulrike Zoels / Akademie der Künste Berlin, Herr Eike Geisel / Frau Ruth Baldwin, Mönchengladbach / Herr Erich Beck, Schönaich / Herr Eberhard von Berswordt, Baldham (†) / Bukowina-Institut, Augsburg, Herr Luzian Geier / Haus der Heimat, Stuttgart, Herr Carsten Eichenberger, Herr Hansjörg Frey, Frau Annemarie Röder / Herr Willi Korb, Darmstadt (†) / Korngold Society Hamburg, Herr Bernd O. Rachold / Herr Robert Ranzenhofer, Überlingen / Frau Thea Rosenwald, Berlin (†) / Herr Heinz Sawitzki, Berlin (†) / Herr Michael Seil, Güglingen / Herr Hansfried Sieben, Düsseldorf (†) / Taurus Film GmbH Unterföhring, Frau Maria Oettl / Herr Günter Walter, Münster

England
British Film Institute, London / Mrs. Joan Freeman, Thurton (†)

Finnland
Herr Matti Kuronen, Vaanta

Frankreich
Monsieur Dietrich-Cornelis Bronsgeest, Massy (†) / Monsieur Guy Dovert, Paris /Madame Lucie Sniadover, Paris (†)

Israel
Frau Renée Abramovici-Heringer, Beer-Sheva / Frau Rose Dampf, Tel Aviv (†) / Herr Dr. Alfred Frankenstein, Ramat-Gan (†) / Frau Ruth Rawon, Kirjath-Tiveon / Herr Akiva Zimmermann, Tel Aviv

Niederlande
Herr Fred Bredschneyder, Hilversum / Frau Dési Halban-Kurz, Bilthoven / Herr Jan Loots, Enkhuizen (†) / Frau Christine Milius, B.T. Bunde / Nederlands Zentralbibliothek, Amsterdam / VARA-Archiv, Hilversum

Österreich
Herr Prof. Gottfried R. Cervenka, Wien / Handschriftensammlung der Wiener Stadt-und Landesbibliothek / Herr Clemens Höslinger, Wien / Herr Prof. Dr. Marcel Prawy, Wien (†)

Rumänien
Herr Prof. Viorel Cosma, Bukarest

Schweiz
Archiv für Zeitgeschichte Zürich, Frau Sonja Vogelsang / Herr Christoph Brenner, Liestal / Bundesarchiv Bern, Akteneinsicht, Frau Myriam Erwin / Frau Irma Hartmann, Girenbad (†) / Frau Elisabeth Lang, Wettingen / Herr Max Lichtegg, Zürich (†) / Frau Barbara Müller, Zürich (†) / Herr Walter Murbach, Baden / Herr Rico Oberleitner, St. Gallen / Herr Werner Pfister / Frau Erika Roettges, Basel (†) / Frau Mary Solnik (†) / Frau Felicie Steigrad, Zürich / Verband Schweizerischer Jüdischer Flüchtlinge Zürich, Frau Jolana Gross / Herr Sandro Wilhelm, Zürich

Ukraine
Staatliches Gebietsarchiv Czernowitz, Frau Natalia Massijan

USA
Leo Baeck Institute, New York / Mr. Dr. Rabb. Max Gruenewald, Millburn, New Jersey / Mrs. Lotte Jacobi, Deering, New Hampshire (†) / Media Service, University of New Hampshire / Mr. Marko Rothmüller, Bloomington, Indiana (†) / Mr. George Schatzberg, Elmhurst, N.Y.

Personenregister

Familie und Bekannte

Musiker

Filmschaffende und Künstler

Musikkritiker

Theaterschaffende und Schriftsteller

Radio und Business

Amtspersonen und Politiker

Weitere Bücher aus dem Verlagsprogramm

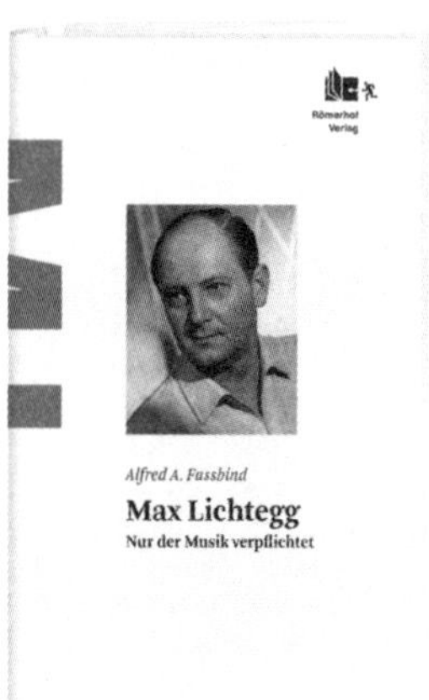

Alfred A. Fassbind

Max Lichtegg

Nur der Musik verpflichtet

Römerhof Verlag
560 Seiten | Hardcover
ISBN 978-3-905894-31-8

Der 1910 in Polen geborene Max Lichtegg war über ein Vierteljahrhundert unangefochten der populärste Tenor der Schweiz. Die Verehrung, die ihm entgegengebracht wurde, grenzte geradezu an Hysterie. Nach seinem Karrierestart in Wien kam er 1936 nach Bern, 1938 nach Basel und war von 1940 bis 1956 Erster Tenor des damaligen Stadttheaters Zürich.

Nach dem Krieg eröffnete sich Lichtegg eine breite internationale Karriere. Operngastspiele führten ihn unter anderem in die USA, nach Wien, München, Stuttgart, Hamburg, Amsterdam, Tunis, Paris, Straßburg, London, Israel usw. Sein Repertoire umfasste über 120 Partien von Mozart, Wagner, Offenbach, Verdi, Puccini bis zu Strawinsky. Unvergleichliche Erfolge bescherten ihm die Werke von Strauss, Lehar, Fall. Hunderte von Liederabenden sowie Plattenaufnahmen, Radioübertragungen und Fernsehauftritte festigten seinen Ruf als ungewöhnlich vielseitigen Interpreten. Auch als Filmstar machte er Karriere an der Seite von Lilli Palmer. Max Lichtegg verstarb 1992 in Zürich.

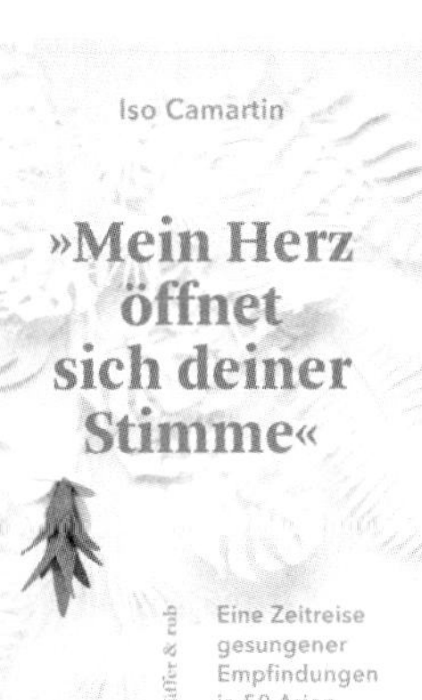

Iso Camartin

»Mein Herz öffnet sich deiner Stimme«
Eine Zeitreise gesungener Empfindungen in 50 Arien

256 Seiten | Hardcover
ISBN 978-3-906304-79-3

In diesem Buch geht es um die Kunst des Singens, des Darstellens, des Gestaltens auf der Opernbühne und im Konzertsaal. In den ausgewählten 50 Arien aus Opern, Oratorien und Kantaten vom 17.–20. Jahrhundert sind Schlüsselmomente musikalischer Erfahrungen und Empfindungen dargestellt, Gefühle und Leidenschaften, wie sie die Musik unmittelbarer als jede andere Kunst bereithält.

In diesen Arien taucht Liebe auf als Eifersucht, Hass und Rachsucht, vor allem aber als ein das Leben durchpulsendes Glück, als Traum, als Vision und als letztlich einzige sinngebende Zukunftserwartung. Liebe ist das Grundelement heldenhafter Aufopferung ebenso wie jenes tief empfundener Zuneigung, Liebe gibt es aus zukunftsorientierter Abenteuerlust wie aus entsagender Einsicht, kurzum: Liebe ist das wichtigste Beweismittel, dass das Dasein lebenswert ist.

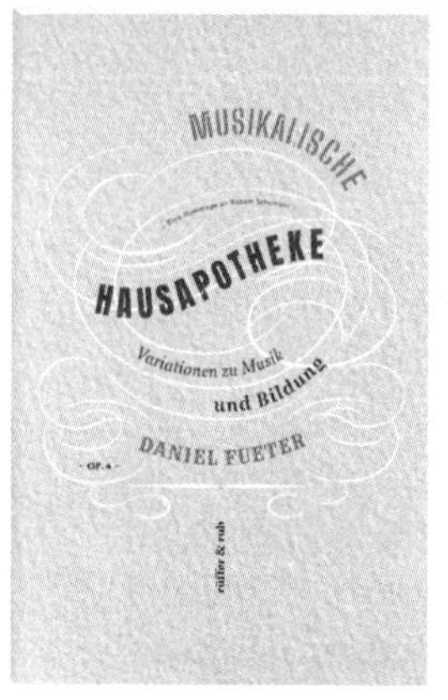

Daniel Fueter

Musikalische Hausapotheke
Variationen zu Musik und Bildung

264 Seiten | Hardcover
ISBN 978-3-906304-82-3

In zwölf Texten setzt sich der Komponist und Musiker Daniel Fueter – über 45 Jahre auch Musiklehrer – anhand Bachs Passions-Werken, Begriffen wie »Nachbarschaft« oder »ewig«, Musik und Moral, Kunst und Politik mit Musikbildung auseinander. Und er liefert zahlreiche Argumente, weshalb Musik im Allgemeinen und die Musikpädagogik im Besonderen eine gesellschaftliche Tragweite haben.

Inhaltlich zusammenhängend, stellt Fueter jedem der zwölf Texte »Musikalische Haus- und Lebensregeln« Robert Schumanns zur Seite und bringt sie in einen aktuellen Zusammenhang. Die »Aktualität« von Schumanns oftmals kühnen und explosiven, gelegentlich biedermeierlich engmaschigen, immer aber präzis-aphoristischen Kommentaren zu Musik erweist sich im Grundsätzlichen: Wie sehr musikpädagogische Arbeit mit gesellschaftlichen Zuständen und Entwicklungen verknüpft ist.

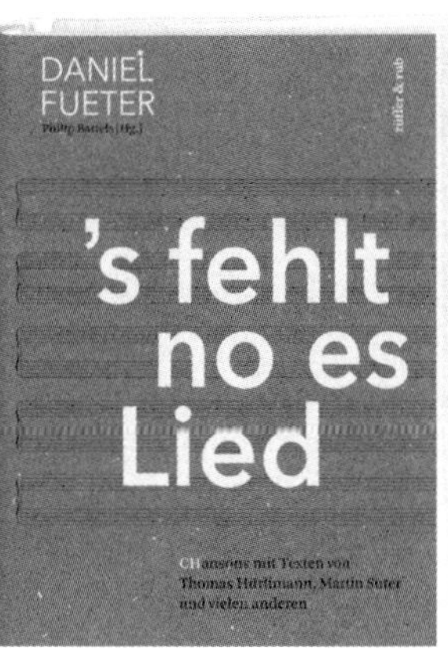

Daniel Fueter
Philip Bartels (Hg.)

's fehlt no es Lied
CHansons mit Texten von Thomas Hürlimann, Martin Suter und vielen anderen

272 Seiten | Hardcover
ISBN 978-3-906304-65-6

»Wer in Frankreich ein Gedicht schreibt, schreibt ein Chanson.« (Boris Vian)

»'s fehlt no es Lied« ist ein Liederbuch mit Noten, das zum Musizieren und Singen animiert. Es versammelt 66 Chansons von Daniel Fueter, die er zu Texten von Martin Suter und Thomas Hürlimann sowie zu Gedichten von Friedrich Dürrenmatt, Max Rüeger, Maja Stolle, Erika Mann, Max Werner Lenz, Joachim Ringelnatz oder Kurt Tucholsky geschrieben hat.

Das Buch ist zudem eine kleine Anthologie ganz besonderer Gedichte. Sie entstanden im Wissen um bevorstehende Vertonungen, im Hinblick auf die Präsentation auf der Kleinkunstbühne sowie in Kenntnis des Genres »Chanson«.

So bietet sich das Buch selbstverständlich MusikliebhaberInnen und BerufsmusikerInnen an, aber auch Literaturbegeisterten. Es ist eine ganz spezielle Begegnung von Wort und Musik.

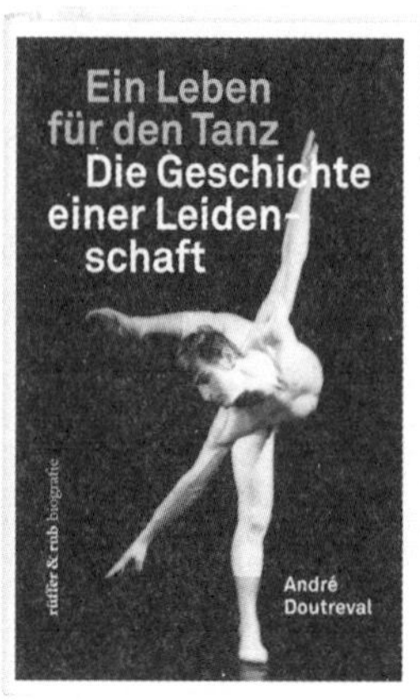

André Doutreval

Ein Leben für den Tanz

Die Geschichte einer Leidenschaft

272 Seiten | Hardcover
ISBN 978-3-906304-69-4

Federleicht und schwebend – so sieht Ballett für die TheaterbesucherInnen aus. Doch dahinter steckt eine immense Arbeit und viel körperlicher Einsatz. André Doutreval zeigt in seiner Autobiografie auf, wie viel Talent und Durchhaltewille es braucht, um in diesem harten Metier zu bestehen, und er lässt die LeserInnen teilhaben an den zahlreichen Hochs und Tiefs seiner Ballettkarriere.

André Doutreval ist dem Ballett seit über 70 Jahren eng verbunden – als Tänzer, Ballettmeister, Choreograf und Tanzpädagoge. Er war Solotänzer in Klagenfurt, Bern, Wuppertal, Düsseldorf und Frankfurt sowie Erster Solotänzer an der Deutschen Oper in Berlin. In Berlin stand er mit Rudolf Nurejew in Tschaikowskys »Dornröschen« auf der Bühne; am Staatstheater Kassel wurde er Ballettdirektor und Choreograf. In der »Ballett-Arena-Kassel« inszenierte er eine Reihe von zeitkritischen Produktionen, die internationales Aufsehen erregten – u. a. »Die Umweltliche Geschichte« (1985). Zusammen mit seiner Frau, der Berner Balletttänzerin Silvia Haemmig, gründete er 1970 in Kassel die erfolgreiche »Ballettschule Doutreval«.

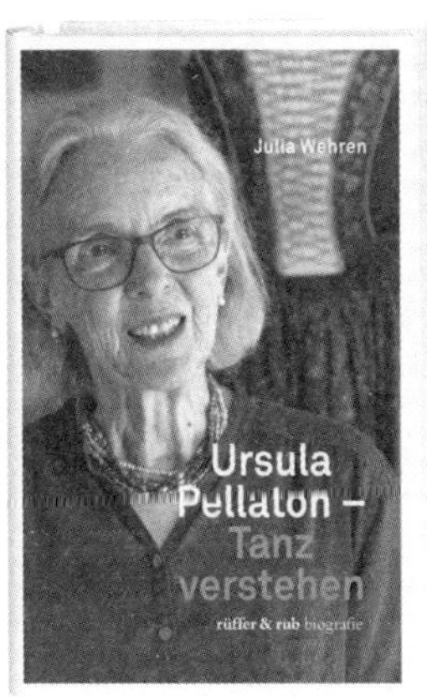

Julia Wehren

Ursula Pellaton
Tanz verstehen

288 Seiten | Hardcover
ISBN 978-3-906304-72-4

In »Tanz verstehen« erzählt Ursula Pellaton (*1946) aus einem persönlichen Blickwinkel über ihrvielfältiges und über 50-jähriges Engagementfür den Tanz. Sie beobachtete und schriebals Journalistin und Historikerin für die Tageszeitungen »Landbote«, »Zürichsee Zeitung«, »Neue Zürcher Zeitung«, für Fachzeitschriften in der Schweiz und Deutschland. Ihr fast schon lexikalisches Wissen über diese Kunstformen ist außergewöhnlich.

Begonnen hat Pellatons Begeisterung 1963 mit einer Aufführung von »Giselle« in Zürich. An der Universität studierte sie im Nebenfach Russistik und reiste für Recherchen zum russischen Ballett viele Male nach St. Petersburg. »Giselle«, »Der Nussknacker« und »Schwanensee«, die so grundlegend das Tanzverständnis vieler Menschen bis heute prägten, hat sie unzählige Male gesehen und stets fundiert und mit spürbarer Begeisterung rezensiert.

Ein weiterer Fokus von Pellaton liegt in der Tanzgeschichte der Schweiz. Sie ist Mitbegründerin der »Archives suisses de la danse« und von »Mediathek tanz.ch«. Neben ihren Aktivitäten bei Festivals und in Verbänden konzipierte sie auch eine Ausstellung über den Ausdruckstänzer Sigurd Leeder, der eine ganze Generation Schweizer Tanzschaffender prägte.